创新型高等职业教育精品教材

互联网＋职教改革新理念教材

社交礼仪

主编　林玉琼　梁利苹　黄碧雁

江苏大学出版社
JIANGSU UNIVERSITY PRESS
镇　江

内容提要

本书主要介绍了社交礼仪的相关知识及其应用。全书共分为9个项目，分别介绍了社交礼仪的基本知识、个人形象礼仪、日常交往礼仪、公共礼仪、校园礼仪、会议与仪式礼仪、宴请礼仪、职场礼仪和婚丧寿庆礼仪。本书采用“项目—任务”的教学模式，每个项目均包括学习目标、案例导入、任务知识、案例分析、项目总结、课后习题和实训题。本书在编写时既注重基础知识的讲解，也注重学生实际操作能力的培养，以期使学生在掌握社交礼仪的基本知识后，能够将其应用到不同的社交活动中。

本书可作为高等职业院校各专业的素质教育课教材，也可供职业礼仪培训者参考使用。

图书在版编目（CIP）数据

社交礼仪 / 林玉琼，梁利苹，黄碧雁主编. -- 镇江：江苏大学出版社，2014.5（2023.1 重印）
ISBN 978-7-81130-732-0

Ⅰ. ①社… Ⅱ. ①林… ②梁… ③黄… Ⅲ. ①心理交往－礼仪－高等职业教育－教材 Ⅳ. ①C912.1

中国版本图书馆 CIP 数据核字(2014)第 105203 号

社交礼仪
Shejiao Liyi

主　　编 / 林玉琼　梁利苹　黄碧雁
责任编辑 / 张　平
出版发行 / 江苏大学出版社
地　　址 / 江苏省镇江市京口区学府路 301 号（邮编：212013）
电　　话 / 0511-84446464（传真）
网　　址 / http://press.ujs.edu.cn
排　　版 / 北京鑫益晖印刷有限公司
印　　刷 / 北京鑫益晖印刷有限公司
开　　本 / 787 mm×1 092 mm　1/16
印　　张 / 15
字　　数 / 347 千字
版　　次 / 2014 年 5 月第 1 版
印　　次 / 2023 年 1 月第 8 次印刷
书　　号 / ISBN 978-7-81130-732-0
定　　价 / 42.00 元

编者的话

中国自古以来就是一个非常重视礼仪的国家。孔子曰：“不知无礼，无以立。”一个人如果不懂得社会行为规范，就无法在社会上立命安身。荀子曰：“人无礼不生，事无礼不成，国家无礼不宁。”做人没有礼节就不能在社会上生存，做事没有礼节就不能成功，治国没有礼节国家就不能安宁。可见，礼仪是个人走向成功的桥梁，是一个国家长治久安的必要保障。

随着社会的发展，社交礼仪逐渐从礼仪中分离出来，成为其中的一个分支，主要规范人们在交往过程中的行为，协调和约束人际关系。我们作为社会中的一员，每天都在和别人进行交往。在交往过程中，如何给对方留下一个好印象，如何与他人友好相处，如何才能在竞争中脱颖而出，获得理想的职位，如何在事业中获得成功……这些目标的实现，都离不开社交礼仪的恰当运用。因此，学习社交礼仪是非常必要的。对于即将步入职场的学生来说，除了掌握本专业的专业技能外，社交礼仪也成为他们的必修课。

高等职业教育要求既要重视以职业知识为重点的“基础教育”，又要重视以职业能力为重点的“职业教育”，还要加强学生分析问题和解决问题的能力。为适应这种形势的需要，我们组织编写了本书，旨在为学生提供一本既科学严谨，又简洁实用的教材。

本教材在编写过程中重点突出以下特点：

1．体系完整、内容充实

本书全面涵盖了社交礼仪中的重要知识点，包括社交礼仪概述、个人形象礼仪、日常交往礼仪、公共礼仪、校园礼仪、会议与仪式礼仪、宴请礼仪、职场礼仪、婚丧寿庆礼仪和涉外礼仪。其中，涉外礼仪的相关知识融合到前面各章节中进行讲解，希望学生们通过相关知识点的对比理解，掌握中西方不同文化的礼仪差异。

2．深入浅出、通俗易懂

我们在编写的过程中，理论概念力求少而精，力求做到行文流畅、简洁明快、易读易记，并对不易掌握的知识点进行举例说明，以便学生能够轻松快速地理解并掌握。

3．图文并茂、内容活泼

为了便于学生阅读和理解，本书穿插了大量的精彩图片，用图文结合的方式来讲解社交礼仪的相关知识点，以加强学生对知识的感性认识，避免知识讲解的枯燥和呆板，使学生在轻松的环境中学习知识。

4．面向就业、突出应用

本书紧扣高等职业教育培养应用型人才的要求，坚持以应用为原则，特别注重理论与实践的结合，在教材中增加案例教学的比重，选取了大量与实际工作岗位相关的典型案例，使教学更加贴近行业和岗位的需要。此外，还增加了实训的内容，突出实训活动的实用性，尤其是详细的训练步骤和具体方法，具有很强的指导性。

5. 内容设计独特新颖

本书采用“项目—任务”的教学模式，每个项目均包括以下内容：

- 学习目标：在每个项目首部列出，便于学生对该项目的基本内容与重点一目了然。
- 案例导入：每个项目均从开篇案例入手，通过鲜活的案例资料来吸引和方便学生阅读和学习。
- 任务知识：介绍社交礼仪的基本理论知识，使学生通过学习，掌握社交礼仪的基本知识，懂得在社交场合如何有效地展现个人的风度。
- 练习题和实训题：在任务知识讲述完以后，根据所讲解的内容，设置了练习题和实训题，以检测学生知识的掌握情况，培养学生的实际操作能力。

此外，文中还穿插了读一读、想一想、知识角、提示等内容，以突出学生参与、师生互动的教学理念和方法。

6. 数字资源、平台辅助

本书配备了丰富的数字资源（如课后习题答案、教学课件等），为广大师生提供了一站式教学资源。读者可以登录文旌综合教育平台“文旌课堂”（www.wenjingketang.com）体验平台式教学及下载相关教学资源包。

此外，本书还提供了在线题库，支持“教学作业，一键发布”，教师只需通过微信或“文旌课堂”App 扫描二维码，即可迅速选题、一键发布、智能批改，并查看学生的作业分析报告，提高教学效率、提升教学体验。学生可在线完成作业，巩固所学知识，提高学习效率。

本书由林玉琼、梁利苹、黄碧雁担任主编，由黄旎妮、农素兰、杨胜建、陈诚、邓烨、景兰担任副主编。在编写过程中，我们参考了大量的文献资料，在此，向参考过的文献的作者表示诚挚的谢意。

由于编者水平有限，书中难免存在疏漏与不当之处，敬请广大读者批评指正。

本书编委会

主　编　林玉琼　梁利苹　黄碧雁

副主编　黄旎妮　农素兰　杨胜建

陈　诚　邓　烨　景　兰

目　录

项目一　社交礼仪概述 …… 1
案例导入——问路 …… 2
任务一　了解礼仪 …… 2
一、礼仪的概念 …… 2
二、礼仪的起源和发展 …… 2
任务二　了解社交礼仪 …… 4
一、社交礼仪的概念 …… 4
二、社交礼仪的特征 …… 4
三、社交礼仪的内容 …… 6
四、社交礼仪的原则 …… 7
五、社交礼仪的功能 …… 9
六、社交礼仪的习成 …… 10
案例分析 …… 12
项目总结 …… 12
课后习题 …… 13
实训题 …… 14

项目二　个人形象礼仪 …… 17
案例导入——失败的商谈 …… 18
任务一　熟悉仪容礼仪 …… 18
一、头发的修饰 …… 18
二、面部的修饰 …… 21
三、手部的修饰 …… 27
任务二　熟悉着装礼仪 …… 28
一、着装的基本知识 …… 28
二、男士着装 …… 34
三、女士着装 …… 39
四、香水的使用 …… 46

任务三　熟悉仪态礼仪 …… 46
一、站姿礼仪 …… 47
二、坐姿礼仪 …… 49
三、走姿礼仪 …… 52
四、蹲姿礼仪 …… 52
五、表情礼仪 …… 54
六、手势礼仪 …… 55
案例分析 …… 57
项目总结 …… 58
课后习题 …… 58
实训题 …… 59
项目三　日常交往礼仪 …… 63
案例导入——社交聚会上碰壁的孙先生 …… 64
任务一　了解见面礼仪 …… 64
一、称呼礼仪 …… 64
二、介绍礼仪 …… 68
三、名片礼仪 …… 73
四、握手礼仪 …… 77
任务二　掌握交谈礼仪 …… 81
一、交谈的话题 …… 82
二、交谈的态度 …… 84
三、交谈的语言 …… 85
四、交谈的技巧 …… 86
任务三　掌握电话礼仪 …… 88
一、电话礼仪的基本要求 …… 88
二、拨打电话的礼仪 …… 88
三、接听电话的礼仪 …… 90
四、使用手机的礼仪 …… 91
任务四　掌握拜访礼仪 …… 92
一、拜访的准备 …… 92
二、拜访的过程 …… 93
三、拜访的结束 …… 95
任务五　掌握接待礼仪 …… 95
一、认真准备 …… 95

二、热情迎客 …… 97
三、礼待宾客 …… 100
四、礼貌送客 …… 103
任务六 掌握馈赠与受赠礼仪 …… 104
一、馈赠礼仪 …… 104
二、受赠礼仪 …… 106
三、国际交往中的馈赠常识 …… 107
案例分析 …… 110
项目总结 …… 110
课后习题 …… 110
实训题 …… 113

项目四 公共礼仪 …… 115
案例导入——“霸座”行为不可取 …… 116
任务一 出行礼仪 …… 116
一、行路礼仪 …… 116
二、乘坐公共交通工具的礼仪 …… 118
三、驾车礼仪 …… 121
任务二 公共场所礼仪 …… 122
一、宾馆礼仪 …… 122
二、商场购物礼仪 …… 123
三、影剧院礼仪 …… 124
四、舞会礼仪 …… 125
五、观赛礼仪 …… 126
六、医院礼仪 …… 127
七、公园游玩礼仪 …… 128
案例分析 …… 129
项目总结 …… 129
课后习题 …… 130
实训题 …… 131

项目五 校园礼仪 …… 133
案例导入——大学课堂掠影 …… 134
任务一 与教师交往的礼仪 …… 134
一、课堂礼仪 …… 134
二、办公室礼仪 …… 136

任务二　与同学交往的礼仪 …… 137
一、宿舍礼仪 …… 137
二、同学间借用钱、物的礼仪 …… 139
三、异性交往礼仪 …… 140
任务三　校园公共场所礼仪 …… 140
一、图书馆礼仪 …… 140
二、食堂礼仪 …… 142
三、大会或典礼礼仪 …… 143
案例分析 …… 144
项目总结 …… 145
课后习题 …… 145
实训题 …… 146
项目六　会议与仪式礼仪 …… 147
案例导入——一场不愉快的签字仪式 …… 148
任务一　会议礼仪 …… 148
一、会议的要素 …… 148
二、会议组织礼仪 …… 149
三、与会者礼仪 …… 154
任务二　仪式礼仪 …… 157
一、签字仪式礼仪 …… 157
二、开业仪式礼仪 …… 160
三、剪彩仪式礼仪 …… 164
案例分析 …… 168
项目总结 …… 168
课后习题 …… 169
实训题 …… 170
项目七　宴请礼仪 …… 173
案例导入——西餐的学问 …… 174
任务一　宴请的基本礼仪 …… 174
一、宴请的种类与形式 …… 174
二、宴会准备礼仪 …… 175
三、宴会进行时的礼仪 …… 178
四、赴宴礼仪 …… 178

任务二　中式宴请礼仪 …… 179
一、中式宴请的桌次和座次礼仪 …… 179
二、中餐上菜礼仪 …… 182
三、中餐餐具的使用礼仪 …… 183
四、中餐就餐礼仪 …… 185
五、饮酒礼仪 …… 185
任务三　西式宴请礼仪 …… 186
一、西式宴请的座次礼仪 …… 186
二、西餐上菜礼仪 …… 188
三、西餐餐具的摆放和使用礼仪 …… 188
四、西餐就餐礼仪 …… 191
任务四　自助餐会礼仪 …… 193
一、安排自助餐会的礼仪 …… 194
二、享用自助餐的礼仪 …… 195
案例分析 …… 196
项目总结 …… 197
课后习题 …… 197
实训题 …… 198

项目八　职场礼仪 …… 201
案例导入——不善交谈的王先生 …… 202
任务一　求职与面试礼仪 …… 202
一、求职准备 …… 202
二、面试礼仪 …… 205
任务二　办公室礼仪 …… 207
一、办公室环境礼仪 …… 208
二、办公室言谈礼仪 …… 208
三、同事关系礼仪 …… 209
案例分析 …… 210
项目总结 …… 210
课后习题 …… 211
实训题 …… 211

项目九　婚丧寿庆礼仪 …… 213
案例导入——婚礼上的意外 …… 214
任务一　婚礼礼仪 …… 214
一、婚前准备 …… 214

二、婚礼仪式流程礼仪 …… 215
三、新郎、新娘礼仪 …… 216
四、宾客参加婚礼的礼仪 …… 217
任务二　祝寿礼仪 …… 218
一、祝寿准备 …… 218
二、祝寿仪式礼仪 …… 218
三、参加祝寿的礼仪 …… 219
任务三　丧葬礼仪 …… 220
一、报丧 …… 220
二、开追悼会 …… 221
三、吊唁 …… 221
案例分析 …… 222
项目总结 …… 222
课后习题 …… 223
实训题 …… 224
参考文献 …… 225

社交礼仪概述

学习目标

- 了解礼仪的概念、起源和发展
- 了解社交礼仪的概念、特征和功能
- 明确社交礼仪的内容、原则和习成途径

引　子

“人无礼不生，事无礼不成，国家无礼不宁”，讲究礼仪能使人际关系更为和谐，能让社会生活更有秩序。随着现代社会人际交往的日益频繁，人们对社交礼仪的学习需求也日益增加。本项目将对礼仪和社交礼仪的基础知识，以及习得社交礼仪知识的途径进行介绍。

案例导入——问路

一个年轻人坐车去青海湖风景区旅游。天气炎热，他下车后走了很久还没到达目的地，且不知道自己距目的地还有多远。而这时，他已经感到口干舌燥、筋疲力尽。于是，他向从远处走来的一位老人问路："喂，这里离青海湖还有多远呀？"老人冷冷地回了两个字："无礼。"年轻人一听，心想：只有五里路了，再加把劲儿就到了。于是，他打起精神快速向前走去。

结果，这个年轻人走了好几个五里，仍不见青海湖的踪影，于是恼怒地骂起了那位老人。

问题：

老人为什么没有告诉年轻人到青海湖的距离？年轻人的哪些做法有失礼仪？

任务一　了解礼仪

一、礼仪的概念

礼仪是指人们在社会交往中共同遵守的表示尊重、友好的行为规范和准则。礼仪作为一种行为规范，体现着对他人的敬意与尊重，要求人们自觉遵守社会公共道德，自觉尊重他人和尊重自己，自觉平等待人，自觉真诚守信，自觉注重仪表、谈吐等。

礼仪的内容非常丰富，具体表现在礼貌、礼节、仪表、仪式等方面。其中，礼貌是指人们在交往过程中表示敬重、友好的具体行为，如尊老爱幼；礼节是指人们在交往过程中表示尊重、问候、祝愿等的惯用形式，如握手等；仪表是指人的容貌、服饰、姿态等；仪式是指在特定场合举行的具有特定程序的活动，如开业典礼等。

二、礼仪的起源和发展

（一）礼仪的起源

礼仪是人类文明的产物。从理论上讲，礼仪起源于为了维护"人伦秩序"、避免发生矛盾和冲突的一种需要。人类为了生存和发展，不得不以群居的形式生活在一起，在群居生活中，群居成员之间的关系必须妥善处理，例如，如何维持自然"伦理秩序"，如何进行劳动分工，如何分配食物等。这些由人们逐步积累和自然约定出的一系列的规则，就是最初的礼。

从具体形式上讲，礼仪起源于原始社会中晚期的原始宗教活动和祭祀活动。这些活动是以祭天、敬神为主要内容的“礼”，是严格按照一定的程序和方式进行的，在历史发展中相应的规范和制度逐步完善，并最终产生了祭祀礼仪。随着对自然与社会关系认识的逐步深入，祭祀礼仪已不能满足人类日益发展的精神需要和现实关系调节需要。于是，人们将事神致福活动中的一系列行为扩展到了各种人际交往活动中，进而产生了社会各领域的各种礼仪。

知识链接

握手礼的由来

在刀耕火种的时代，人类的祖先依靠群居打猎生存，到处都充满着危险。当不同部落的人相遇时，为了表示善意和友好，一方会向对方伸出一只手，且手心向上，以此表示自己手中没有石头或武器，而另外一方若也心怀善意，则会走上前摸摸对方伸出的手，以示友好。这种源于安全交往的需要而产生的动作沿袭下来，便发展成了今天的握手礼。

（二）礼仪的发展

从历史发展的脉络看，礼仪在中国的演变经历了六个阶段，即萌芽与草创时期、形成时期、发展与变革时期、强化与衰落时期、现代礼仪时期和当代礼仪时期。

1. 萌芽与草创时期

原始社会中晚期至公元前 21 世纪是礼仪的萌芽与草创时期。这个时期内，人类逐渐开化，并在群体生活中逐步积累和约定出一系列秩序（具体表现为宗教礼仪和祭祀礼仪等），进而促进了原始礼仪雏形的形成。例如，当时的人们已经注意到尊卑有序、男女有别，在席位安排上，长辈在上、晚辈在下，男子在左、女子在右等。

2. 形成时期

夏、商、西周时期（公元前 21 世纪至公元前 771 年）是礼仪的形成时期。这个时期内，周朝五礼（即吉礼、凶礼、军礼、宾礼、嘉礼）的确立代表着礼仪的基本形成。吉礼是指祭祀之礼；凶礼是指丧葬礼仪；军礼是指阅兵、出师等仪式；宾礼是指诸侯对天子的朝觐及诸侯之间的会盟等礼节；嘉礼是指婚礼、冠礼、饮食之礼、庆贺之礼等。

3. 发展与变革时期

春秋与战国时期（公元前 771 年至公元前 221 年）是礼仪的发展与变革时期。这个时期内，周朝的传统礼制出现了“礼崩乐坏”的局面，新的礼仪理论在孔子、孟子、荀子等思想家的推动下发展、革新。

4．强化与衰落时期

从秦、汉朝至清朝末年（公元前 221 年至 1911 年）是礼仪的强化与衰落时期。这个时期的前期，尊君抑臣、尊夫抑妇、尊父抑子、尊神抑人的礼仪得到了强化；后期，随着清王朝政府的腐败和西方礼仪的传入，古代礼仪盛极而衰。

5．现代礼仪时期

从辛亥革命以后至新中国成立（1911 年至 1949 年）是我国的现代礼仪时期。这个时期内，旧礼破新礼立，现代礼仪的帷幕被正式拉开，握手礼在中国逐渐流行。

6．当代礼仪时期

新中国成立至今是我国的当代礼仪时期。这个时期内，我国的礼仪得到了全新的发展，各种现代礼仪逐渐规范并趋于完善。

任务二　了解社交礼仪

一、社交礼仪的概念

社交礼仪是指人们在人际交往活动中，用于表示尊重、友善的行为规范和准则。由于人际关系是通过人与人之间的交往和联系表现出来的，这些交往和联系得以正常进行，就需要用一定的行为规范来调节。社交礼仪正是在这种情况下产生的。随着社会的发展，社会成员的文明程度不断提高，讲究礼仪、注重礼貌，更是成为人们日常生活中必不可少的内容。

二、社交礼仪的特征

社交礼仪具有规范性、传承性、共同性、差异性、针对性和发展性的特点。

（一）规范性

社交礼仪是一种约定俗成的行为规范，是人们衡量他人是否敬人、判断自己是否自律的尺度，它约束着人们在各种交际场合的言谈举止，使人们的行为合乎成规。

（二）传承性

社交礼仪是人们在长期的生活和交往中，不断地弃旧扬新，传播、继承下来的，它保留了民族传统文化的本质内容，具有相对的稳定性。例如，尊老敬贤、婚嫁回门、婴儿抓周等都是我国传统礼仪习俗，至今仍深深影响着人们的思想和行为。

（三）共同性

社交礼仪是在人们共同生活的基础上形成的，集中反映了一定范围内人们共同的文化心理和生活习惯，因而能在一定范围内得到人们的共同认可和普遍遵守。

（四）差异性

礼仪是以一定的社会文化为基础的，因而不同文化背景孕育出的社交礼仪在内容和形式上均具有一定的差异。例如，不同民族的人们行见面礼的形式多种多样，有的拥抱，有的握手，有的双手合十，有的手抚胸口等。

【经典实例】

接饮料遭冷遇

一次，张萌随公司到中东地区某国考察，抵达目的地后，东道主热情地为他们举办了招待宴会。席间，为了表示敬意，主人拿出当地的特产饮料招待每位客人。当主人恭敬地将一杯饮料递给张萌时，张萌习惯性地伸出左手去接饮料。主人见状，满脸怒容地将饮料重重地放在了餐桌上，没有理睬张萌。

原来，中东地区的很多国家信奉伊斯兰教，按照伊斯兰教习俗，左手是不洁净的，在人际交往中，若用左手递接物品，则是对交往对象的不尊重。张萌不了解这一忌讳习俗，伸出左手去接主人递来的物品，犯了中东地区习俗礼仪大忌，因而遭到了冷遇。

（五）针对性

针对性是指根据不同的社交对象、场合和时间，运用相应的礼仪规范。例如，同样是握手，但握手的方式却男女有别。男士与男士行握手礼，双方都可主动一些；但如果一方是女士，则应等女士先伸出手，男士才能伸手与之相握，而不能过于主动，否则会显得唐突。

（六）发展性

社交礼仪会随着时代的进步而不断发展和完善。例如，随着手机和 e-mail 的广泛使用，人们逐渐采用短信、电子贺卡等形式来发送节日的问候与祝福，因而产生了通信礼仪，这就是社交礼仪不断发展的具体表现。

三、社交礼仪的内容

社交礼仪的内容主要包括个人礼仪、日常交往礼仪、公共礼仪、校园礼仪、会议与仪式礼仪、宴请礼仪、职场礼仪和婚丧寿庆礼仪八个方面。

（一）个人礼仪

个人礼仪是指人们塑造外在形象和提升内在气质的礼仪规范，主要包括仪容礼仪（如头发、面容的修饰等）、着装礼仪（如西装或套裙的选择与搭配、佩饰的选用等）和仪态礼仪（如站姿、坐姿、走姿、蹲姿、表情、手势等）。

（二）日常交往礼仪

日常交往礼仪是指人们在日常生活中与他人沟通、交往时应遵守的礼仪规范，主要包括见面礼仪（如称呼、介绍、名片、握手方面的礼仪）、交谈礼仪（如交谈的原则、话题、态度、语言、技巧等）、电话礼仪（如拨打电话的礼仪、接听电话的礼仪、使用手机的礼仪等）、拜访礼仪（如拜访的准备和过程等）、接待礼仪（如接待准备、迎候、乘车、引导、待客座次、奉茶等方面的礼仪），以及馈赠与受赠礼仪。

（三）公共礼仪

公共礼仪是指人们置身于公共场合时应遵守的礼仪规范，主要包括出行礼仪（如行路、乘坐公共交通工具、驾车方面的礼仪）和公共场所礼仪（如宾馆礼仪、商场购物礼仪、影剧院礼仪、舞会礼仪、观赛礼仪、医院礼仪、公园广场礼仪等）。

（四）校园礼仪

校园礼仪是指学生在校园内与他人进行交往时应遵守的礼仪规范，主要包括与教师交往的礼仪（如课堂礼仪、办公室礼仪等）、与同学交往的礼仪（如宿舍礼仪、同学间借用钱物的礼仪、聚会礼仪、异性交往礼仪等），以及校园公共场所礼仪（如图书馆礼仪、食堂礼仪、大会或典礼礼仪等）。

（五）会议与仪式礼仪

会议是指人们为了解决某个共同的问题或出于不同的目的聚集在一起进行讨论、交流的活动。会议礼仪是指人们在主办、主持或参加会议时应当遵守的礼仪规范，主要包括主办方礼仪、主持人礼仪、发言者礼仪。仪式礼仪是指各方人员在举行各种仪式的活动中应遵循的礼仪规范。常见的仪式礼仪包括签字仪式礼仪、开业仪式礼仪和剪彩仪式礼仪。

（六）宴请礼仪

宴请礼仪是指人们在置办或参加各种宴会（如中餐、西餐、自助餐等）时应当遵守的礼仪规范，主要包括宴请的准备与程序礼仪、中式宴请礼仪（如桌次与座次礼仪、上菜礼仪、餐具使用礼仪、就餐礼仪、饮酒礼仪等）、西式宴请礼仪（如桌次与座次礼仪、上菜次序与酒水搭配礼仪、餐具摆放与使用礼仪、就餐礼仪等）和自助餐会礼仪（如安排自助餐会的礼仪和享用自助餐的礼仪）。

（七）职场礼仪

职场礼仪是指人们在职业场所中应当遵守的一系列礼仪规范，主要包括求职与面试礼仪（如求职准备、面试礼仪等）和办公室礼仪（如办公室环境礼仪、办公室言谈礼仪、同事关系礼仪等）。

（八）婚丧寿庆礼仪

婚丧寿庆礼仪是指人们在举办或参加婚礼、丧礼和寿宴时应遵循的基本礼仪规范，包括婚礼礼仪（如婚前准备、婚礼仪式流程礼仪、参加婚礼礼仪等）、祝寿礼仪（如祝寿准备、祝寿仪式礼仪、参加祝寿的礼仪等）和丧葬礼仪（如丧葬的成因、丧葬的程序等）。

四、社交礼仪的原则

社交礼仪的原则是指人们在进行交往活动时应当遵从的指导思想，是保证社交活动顺利进行的基本条件。社交礼仪的原则主要包括尊重原则、真诚原则、平等原则和适度原则。

（一）尊重原则

尊重原则包含尊重自己和尊重他人两个方面。尊重自己是指一个人应注意自身的修养，保持自己的人格尊严。因为只有先尊重自己，才能赢得他人的尊重。尊重他人是指在社交活动中，人们必须尊重交往对象的人格、职业、习惯、情感、爱好、社会价值等。在实际交往活动中，尊重他人应做到以下三点：① 要热情、真诚地对待他人，使其产生受尊重、受重视的感觉；② 要给他人充分的表现机会；③ 要给他人留面子，切勿伤害其自尊心。

【经典实例】

智取九龙杯

1971 年 3 月，上海市委交际处将稀世国宝“九龙杯”拿出来招待国际贵宾。九龙杯通体雪白，一旦斟上美酒，杯身上就会显现出九条鳞光耀目、形态各异的金龙，其中最大的一条龙口含金珠，该金珠能随着美酒的斟入在龙口内闪闪滚动。如此绝美的九龙杯在宴会上引起贵宾们的连连惊叹！谁知，一位罗马尼亚贵宾对九龙杯爱不释手，他倚酒三分醉偷偷拿了一只九龙杯塞进自己的公文包并带出了宴会厅。

这让我国外交人员犯了难：用什么方法追回这只九龙杯呢？若直接找那名贵宾追回，则会使贵宾难堪，进而影响中罗之间的关系！若不追回九龙杯，则将痛失国宝！怎么办呢？周恩来总理对此事做出提示："九龙杯是国家的宝贵财产，必须设法追回。不过，我们要有礼貌，不能伤了感情。"稍后，周总理问道："今天晚上，罗马尼亚贵宾有什么活动安排？""今晚没有安排。"周总理面露喜色："那好！今晚越南的同志要去观赏杂技表演，我们可邀请罗马尼亚的贵宾一起去观看。既然'九龙杯'在那位贵宾眼里十分珍贵，那么他一定会放在他的手提包里寸步不离。我们正好借机行事，达到目的。"接着，周总理又说出了他的具体打算……

当晚8点整，杂技节目开始了。周恩来总理陪同几名越南领导人坐在第一排正中，那位罗马尼亚贵宾就坐在第四排。节目的高潮是魔术表演，穿着笔挺西装的魔术师拿着一个遮着红色绸子的盘子，风度翩翩地走上台来。魔术师把盘子放在桌上，向观众行过礼之后，揭去红绸子，展示出3只以假乱真的假九龙杯。

这时，魔术师掏出一把道具手枪，拿在手里左转右绕，并微笑着对观众说："只要枪声一响，我想让杯子飞到哪里就可以飞到哪里。大家如果不信，请看……"话音未落，他就朝九龙杯开了一枪：桌上的3只九龙杯在众目睽睽之下凭空少了1只。当众人惊诧不已时，魔术师已从台上走了下来，径直来到观众席第四排，朝那位偷拿了九龙杯的贵宾指了指，并微笑着说："刚才被我一枪打飞的那只九龙杯，现在就在这位先生的手提包里。请您打开手提包，让大家看看我说得对不对！"

这位贵宾已经明白是怎么回事了，但他没有任何办法来逃避中国方面精心安排的取回九龙杯的妙计。无奈之下，他只好打开手提包，在包里翻了又翻，尔后故作惊奇地拿出了那只在他包里藏了20多个小时的九龙杯。就这样，稀世国宝"九龙杯"被顺利而不失礼仪地追了回来。

（二）真诚原则

真诚原则是指交往者在社交活动中不能弄虚作假、口是心非，而应以诚待人、表里如一，发自内心地表达对交往对象的尊重与友好。

注　意

在理解真诚时不要闯入以下误区：① 不管交往对象是谁，而一味地倾吐自己所有的肺腑之言；② 不管交往对象能否接受，而毫无顾忌地排斥，甚至攻击自己不赞同或不喜欢的事物。

（三）平等原则

平等原则是指在社交活动中，交往者不能因交往对象的年龄、性别、种族、文化、职业、身份、地位、财富及其与自己的亲疏远近关系而厚此薄彼、区别对待，而应对所有交往对象一视同仁，给予同等的礼遇。这一原则是人与人交往时建立情感的基础，也是保持良好人际关系的诀窍。

（四）适度原则

适度原则是指在社交活动中，交往者应把握分寸，根据具体情况或情景做到恰如其分。例如，在与他人交往时，做到既彬彬有礼又不低三下四，既热情大方又不轻浮，既坦诚又不粗鲁，既老练稳重又不圆滑世故等。

五、社交礼仪的功能

社交礼仪之所以被提倡，并受到社会各界的普遍重视，是因为它具有塑造形象、沟通信息、协调关系等方面的重要功能。

（一）塑造形象

社交礼仪能够帮助人们从仪容、仪表、举止、谈吐等各个方面塑造个人形象，使人们衣着整洁、谈吐得体，展现出良好的教养和优雅的风度，进而给交往对象留下好印象。

（二）沟通信息

社交礼仪能够帮助人们在社交活动中通过服饰、言语、行动、表情等形式，更好地向交往对象表达自己尊重、敬佩、友好、善意等情感信息，打开人际沟通的心理通道，增进彼此之间的了解和信任。例如，人们通过递送名片来介绍自己，通过馈赠礼品来沟通感情等。

（三）协调关系

社交礼仪倡导人们按照礼仪规范行事，让人们在以礼待人的前提下相互了解、相互合作，有助于协调人际关系，创造和谐、温馨的人际环境。

六、社交礼仪的习成

一个人要想成为一名成功的社交者，就必须学习社交礼仪知识，并将其内化为自身素质。而实现此目标通常需要从以下几个方面入手：

（一）培养良好气质

气质是一种相对稳定的个性特点和风格气度，它从一个人的生活态度、言谈举止、待人接物等方面表现出来。良好的气质能美化容貌，让人赏心悦目。没有良好的气质，礼仪也就无从谈起。良好的气质可以通过长期的磨炼和多方面的积累培养出来。通常，人们可通过以下方式培养自身的良好气质：

1. 加强道德修养

加强道德修养是个人自觉地将一定的社会道德转变为个人道德品质的过程，是展现气质的一个重要方面。只有具有内在的“真、善、美”，才能够自然地流露出良好的气质。因此，要培养良好气质，首先应加强内在的道德修养。

2. 提高文化素养

古语说：“腹有诗书气自华”，良好的文化素养能够悄然改变人的气质。在社交活动中，交往者必须广泛地涉猎各种文化知识，提高自身的文化修养，进而获得良好气质，美化自己的仪表风度。例如，加强自身在音乐、绘画等方面的修养，能够陶冶情操、净化心灵，进而获得一种高雅气质。

提　示

礼仪追求的是内在“真、善、美”与外在美好形象的统一。

（二）塑造健康性格

性格是一个人较为稳定的心理特征，能对人与人之间的相互关系产生重大影响。在社交活动中，要做到待人接物大方得体、礼仪有加，必须拥有健康的性格。这种性格通常应具备以下特征：

1. 开朗、耐心、宽容

开朗的人一般表现得热情、乐观，容易被交往对象接受；耐心的人一般表现得心平气和，善于营造融洽的氛围；宽容的人一般善解人意，能够容忍他人的缺点、过失或错误。这些特性都是人们进行广泛社交所需要的。相反，性格过于内敛、孤僻、暴躁，心胸过于狭窄的人，往往无法在社交活动中表现得彬彬有礼，难以与交往对象相处。

2. 沉稳、自信、顽强

沉稳的人一般遇事沉着冷静，分析问题有条不紊；自信的人一般处事果断，敢于承担责任；顽强的人一般做事有韧性并坚持原则。具有这些性格特征的人能够较快适应复杂多变的社交环境，并能在多种情况下保持礼仪风范。相反，性格鲁莽、浮躁，容易自卑或自负的人，在社交活动中往往表现得有失礼仪，不易被交往对象接受。

3. 富有幽默感

幽默是人际关系的润滑剂，它能够淡化人们的消极情绪，迅速拉近人与人之间的距离，能够缓和紧张气氛或矛盾冲突，避免尴尬场面。富有幽默感的人能轻松自如地处理社交活动中的烦恼与矛盾，使社交对象感到轻松、愉悦并产生亲切感。人们都喜欢与有幽默感的人交往、相处。相反，没有幽默感的人则不具有这种魅力，不易迅速被社交对象接受。

提　示

美国一位心理学家说过：“幽默是一种最有趣、最有感染力、最具有普遍意义的传递艺术。”

【经典实例】

马克·吐温的机智幽默

有一次，美国作家马克·吐温去某小城旅行，临行前有人告诉他，那里的蚊子特别厉害。当马克·吐温到达那个小城后，在旅店登记房间号时，一只蚊子飞来并在马克·吐温眼前盘旋。这使得旅店职员不胜尴尬。马克·吐温却满不在乎地对职员说：“贵地的蚊子比传说中的不知聪明多少倍，它竟会预先看好我的房间号码，以便晚上光顾，饱餐一顿。”大家听后不禁哈哈大笑，顿时打破了尴尬气氛。

为此，旅店职员全体出动，到马克·吐温所登记的房间里驱赶蚊子，不让这位博得众人喜爱的幽默作家被“聪明的蚊子”叮咬。这一夜，马克·吐温睡得十分香甜。

（三）打造社交能力

能力是一个人顺利完成某种活动，并直接影响活动效果的心理特征。一个人的社交能力会直接影响其社交活动的效果。因而，一名成功的社交者除了应具备良好的气质和健康的性格外，还应具备以下社交能力：

1. 应变能力

应变能力是指应付突发情况的能力。在社交活动中，意想不到的事情或尴尬局面常有发生，社交者要想在这种情况下不失礼，就必须练就较强的应变能力，以便果断巧妙、轻松自如地处理突发情况。

2. 自控能力

自控能力是指控制自己情绪的能力。在社交活动中，意想不到的冷遇或无缘无故的指责常在所难免，因而，社交者必须能够有效地调节和控制自己的情绪，以便在面对这种情况时做到豁达大度、文明礼让，不失态、不失礼。

3. 表达能力

表达能力是指用语言、文字或动作等方式将自己的观点、意见明确地传递给他人的能力。社交活动的效果如何，在很大程度上取决于人的表达能力。因而，社交者必须打造良好的表达能力，学会用符合礼仪规范的表达方式传递信息，使社交对象充分感受到尊重与友好，以便取得良好的社交效果。

【名人名言】

没有良好的礼仪，其余一切都会被人看成骄傲、自负、无用和愚蠢。

——约翰·洛克

案例分析

尊敬老人是中华民族的传统美德，也是当代青年理应遵守的礼仪规范。案例中，老人之所以没有告诉年轻人到青海湖的距离，是因为这个年轻人向老人问路时，没有丝毫的礼仪意识，因而老人只回答了一句“无礼”。谁知年轻人仍没有觉悟，以为距离青海湖只有“五里”路。

案例中年轻人的失礼之处表现在以下三个方面：第一，问路时没有任何称呼，对老人不尊敬；第二，问路后没有表示答谢，而是径直离去；第三，在没有顺利找到青海湖时，恼怒地骂了老人。

项目总结

本章主要介绍了礼仪的概念、起源、发展，以及社交礼仪的概念、特征、内容、原则、功能和习成。

礼仪是指人们在社会交往中共同遵守的表示尊重、友好的行为规范和准则。具体而言，礼仪是礼和仪的合一，是由一系列具体的礼貌、礼节、仪表、仪式等基本形式所构成的行为规范。从理论上讲，礼仪起源于为了维护“人伦秩序”、避免发生矛盾和冲突的一种需要。从具体形式上讲，礼仪起源于原始社会中晚期的原始宗教活动和祭祀活动。

社交礼仪是指人们在人际交往活动中，用于表示尊重、友善的行为规范和准则。它具有规范性、传承性、共同性、差异性、针对性和发展性的特点。社交礼仪的内容主要包括个人礼仪、日常交往礼仪、公共礼仪、校园礼仪、会议与仪式礼仪、宴请礼仪、职场礼仪和婚丧寿庆礼仪八个方面。

社交礼仪具有塑造形象、沟通信息、协调关系等方面的重要功能。社交者要想成功地习得社交礼仪知识，通常需要从以下几个方面入手：① 培养良好气质，具体可通过加强道德修养和提高文化素养来进行；② 塑造健康性格，健康性格的具体特点为开朗、耐心、宽容、沉稳、自信、顽强、富有幽默感；③ 打造社交能力，主要包括应变能力、自控能力和表达能力。

课后习题

一、填空题

1. 从理论上讲，礼仪起源于__________；从具体形式上讲，礼仪起源于__________。

2. 中华民族素来享有礼仪之邦的美誉，其礼仪的发展大致可以分为__________、__________、__________、__________、__________和__________。

3. 培养良好气质的方式通常包括__________和__________。

二、不定项选择题

1. 礼仪是一个人性格、（　　）、文化程度、道德修养的外化。

A. 仪容仪表　　B. 服饰打扮　　C. 气质　　D. 仪态

2. 礼仪是以建立（　　）为目的的各种符合礼仪的精神及要求的行为准则和规范的总和。

A. 同等关系　　B. 和谐关系　　C. 平等关系　　D. 道德关系

3. 在社交场合中，（　　）是最重要的，往往会影响到别人对自己的看法和评价。

A. 第二印象　　B. 第一印象　　C. 社交礼仪　　D. 个人礼仪

4. 社交礼仪具有（　　）的特征。

A. 规范性　　B. 传承性　　C. 差异性　　D. 发展性

5. 社交礼仪的原则包括（　　）。

A. 尊重原则　　B. 真诚原则　　C. 平等原则　　D. 自律原则

6. 社交礼仪具有（　　）的功能。

A. 塑造形象　　B. 沟通信息　　C. 丰富知识　　D. 协调关系

7. 健康的性格通常包括（　　）特征。

A. 开朗　　B. 自信　　C. 顽强　　D. 幽默

8. 社交能力通常应包括（　　）。

A. 应变能力　　B. 自控能力　　C. 表达能力　　D. 表演能力

实训题

实训一：社交能力的自我检测

下面有 30 道题，请学生按照自己的符合程度进行填写。完全符合者填 A，基本符合者填 B，难以判断者填 C，基本不符合者填 D，完全不符合者填 E。

（1）我上朋友家做客，首先要问有没有不熟悉的人出席，如有，我的热情就明显下降。（　　）

（2）我看见陌生人常常觉得无话可说。（　　）

（3）在陌生的异性面前，我常感到手足无措。（　　）

（4）我不喜欢在大庭广众的场合讲话。（　　）

（5）我的文字表达能力比口头表达能力强。（　　）

（6）在公共场合讲话，我不敢看听众的眼睛。（　　）

（7）我不喜欢广交朋友。（　　）

（8）我要好的朋友很少。（　　）

（9）我只喜欢与我谈得拢的人接近。（　　）

（10）到一个新环境，我可以接连好几天不讲话。（　　）

（11）如果没有熟人在场，我感到很难找到彼此交谈的话题。（　　）

（12）如果在“主持会议”与“做会议记录”这两项工作中挑选一样，我肯定挑选后者。（　　）

（13）参加一次新的集会，我不会结识多少人。（　　）

（14）别人请求我帮助而我无法满足对方要求时，我常常感到很难对人开口。（　　）

（15）不是不得以我决不求助于人，这倒不是我个性好强，而是感到很难对人开口。（　　）

（16）我很少主动到同学、朋友家串门。（　　）

（17）我不习惯和别人聊天。（　　）

（18）领导、老师在场时，我讲话特别紧张。（　　）

（19）我不善于说服人，尽管有时我觉得很有道理。（　　）

（20）有人对我不友好时，我常常找不到适当的对策。（　　）

（21）我不知道怎样和妒忌我的人相处。（　　）

（22）我同别人的友谊发展，多数是别人采取主动态度。（　　）

（23）我最怕在社交场合中碰到令人尴尬的事。（　　）

（24）我不善于赞美别人，感到很难把话说得亲切自然。（　　）

（25）别人话中带刺揶揄我，除了生气外，我别无他法。（　　）

（26）我最怕做接待工作，同陌生人打交道。（　　）

（27）参加聚会，我总是坐在熟人旁边。（　　）

（28）我的朋友都是同我年龄相仿的。（　　）

（29）我几乎没有异性朋友。（　　）

（30）我不喜欢与地位比我高的人交往，我感到这种交往比较拘束，很不自由。（　　）

计分方法与解释

ABCDE 所代表的分值如下：

A——5 分；B——4 分；C——3 分，D——2 分；E——1 分。

请相加每道题得出总分。

如果你的总分大于 120 分，那么你的社交能力存在很大的问题。你不太善于交往或你不喜欢社交，社交对于你来说是件痛苦或令人害怕的事。

如果你的总分在 91 至 120 分之间，你的社交能力还有待进一步提高。你对人际交往还有些拘谨，但你是可以交往的。如果你更大胆些，更多地注意培养自己的社交能力，那么你将会从社交活动中获得更大的快乐和成功。

如果你的总分在 70 至 90 分之间，你的社交能力尚可。请继续保持。

如果你的总分低于 70 分，那么，你是一个善于社交的人，你喜欢交往，能从社交中获得快乐和收获。

实训二：谈论身边发生的不文明行为

搜集一至二则中国古代有关文明礼貌的佳话，或由于某些方面的失礼行为而造成的不良后果，并向同学们宣讲，发表自己的观点，认识到学习礼仪的重要性。

项目二

个人形象礼仪

学习目标

- 熟悉头发、面部、手部的修饰
- 了解着装的基本知识
- 熟悉男士着装、女士着装和香水使用的相关知识
- 掌握站姿、坐姿、走姿、蹲姿、表情和手势礼仪

引　子

在现代社会，个人形象已成为参与社交活动的“通行证”，并直接影响着社交活动的成败。本项目主要介绍了个人形象礼仪知识，具体包括仪容礼仪、着装礼仪和仪态礼仪。

案例导入——失败的商谈

某灯具厂的业务员张先生按计划到鸿运贸易公司商谈业务。他带着灯具样品到达鸿运贸易公司后，大汗淋漓地走进业务部王经理的办公室。王经理放下手中的工作，双手接过灯具样品，请张先生入座，为其倒上一杯茶，然后仔细研究这个样品并随口赞道："好漂亮啊！"

张先生见王经理对新产品如此感兴趣，感觉如释重负，便往沙发上一靠，跷起二郎腿，脚尖指向王经理，一边吸烟一边悠闲地环视王经理办公室里的布置。当王经理提出关于灯具的设计和价格问题时，张先生习惯性地一边挠头皮一边解释，并不由自主地拉松领带，眼睛直盯着王经理。王经理皱了皱眉头，托辞离开了办公室，留下了张先生一个人。过了一会儿，王经理的秘书走进办公室，告诉张先生业务商谈取消。

问题：

张先生计划的商谈为什么会被取消？在与王经理相处的过程中，张先生有哪些失礼之处？

任务一　熟悉仪容礼仪

仪容是指人的容貌，它是一个人内在修养的外在体现。在人际交往中，自然健康、整洁端庄的容貌能给交际对象留下美好的第一印象，从而为双方进一步交谈创造良好的开端。

虽然容貌在很大程度上取决于天生条件，但人们可以通过后天的修饰来塑造美好的仪容，主要包括头发的修饰、面部的修饰和手部的修饰。

一、头发的修饰

头发的修饰是仪容礼仪的重要组成部分，主要包括头发的护养、修剪及发型的选择。

（一）头发的护养

为了保持头发整洁、健康、无异味，社交者应做好头发的护养工作，具体包括头发的清洗、护理和梳理。

1. 头发的清洗

保持头发卫生、健康最主要的方法就是清洗头发。通常，每二至三天就应当清洗一次。清洗头发时，应注意以下事项：

- 水温：宜选用40℃左右的温水，切勿用过冷或过热的水冲洗头发，否则会洗不净油脂或损害发丝。
- 洗发剂：宜选用适合自己发质的洗发剂。人的发质大致可分为中性、干性和油性三种。一般情况下，应按照洗发水外包装上的说明选择与自己发质相符的产品。洗发时，应尽量缩短洗发剂在头发上的停留时间，以免损伤发质。
- 清洗手法：应用双手的指腹打圈按摩头皮，而不要用指甲抓挠头皮。
- 冲洗：应当用清水将头发上的洗发剂冲洗干净。
- 干燥方法：湿发最好自然晾干。若使用电吹风吹干头发，则应使吹风机与头皮保持一定的距离，使头发温度不会过高，并且应尽量缩短使用时间，以免损伤头发。

2. 头发的护理

头发的护理可以从以下几个方面进行：

- 按摩头部：每次洗发前后，可按摩头皮数分钟，以促进头发生长，防止或减少脱发。按摩时，将十指分开，从前向后环状揉动头皮，反复多次，直至头皮发热、有紧缩感为止。
- 使用护发剂：洗头后，应注意使用发乳、发油等护发剂为头发补充营养，使头发保持柔软、亮泽并富有弹性。但使用护发剂不能太过频繁，每周1～2次较为合适，否则易使头发营养过剩，变得黏腻。
- 注意饮食：如欲减少头皮屑，应少吃油性大的食物，多吃含碘丰富的食物。欲使头发乌黑亮丽，应多吃含蛋白质和维生素丰富的食物，尤其要多吃坚果（如核桃）和“黑色食品”（如黑芝麻、黑豆等）。

3. 头发的梳理

梳理头发可以促进头部的血液循环，并使头发整齐美观。梳头时应注意以下事项：

- 梳理工具：应选用专用的头梳等工具梳理头发，而不宜用尼龙梳子梳头。用尼龙梳子梳头容易起静电反应，导致毛发脱落。
- 梳理方法：梳头时，将梳子与头发形成一定角度，然后用适度的力量朝某一个方向做重复运动，以促进头部血液循环和皮脂分泌。每次梳头25～50下，动作不要太快，用力要均匀适度，以免拉伤头发。
- 梳理场合：梳头应在私密场合进行，切勿在公共场合进行，否则有失礼仪，影响个人形象。

（二）头发的修剪

修剪头发是保持头发整洁、美观的重要途径。修剪头发时，应注意以下事项：

- 修剪频率：头发应当定期修剪，尤其是短发。一般情况下，应每半个月左右修剪一次，最长不宜超过一个月。若需要参加重要典礼或宴会，则可临时修剪一次。
- 修剪方式：修剪头发的方式具体可分为剪、染、焗、吹、烫等，所选择的修剪方式应当与自己的身份和活动场合相称，否则将有损个人形象。

- **修剪长度：**一般情况下，修剪头发时，男士应做到前发不遮眉、侧发不掩耳、后发不及领；女士应做到刘海勿遮脸、短发不过肩，若留长发，则应注意在重要场合将头发束起来或盘起来。

（三）发型的选择

发型对于美化仪容起着非常重要的作用。选择发型时应综合考虑发质、脸型、身材等多种因素，尽量做到和谐自然、美观大方。

1. 发质

发型应与发质相称。硬发质的人宜选择修剪整齐的发型，避免花样复杂的发型；绵发质（头发软而细，且弹性不大）的人宜选择波浪式发型；沙发质（头发干涩、蓬松）的人宜选择简短式发型；卷发质（即“自来卷”）的人宜遵从头发原有的特性塑造与脸相称型的发型。

2. 脸型

与脸型相辅相成的发型能够对脸型起到扬长避短的作用。一般而言，椭圆形脸适合任何发型；圆形脸适合头前部或顶部略微隆高、两侧略遮脸颊的不对称式发型；长形脸适合遮住前额、两颊部位适当蓬松的发型；方形脸适合遮住两颊、掩饰脸型棱角的发型；“甲”字形脸适合遮住前额、两颊及后部蓬松而饱满的波浪式发型；“由”字形脸适合顶部蓬松、露出前额、遮住两腮、下部头发略微肥厚的发型。

3. 身材

选择与身材相匹配的发型，能够遮盖体型缺点，展现和谐的整体美。一般而言，不同身材的人选择发型时应注意以下事项：

- **身材高大者：**宜选择显得大方、洒脱的发型（如短发），避免选择与高大身材形成鲜明对比的发型（如小烫卷）。
- **身材高瘦者：**宜选择略显丰盈的发型（如波浪式长发），避免选择突显“瘦长”特征的发型（如超级短发或盘高发髻）。
- **身材矮小者：**宜选择显得精致的发型（如短发或盘发），避免选择与矮小身材形成对比的发型（如长发或粗犷、蓬松的发型）。
- **身材肥胖者：**宜选择整体向上、两侧紧束的发型，避免选择增加肥胖错觉的发型（如波浪式长发或两侧蓬松的发型）。

此外，身体局部特征明显不协调者，可通过合适的发型来掩饰不足。例如，肩宽臀窄者，可选择披肩发或下部蓬松的发型，以发盖肩，可分散肩部宽大的视角；颈部细长者，可选择蓬松的长发扩展颈部视角；颈部粗短者，可选择中长发，以分散颈部注意力。

二、面部的修饰

面部可以向他人传递出人的健康、情绪、精神面貌等多种信息，是构成仪容的主要要素。因而，修饰面部是讲究礼仪的重要前提，主要包括保持清爽和适当化妆两个方面。

（一）保持清爽

保持面容清爽最基本的方法是清洁、护理和保养。

1. 清洁

清洁面部应做到早晚各一次。洗脸水的温度以40℃左右为宜。洗脸时，应选用符合自身肤质的洁面产品，涂在掌心用水揉开，然后均匀地抹在脸部、耳朵、脖颈处，从下往上、从内向外打圈揉搓并反复多次，再用清水洗去泡沫。

清洁面部时，还应注意清理鼻腔并保持鼻部无“黑头”，清理口腔并保持口气清新。

知识链接

洗脸的妙招

为了更好地保护皮肤、美化面容，在洗脸过程中，可以根据自身的肤质选用合适的洗脸技巧。干性皮肤油脂分泌较少，因此每次洗脸时可往水中加入少许蜂蜜，以滋润面部；中性皮肤油脂分泌适中，因此每晚洗脸后可用热毛巾捂脸片刻，以保留面部水分，使脸部柔滑滋润；油性皮肤油脂分泌较多、易生粉刺，因此每次洗脸时可往水中加入少许白醋，以便有效去除过多的油脂，使皮肤富有光泽和弹性。

2. 护理

洗完脸后，应取适量眼霜涂抹在眼部，取适量爽肤水轻拍面部，然后涂抹适当的润肤产品，以补充皮肤所需养分，保持面部润泽、光洁、清爽。一般而言，润肤油和润肤霜较适合秋冬季使用，润肤乳和润肤露较适合春夏季使用。

3. 保养

除了日常清洁与护理之外，面部保养也非常重要。一般而言，最基础的保养方法如下：① 定期敷面膜，以彻底清除面部污垢并为其补充营养；② 坚持面部按摩，以活动面部经络，减缓皮肤老化；③ 保证充足的睡眠，以使面部红润、容光焕发；④ 养成多喝水的习惯，以保持皮肤水分，使面部光滑润泽；⑤ 多吃水果蔬菜，以摄取皮肤所需的各种营养成分，使面部看起来健康自然；⑥ 保持良好的情绪，以使面部看起来精神饱满。

（二）适当化妆

在社交活动中，适当化妆可以体现一个人的气质和修养，也可以表达对交际对象的充分尊重。

1. 化妆的原则

化妆的总原则是少而精，具体应把握个性、自然、协调三个原则。

（1）个性

化妆应因人而异，根据脸型与五官的特点确定修饰方法，扬长避短，从外形上充分展现自身的风格或气质。例如，可以通过化妆来表现聪慧型、现代型、古典型等某种风格，也可以通过化妆来表现理智成熟型、娟秀文静型等某种气质。

（2）自然

除特殊场合外，化妆应力求自然、真实，使妆容看不出明显的修饰痕迹，切忌矫揉造作、过分修饰，否则，将无法给交际对象留下美好印象。

（3）协调

化妆应使整个妆容与年龄、衣着、身份、场合相配合，给人留下整洁、雅致、恰到好处的印象。例如，唇膏的颜色应与服装的主色调相近或一致，以便与服装形成整体风格；白天在工作场合的妆容宜为淡妆，夜晚在宴会或舞会等场合的妆容宜为浓妆，以避免皮肤在灯光照耀下惨淡无光。

2. 女性的妆容

女性妆容有日常妆和宴会妆之分。日常妆注重淡雅，主要适于日常工作与生活场合；而宴会妆则较为浓艳，主要适于晚会、宴会、舞会等场合。无论是日常妆还是宴会妆，女士们都需要选择合适的彩妆产品并按照正确的步骤进行。

（1）选择合适的彩妆产品

彩妆产品主要包括粉底（包括粉底液、粉底霜、粉饼等）、蜜粉（散粉）、眉笔（或眉粉）、眼影、腮红、眼线笔（或眼线液）、睫毛膏、唇彩（或口红）等，如图 2-1 所示。

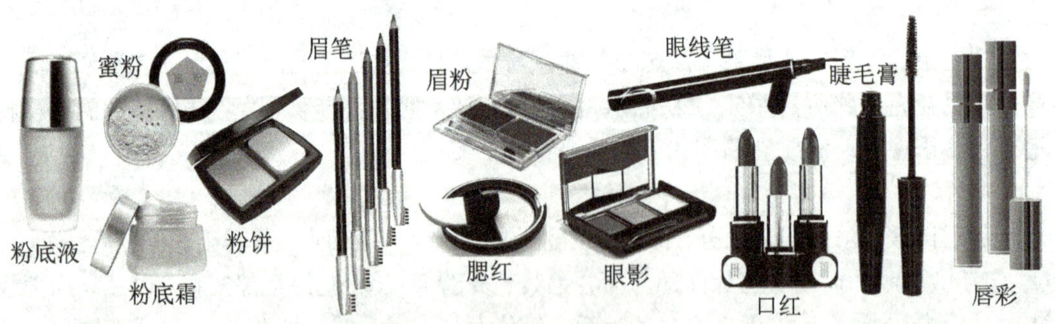

图 2-1　常用的彩妆产品

在选择粉底产品时，应根据自己的肤色和肤质进行选择，颜色以接近肤色为宜。眉笔的颜色应与头发的颜色相近。眼影、腮红和口红的选择则应注重妆容的要求，若是日常妆，则上述彩妆产品的颜色应以暖色调为主，并尽量与上妆部位的肤色接近，以打造更加自然的妆容。一般情况下，彩妆产品的销售区域都有专业人员提供导购服务，可在购前向其咨询或试用产品。

此外，在选择彩妆产品的同时，还需购置一些化妆工具，如眉钳（或眉刀）、美容剪、粉刷（或粉扑）、睫毛夹、腮红刷、眼线刷等，如图 2-2 所示。

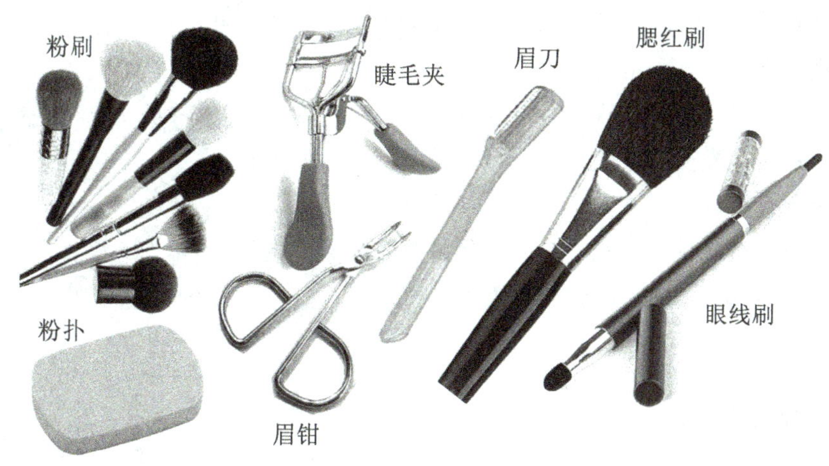

图 2-2 常用的化妆工具

（2）按正确的步骤化妆

① 打粉底

打粉底的目的是调整皮肤颜色，使皮肤平滑、细腻、有光色。打粉底时需要注意以下事项：A．粉底应轻薄，并与肤色自然融合，而不可涂抹过多、过厚，以免脸部显得无立体感或看起来像石膏像；B．粉底涂抹应过渡到位，切忌在发际边缘、脸部两侧、脖颈处留下明显的分界线。

② 定妆

用粉刷蘸取少许蜜粉，轻刷于面部与颈部，以降低粉底的油光感并固定底妆。对于油脂分泌旺盛的部位（如额头、眼角、鼻翼、嘴角等处）可多刷点蜜粉。这样可以增强粉底附着力，使妆容持久，还能增加肌肤光泽度。

③ 修饰眉毛

用眉笔或眉粉沿着眉毛生长的方向轻轻地描画，并注意使眉头浅、眉峰深、眉梢清晰，以使眉形具有立体感。描出的眉形应与本人的年龄、脸型和性格相称，同时，应避免将眉毛挑得过高，以免给人一种尖酸刻薄、缺乏亲和力的感觉。描眉之后，用眉刷将眉毛轻刷一遍，以使眉毛整齐、服帖。

值得注意的是，描眉需要在眉形已经修整的情况下进行，否则，应先进行修眉。

知识链接

修眉的方法

修眉前先准备好眉钳（或眉刀）、眉刷、镜子、美容剪。

第一次修眉前需要确定眉的形状，此时可借助于眉笔勾画眉形。其中，眉头、眉峰和眉尾的位置可用以下方法确定：眉毛上位于鼻翼与内眼角连线延长线位置的是眉头，位于鼻翼与瞳孔连线延长线位置的是眉峰，位于鼻翼与眼尾连线延长线位置的是眉尾。

确定眉形后，用眉钳拔除或用眉刀刮除眉毛下沿和眉毛两端的散眉，直至获得理想的眉形。拔眉前用热毛巾在眉毛处热敷 2 分钟，拔眉时略拉紧眉部的皮肤，沿眉毛生长方向一根一根地拔除，能更加轻易地将眉毛拔出。当先前清除掉的眉毛又长出时，需要再次进行修眉。

④ 修饰眼部

眼部修饰包括涂眼影和画眼线两项内容。

眼影的最主要功能是强化眼部的立体感，因而涂眼影时，应注意体现出层次感。其具体做法通常如下：先用眼影刷蘸取少量浅色系眼影，由上眼皮中部向眼尾，再由眼窝向眼尾方向刷上轻薄均匀的一层；然后将与该浅色系眼影搭配的深色眼影涂于眼尾处，并用眼影刷自外眼角向眼窝方向呈放射状均匀晕染，使其与浅色眼影自然过渡，如图 2-3 所示。

图 2-3　眼影效果

眼线可以很好地改善眼睛轮廓，使眼睛生动有神。其具体做法如下：画上眼线时，应用眼线笔或眼线液沿着睫毛根部由内眼角向外眼角方向分段描画，并用眼线刷晕染均匀，眼尾部分的线条可比眼头部分的线条略粗或往上提拉，以使眼睛显得更大；画下眼线时，应从外眼角向内眼角方向分段描画，并在眼睛中部收笔，以体现较为自然的效果。上眼线应比下眼线稍长一些，且一般不与下眼线交合，如图 2-4 所示。

图 2-4　眼线效果

⑤ 修饰睫毛

修饰睫毛可使眼睛显得更大、更明亮。其具体做法如下：首先，用睫毛夹依次在睫毛根部、睫毛中部和睫毛尖端三个位置稍微用力夹紧几秒并轻轻提拉（见图 2-5），使睫毛卷曲上翘；然后顺着上睫毛和下睫毛的生长方向均匀地涂刷睫毛膏（见图 2-6），使睫毛定型并显得更加浓密、修长。

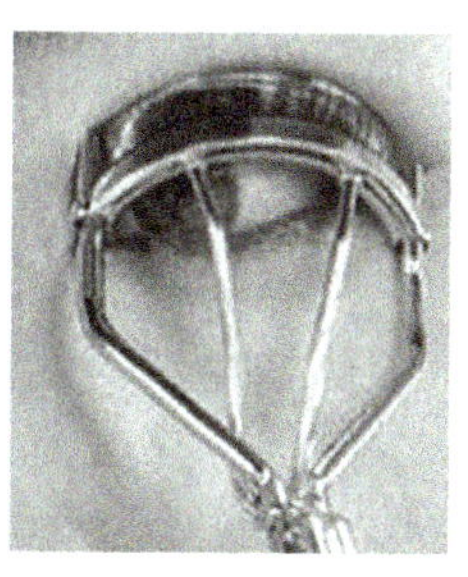
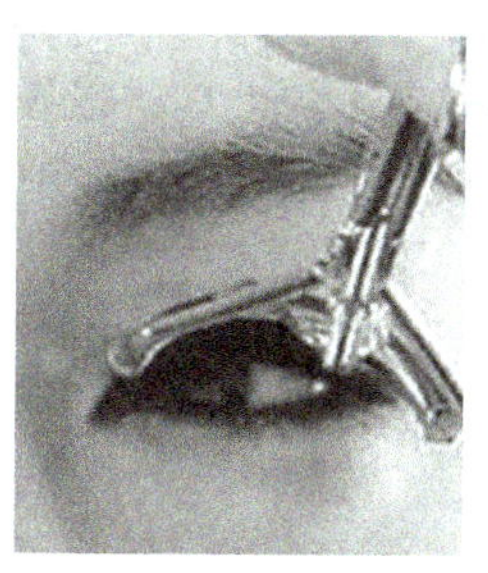

图 2-5 夹睫毛

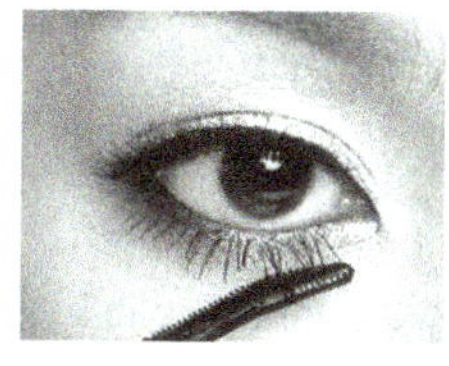

图 2-6 刷睫毛

⑥ 打腮红

打腮红可以改善肤色并增强面部立体感。其具体做法如下：用腮红刷蘸取少量腮红轻轻刷于颧骨下方，然后由发际向脸颊逐渐晕开，使其与肤色自然过渡，如图 2-7 所示。

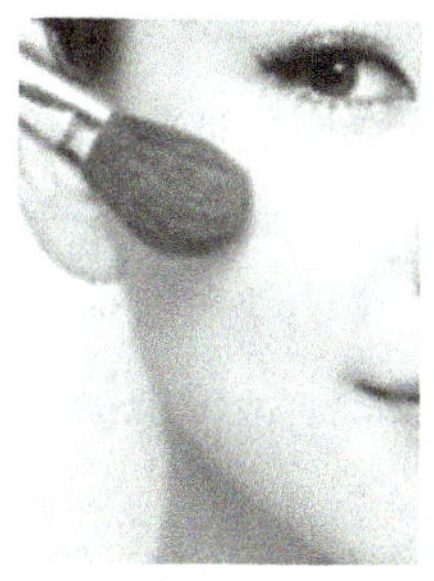

图 2-7 刷腮红

⑦ 修饰唇形

修饰唇形时，可先涂一层润唇膏滋润双唇，然后选用颜色略深于口红或唇彩的唇线笔，勾画出理想的唇形，再用唇刷蘸取口红或唇彩涂抹双唇。

修饰唇形时应当注意以下事项：A．若嘴唇上有翘起的死皮，则应先去除死皮；B．唇线应与嘴唇融为一体，而不可勾勒得过于明显；C. 口红或唇彩的颜色应与眼影、腮红的颜色相协调。

⑧ 检查修正

化妆完成后，应当全面、仔细地检查妆容的效果。若发现问题，则应及时修正，以保持妆容的理想状态。

（3）及时补妆

面部的妆容通常会因说话、进食，以及皮肤分泌的油脂、汗水等而发生脱落，因此，我们应及时进行补妆。补妆应在化妆间或洗手间进行，不要在公共场所进行，即使在场的均为女性。

知识链接

卸妆小知识

女性在学会化妆的同时，应适当了解一些卸妆知识。科学的卸妆有利于保养面部肌肤，以及保证日后的上妆效果。下面将简单介绍几种常用的卸妆产品和工具、卸妆顺序和卸妆方法。

（1）卸妆产品和工具

卸妆产品主要有清洁霜和卸妆油。清洁霜主要用于面部粉质化妆品（如粉底、隔离霜、防晒霜等）的卸妆，卸妆液主要用于眼部和唇部的卸妆。卸妆工具主要有棉签、化妆棉、卸妆油等。

（2）卸妆顺序

一般而言，卸妆应先局部后整体，其具体顺序为“睫毛—眼线—眼影—眉毛—嘴唇—面部”。

（3）卸妆方法

① 眼部卸妆。为眼部卸妆时，应着重清洗睫毛膏和眼线。若睫毛膏或眼线不具防水性，则可用化妆棉或棉签蘸取适量卸妆油涂于眼皮和睫毛上，然后按照眼皮纹理和睫毛生长方向擦拭干净即可；若睫毛膏或眼线具有防水性，则可先用剪成条状的化妆棉蘸取少许卸妆油贴于眼皮和睫毛上，待眼妆充分溶解后，再按上述方法清理干净即可。

② 唇部卸妆。为唇部卸妆时，可用化妆棉蘸取少许卸妆油轻敷双唇数秒，待口红或唇彩溶解后，先横向擦拭唇部，再由嘴唇两侧向中间擦拭嘴角。擦拭干净后，应使用润唇膏或保湿化妆水滋润唇部，以免唇纹加深。

③ 面部卸妆。面部卸妆应尽量按照所使用化妆品的说明书进行。通常，面部卸妆的基本方法如下：用化妆棉取适量的清洁霜均匀地涂于面部和颈部，然后用指腹螺旋式地轻柔脸颊、额头、鼻翼、颈脖等部位，待面部污垢与清洁霜完全融合后将其一

起冲洗掉，最后用干净的化妆棉由内侧向外侧将面部擦拭干净。

卸妆完毕后，应用洗面奶清洗面部，并用爽肤水为肌肤补充水分。

3．男性的妆容

男性妆容的修饰主要是剃须修面。剃须修面的操作顺序一般为：先鬓角、脸颊，再到脖子、嘴唇周围及下巴。若留有胡须，则应将其修理成型；若鼻毛过长，则应定期修剪，切忌让其露出鼻腔。

随着时代的发展和观念的转变，化妆不再是女性的专利。不少男士为了使面容更为精致，或更显阳刚之气，也会尝试选用一些化妆品，如隔离霜、遮瑕膏、睫毛膏、眉粉、润唇膏等。

【经典实例】

小倩的妆容转变

小倩很爱打扮，在日常生活中，她总是采用粉蓝、粉绿、粉红或粉白色的眼影，彩色系列睫毛膏和眼线，粉红或粉橘色腮红，以及自然系的唇彩或唇油，为自己化“清纯少女妆”，让自己看起来青春靓丽。

然而在工作场合，小倩毅然地放弃了“清纯少女妆”，化起了整洁、端庄的“白领丽人妆”：不脱色粉底液，修饰自然、稍带棱角的眉毛，与服装色系搭配的眼影、眼线，再加上自然的唇型和略显浓艳的唇色。整个妆容清爽自然，尽显自信、成熟、干练的气质。

一年以来，小倩以自己得体的外在形象、勤奋的工作态度和出色的工作水平，赢得了公司同仁的好评。

三、手部的修饰

手部可以体现出一个人的修养和卫生习惯，能够影响一个人的整体形象。所以，我们一定要注意手部的修饰。手部的修饰具体包括以下两个方面。

（一）手的清洁与护理

饭前便后及接触赃物后，应马上洗手，以保持双手清洁、卫生。洗手的基本步骤如下：① 双手相对和搓；② 双手指缝交叉搓洗；③ 握洗拇指；④ 搓洗手背；⑤ 五指并拢在另一只手心中搓洗指甲缝。洗手的基本步骤如图 2-8 所示。洗手后，应及时涂抹护手霜，以使手部肌肤保持润泽。

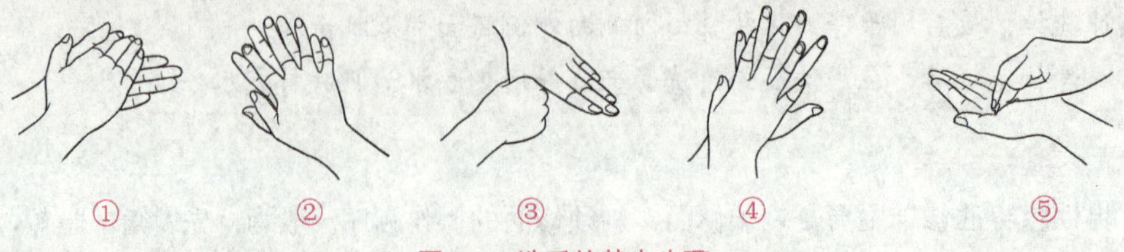

图 2-8　洗手的基本步骤

（二）指甲的修剪与修饰

为了表示对社交对象的尊重，应勤剪指甲，使其长度不超过指尖。修剪指甲时，可根据手型剪出不同的甲形，如方形指甲、方圆形指甲（指甲前端和侧面是直的，而棱角处是圆弧形）、椭圆形指甲等，以弥补手型的不足。需要注意的是，修剪指甲应避免在公共场合进行，否则是有失礼仪的。

对于女士而言，还可以根据场合、服装、个性等因素适当地染指甲。染指甲时，应选择与口红或唇彩颜色相匹配的指甲油，顺着指甲纹理均匀地涂抹。同样，染指甲不能在公共场合进行。

任务二　熟悉着装礼仪

在社交活动中，人们常常通过一个人的着装来判断一个人的品位、地位和涵养。一个穿着得体的人，往往能够赢得交际对象的信任和好感。可见，要想获得较高的社交地位并获得较好的社交效果，首先应掌握着装的礼仪规范。

一、着装的基本知识

（一）服装的相关知识

服装的相关知识主要包括面料、色彩和分类。

1. 面料

常见的服装面料有棉、麻、丝绸、毛料、皮革、化纤等，其各自的特点如下：

- 棉：是以棉纱线或棉的混纺纱线为原料制成的织品。其质地柔软，透气性、吸湿性好，但容易缩水、起皱，外观不挺括。
- 麻：是以麻纤维或麻的混纺纤维为原料制成的织品。其质地硬挺、吸湿性好，但外观较为粗糙、生硬。
- 丝绸：是以桑蚕丝、人造丝、合成纤维长丝等为原料制成的织品。其质地轻薄、柔软、滑爽，能使着装者显得高贵、典雅，但不结实。

- 毛料：是以羊毛、兔毛、骆驼毛为主要原料制成的织品，一般以羊毛为主。其质地柔软、弹性好、保暖性强、色泽柔和，但较难洗涤。
- 皮革：是经过脱毛和鞣制加工所得到的动物皮。其手感舒适，柔韧性、透气性、保暖性较好，但较难护理。
- 化纤：是以高分子化合物为原料制成的织品。其牢度大、耐磨耐洗、外观挺括，但耐热性、透气性差。

2. 色彩

在社交场合，服装的色彩往往最引人注目，它能表达一个人的审美情趣，并流露其心境和情感。这些色彩信息总是通过人们对色彩三要素和色性的理解进行传递的。

色彩三要素是指色相、明度和纯度。

① 色相即色彩体现的具体颜色，它可分为无彩色和有彩色两个部分。其中，无彩色主要包括黑色、白色和灰色；有彩色包括七个标准色，即红、橙、黄、绿、青、蓝、紫。

② 明度即色彩的明暗程度，白色是最亮的色，黑色是最暗的色，任何一个颜色加入白色则提高明度，加入黑色则降低明度。

③ 纯度即色彩的鲜浊程度或饱和度，任何一个颜色加入白色则降低纯度，加入黑色则变为浊色。

色性是指色彩的冷暖。红色、橙色和黄色为暖色，这类颜色使人感到温暖；青色和蓝色为冷色，这类颜色会使人感到清凉寒冷。

知识链接

色彩的语言

不同的色彩能够传递不同的语言。暖色和明度高的色彩具有膨胀感；冷色和明度低的色彩具有收缩感。明度高、纯度高的暖色能给人以热烈感和兴奋感；明度低、纯度低的冷色能个人以沉稳感和恬静感。

具体而言，各种基本色彩所传递的语言如下：

黑色：传递着权威、高雅、低调、内敛和执著；

灰色：传递着诚恳、沉稳、成功、认真和智慧；

白色：传递着纯洁、无私、善良与信任；

蓝色：传递着理性、沉静、务实和中规中矩；

褐色：传递着典雅、平和、友善和亲切；

红色：传递着热情、开朗、积极和自信；

粉红色：传递着温柔、甜美和喜悦；

橙色：传递着愉快、健康和活力；

黄色：传递着年轻、聪明、开朗与自信；

绿色：传递着平静、清新和安详；

紫色：传递着优雅、神秘、灵性、古典和高贵。

3．分类

在不同的社交场合，往往需要穿不同类型的服装。按照适用场合的不同，服装大致可分为正装、礼服和休闲服。

（1）正装

正装是指在正式场合穿着的服装。它能使着装者显得端庄、稳重。一般情况下，男士正装以西装为主，女士正装以西装套装和套裙为主。

（2）礼服

礼服是指在某些重大或隆重场合（如庆典、晚会、宴会等）所穿着的庄重而正式的服装。其按穿着对象的性别不同可分为男士礼服和女士礼服。

① 男士礼服

男士礼服有中式男礼服和西式男礼服之分。

1）中式男礼服

中式男礼服主要包括中山装和唐装。

中山装是我国男士的传统礼服，一般由上下身同色同质的深色毛料精制而成，其前门襟有五粒纽扣，领口封闭且有风纪扣，上下、左右各两个贴袋，袋盖外翻并有盖扣（见图 2-9），配以黑色皮鞋穿着，能使男士显得庄重、神气、稳健、大方。

图 2-9　中山装

提　示

风纪扣是过去制式服装领口上第一颗扣子上方的搭扣，其作用在于展示礼仪、严肃风纪。

唐装有广义和狭义之分。广义上的唐装是中式服饰的通称；狭义上的唐装是指清朝时中式服饰。唐装礼服通常是指狭义上的唐装。唐装是由清朝马褂演变而来的，主要使用锦缎面料制成。其主要特色是立式领型、连袖（即袖子和衣服整体没有接缝）、对襟、盘扣（即扣子由纽结和纽袢组成），如图 2-10 所示。它既能体现传统文化韵味，又能体现西式立体剪裁，能使男士展现儒雅风范。

图 2-10 男士唐装

2）西式男礼服

西式男礼服主要包括燕尾服、晨礼服、平口礼服和西装礼服，如图 2-11 所示。

燕尾服　西装礼服

晨礼服　平口礼服

图 2-11 西式礼服

燕尾服又称大晚礼服，其特色是前短后长，前身长度及于腰际，后摆拉长、开衩，形如燕尾，裤子两侧有黑缎带。燕尾服通常应配以背心、白色手套和白色横领结，并可搭配胸针和领巾，以增加正式感和华丽感。

晨礼服又称为英国绅士礼服，较燕尾服更加正式。其特色是外套剪裁为流线型，胸前仅有一粒扣，上衣长与膝齐，充满了贵族感。晨礼服的正式穿法为外套、衬衣、长裤，搭配背心和领结。

平口礼服又称为王子式礼服，它不及燕尾服与晨礼服那般正式。平口礼服有单排扣和双排扣样式之分，裁剪设计较类似于西装。其正式穿法是外套、衬衣、长裤，搭配领结和腰封。

西装礼服是在普通西装的基础上改良而来。西装礼服的正式穿法为外套、衬衣（或礼服衬衣）、长裤，搭配背心、领结或领带。

② 女士礼服

女士礼服又有中式女礼服和西式女礼服之分。

1）中式女礼服

中式女礼服主要是指旗袍。旗袍是由清朝八旗妇女所穿的长袍演变而来的，具有许多种不同的款式和花色，通常用绸缎面料制成并有刺绣或花纹。其主要特色通常为高领、贴身、衣长过膝、两旁开衩、斜式开襟、曲线造型流畅等（见图 2-12），能贴切、自然地勾勒出东方女性身材的婉柔之美。在正式晚宴等场合，旗袍的开衩不宜太高，长度应长至脚面，并应配以高跟鞋或制作考究的绣花鞋；在半正式场合和休闲场合，则还可配以披肩围巾、开襟毛衣等。

图 2-12　旗袍

2）西式女礼服

西式女礼服主要包括小晚礼服和大晚礼服，如图 2-13 所示。

小晚礼服

大晚礼服

图 2-13　西式女礼服

小晚礼服又称小礼服，为一种质地高档、色彩相对单一的露背式连衣裙。其裙长一般及膝盖上下 5 cm，衣袖有长有短，可搭配长短适当的手套或款式简洁、流畅的其他服饰，主要适用于日间或晚间举行的宴会、音乐会或仪式、典礼等场合。

大晚礼服又称大礼服，为一种低胸式的单色无袖连衣裙。其面料高档、垂感好，裙长及脚背或拖地，常配以同色系的帽子、薄纱长手套及其他饰物，可塑造典雅华贵的造型，凸显女性风韵。大晚礼服主要适用于晚间举行的各种正式的活动，如官方举行的正式宴会、酒会、正式的大型交际舞会等。

（3）休闲装

休闲装又称便装，是适用于一些休闲的日常生活场所和轻松的职业场所的服装，其主要特点是简洁、宽松和舒适，如运动服、家居服、休闲西裤等。

（二）着装的原则

无论穿着何种服装，都应遵循以下着装原则：

1. 整洁原则

保持服饰干净、整齐是着装礼仪的最基本原则。古人言“衣贵洁，不贵华”，一个穿着整洁的人，即使衣服不高档、华贵，也能恰到好处地展现自身的气质和对他人的尊重。

2. 配色原则

色彩是服装不可或缺的组成部分。得体的色彩搭配能够提升服饰的整体美感，给他人留下美好的印象。常用的配色方法有如下几种：① 同色搭配，如黑色上衣配黑色裤子、浅蓝色上衣配深蓝色裤子等；② 对比色搭配，如白色配黑色、蓝色配红色等；③ 相似色搭配，如绿色配蓝色、红色配橙色、黄色配浅绿色等；④ 点缀色搭配，如用红色点缀黑色基础色等）。需要注意的是，服饰的搭配色彩一般不宜超过三种。

此外，服装的色彩应与着装者的肤色、体型、性格、年龄等搭配协调。例如，体型较胖者适合穿深色调的衣服，以便给人以苗条感。

3. “TPO”原则

社交场合的着装还必须遵循国际公认的 TPO 原则。TPO 是三个英文单词的缩写，其中，T（Time）代表时间、季节、时代，P（Place）代表场合、职位，O（Object）代表目的、对象。具体来说，TPO 原则要求商务人员的着装符合以下要求：

（1）与时间、季节和时代相符合

① 着装应当与时间相符合，如工作时间内的着装应能给人一种端庄、稳重的感觉。

② 着装应当与季节相符，做到冬暖夏凉、春秋适宜。

③ 着装应顺应时代的潮流和节奏，不能过分落伍，也不能过分时髦。

（2）与场合和职位相符合

① 着装应当与场合相适应，以使自己与现场气氛相融合，否则会引起人们的疑惑、厌恶和反感，如穿着睡衣逛大街就违背了与场合相符合的原则。

② 着装应当与职位相符合，身份地位较高者的着装应当相对保守、庄重。

（3）与目的和对象相适应

① 着装应能使自己的良好形象得以充分展现，从而促进社交活动目的的实现。

② 着装应当与交往对象相适应，特别是在与外宾或少数民族人士相处时，应从服装上体现出对他们的尊重。

二、男士着装

西装是一种国际性服装，其造型优美、典雅，能使着装者显得风度翩翩、魅力十足。男士在任何社交场合，都可以身着西装。西装“一半在做，一半在穿”，要想充分发挥西装的魅力，就必须在西装的选择和搭配上下一番功夫。

（一）西装的选择

一般而言，西装的选择应注意以下几个方面：

1. 面料

西装的面料应当力求高档。纯羊毛及高比例羊毛化纤混纺等毛料是西装面料的首选。用这些高档毛料制作的西服，外观挺括、质地滑爽，光泽柔和自然。

2. 颜色

西装的颜色宜为深色调的单色。在日常社交场合，一般选用藏蓝色或深灰色西装，在极其庄严、肃穆的场合选用黑色西装。

3. 款式

款式是指服装的样式。按照纽扣数量的排列划分，西装款式可分为单排扣式和双排扣式。这两种款式的西装因上衣纽扣数量的不同而各自呈现出不同的风格：

- **单排扣西装：**分为一粒扣西装、两粒扣西装和三粒扣西装。其中，一粒扣西装和三粒扣西装比较时髦，而两粒扣西装更为传统。
- **双排扣西装：**分为两粒扣西装、四粒扣西装和六粒扣西装。其中，两粒扣西装和六粒扣西装较为流行，而四粒扣西装较为正统。

在社交场合，男士通常可穿单排两粒扣式西装和双排六粒扣式西装，也可根据具体场合选择其他款式。

按照件数划分，西装款式可分为两件套和三件套。两件套即上衣和裤子；三件套即上衣、马甲和裤子。按照传统观点，三件套西装比两件套西装更为正规。在比较正式的社交场合，一般应穿三件套西装。

4. 尺寸

西装必须合身。西装过大或过小、过肥或过瘦，都有损个人形象。因此，男士在选择西装时，一定要量体裁衣、认真试穿。一般情况下，西装衣长应刚好盖过臀部，衣服垫肩应与人体肩膀吻合，衣袖长达腕部，抬放手臂时衣服不会出现皱褶或紧绷感，衣服腰围比人体腰部稍宽（扣上纽扣后，能贴腰平插入一只手），裤长刚好到鞋跟与鞋帮的接缝处，符合以上条件则视为合身。

5. 做工

西装的做工必须精良。在挑选西装时，应仔细检查其做工。具体而言，做工精良的西装具有以下特点：① 外观平整；② 面料拼接自然；③ 缝线平直，针脚均匀。

（二）西装的搭配

西装必须与衬衫、领带、皮带、鞋袜等其他衣饰精心搭配，才能呈现出其应有的韵味和魅力。男士在穿西装时，应熟悉西装与其他衣饰的搭配技巧。

1. 衬衫

衬衫一般应为硬领式的正装衬衫，其面料应选用精纺的纯棉、纯毛制品或棉涤混纺，其颜色宜为单色，且应与西装颜色相匹配。一般而言，衬衫的颜色可为白色、蓝色、灰色、棕色与黑色，其中白色为首选。

穿正装衬衫与西装搭配时，应注意以下事项：

- 大小合适：衬衫衣领与胸围的松紧应适度，不可过于宽松，也不可过于收紧，以免影响到西装与身体的贴合程度。
- 衣领偏高：衬衫的衣领应比西装的领口高出 1～2 cm，以衬托西装。
- 袖长适度：衬衫的袖长应比西装的衣袖长 1～2 cm，这样既可以避免西装的袖口受到过多的磨损，还可以衬托西装的美。
- 衣扣扣好：系领带时，衬衫的衣扣都必须扣好，特别是领扣；不系领带时，可解开领扣。此外，若衬衫的衣袖为双层袖口，则可在袖口上佩戴装饰性袖扣，为自己增添高贵、优雅的风度。但若衬衫的衣袖为单层袖口，则不必佩戴袖扣。

提　示

袖扣是用于代替袖口扣子部分的重要饰物，其材质多为金属（有的镶嵌宝石），造型精美，是男士在正式场合所需佩戴的重要饰物。

- 下摆放好：衬衫的下摆必须掖进西裤裤腰内，但不可在裤腰交界处上下错位、左右扭曲或皱皱巴巴。

2. 领带

领带是西装的重要饰品，能起到画龙点睛的作用。

（1）领带的选择

男士在选择领带时，一般应注意以下几个方面：

- 面料：最好是真丝，也可以是涤纶长丝或纯毛料。

- **颜色：**应与衬衫、西服的颜色相称，蓝色、灰色、棕色、黑色、紫红色等色均为理想的领带颜色。
- **图案：**可以无图案，也可以具有斜条纹、圆点、方格等规则几何形状的图案，但不可过于花哨。
- **质量：**应质优，即具有平整、美观、无跳丝、无疵点、不易变形、悬垂挺括等特点。

（2）领带的结法

领带最重要的部位是领结。打好的领带应结呈挺括、端正的倒三角形，且大小与衬衫衣领大小成正比。领带结的常用结法有平结、双环结、交叉结、双交叉结和温莎结等。

① 平结：平结几乎适用于各种质地的领带。其特色在于领结的下方可形成凹凸状（俗称“男人的酒窝”）。平结的打法如图 2-14 所示。

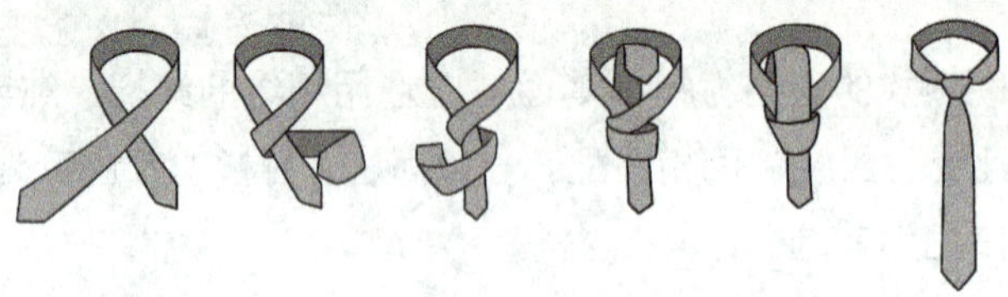

图 2-14　平结图解

② 双环结：双环结适用于质地细腻的领带，能够营造出时尚感，适合年轻男士选用。其特色在于领结的第一圈稍微露出第二圈之外。双环结的打法如图 2-15 所示。

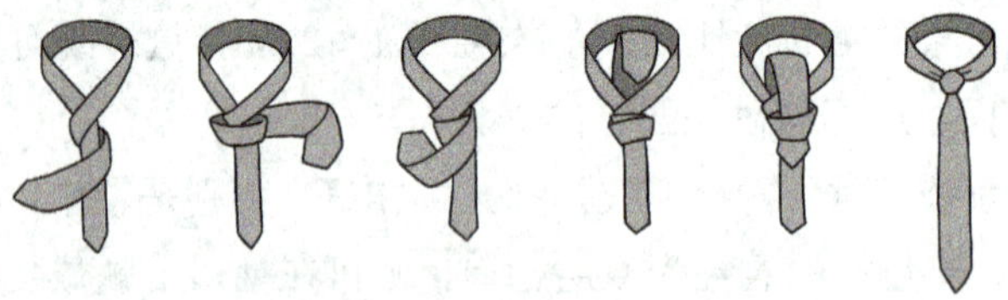

图 2-15　双环结图解

③ 交叉结：交叉结适用于单色素雅且质地较薄的领带，能够展现出时髦感。其特色在于领结上有一道分割线。交叉结的打法如图 2-16 所示。

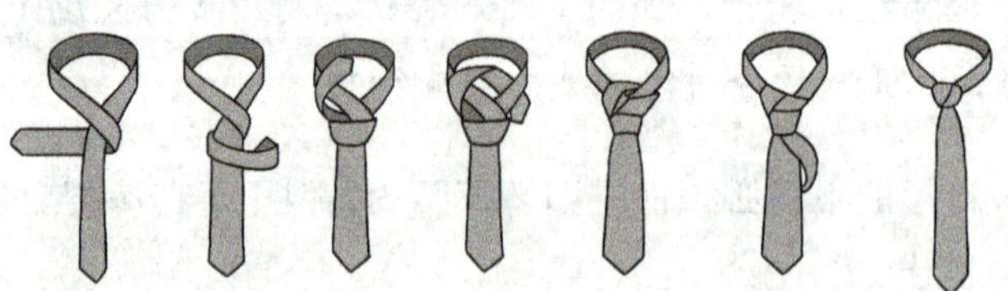

图 2-16　交叉结图解

④ 双交叉结：双交叉结多适用于素色丝质的领带，能够使男士显出高雅、尊贵的气质，非常适合在正式活动场合使用。双交叉结的打法如图 2-17 所示。

图 2-17　双交叉结图解

⑤ 温莎结：温莎结因温莎公爵而得名，是最正统的领带打法，适用于材质较薄的领带。其特色在于领结成正三角形，且饱满有力，适合搭配宽领衬衫。温莎结的打法如图 2-18 所示。

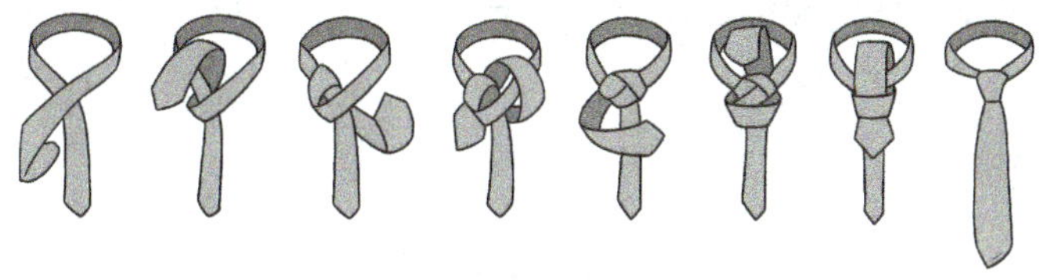

图 2-18　温莎结图解

（3）长度

领带打好后，其外侧的大箭头一端应略长于内侧的一端（较窄的那端），且该大箭头的尖端应恰好触及皮带扣的上端，切不可垂到腰带以下或塞到裤腰里面。

（4）位置

一般情况下，领带位于西装与衬衫之间。若在西装与衬衫之间加穿了西装背心或“V”领羊毛衫，则应将领带放在背心与衬衫之间，或羊毛衫与衬衫之间。

（5）领带佩饰

一般情况下，打领带时没有必要使用佩饰。但是，有时为了避免领带妨碍工作或行动，也可以使用领带夹或领带针，如图 2-19 所示。

图 2-19　领带配饰

- **领带夹的使用：**领带夹应夹在衬衫自上而下的第四粒至第五粒纽扣之间，且不宜处于他人的视野范围之内。
- **领带针的使用：**领带针应插在衬衫自上而下第三粒纽扣处的领带正中央，有图案的一面应呈现在领带外面。

3. 皮带与鞋袜

穿西装时，皮带与鞋袜也应与西装相匹配。

- **皮带：**面料宜为光面的皮质材料；颜色应为深色（黑色为首选）、单色；宽度一般为3 cm左右，并宜带有形状简洁的钢质皮带扣；不要在皮带上挂手机、钥匙等物件。
- **鞋子：**面料应为光面的真皮，一般以牛皮为首选；颜色应与皮带的颜色一致；款式应以系带、薄底的为佳，且其上应无任何图案和装饰；鞋面应上油擦亮，不留灰尘与污迹；鞋跟不宜太高，也不宜打钉。
- **袜子：**面料最好为纯棉或纯毛；颜色宜为深色、单色，且应与西裤或皮鞋的颜色一致，切忌用浅色袜子配深色皮鞋；应有一定弹性；长度应及于小腿。

知识链接

着装不当的窘境

2002年，某著名表演艺术家程某遭遇了一次窘境，这次窘境让他推翻了其原先“穿衣服可忽视场合”的着装观念。据程某回忆，当时某影星邀请他参加一个画展，并嘱咐他一定要去帮忙“捧场”。盛情难却，他应邀出席了画展。到达展厅后，他发现厅内人的装束都非常得体，而自己的一身打扮实在有失体面。

他身边的几位老总穿着精致的西装，头发光亮整齐，整齐得能看出梳子在头发上划过的痕迹，显得风度翩翩；附近的一位明星留着一头短发，着装闪耀靓丽，显得帅气、干练，魅力十足。而他呢，尽管穿着西服，但那套西服穿了一个星期没离身，裤线早没了，上衣兜盖还不知怎么的反了向，兜口老开着，更重要的是忘了戴领带。

最令程某尴尬的是他的头和脚。由于他习惯于起床后用梳子将头发随便扒两下就完事，从来不抹头油或为头发塑形，所以他出席画展那天是这样一副形象：头发各自为政地横躺竖卧，尤其是脑后“旋儿”旁边的那一绺高高地直立着。而脚上的一双皮革鞋，因为穿得太久而布满灰尘且走了形，像两只大鲶鱼头。

程某在回忆以上情景时说，他顿时感到一种被环境隔离开来的不自在。知道他是著名艺术家的人都主动跟他打招呼，有的过来与他握手，有的过来与他交谈，而他则答非所问，因为他脑子里老想着脑后“旋儿”旁边的那一绺直立的头发……

自那以后，程某非常注意美化自己的形象，主动学习在不同时间、场合的着装知识及饰物搭配技巧，以杜绝类似的窘境再次发生。

（三）穿西装的注意事项

男士在穿着西装时，应当特别注意以下几个方面的问题：

① 拆除商标。穿西装之前，应拆除西装袖口上的商标和纯羊毛标志等。

② 熨烫平整。穿西装之前，应将西装熨烫得平整挺括、线条笔直，切勿使其皱皱巴巴。

③ 扣好纽扣。穿单排两粒扣式的西装时，讲究“扣上不扣下”，即只扣上边的那粒纽扣；穿单排三粒扣式的西装时，要么只扣中间那粒纽扣，要么扣上面的两粒纽扣；穿双排扣式西装时，所有的纽扣都应扣上。

④ 不挽不卷。切忌将西装的衣袖挽上去，或将西装裤管卷起来，更不可当众脱下西装上衣后将其披在肩上。

⑤ 慎穿毛衫。西装上衣之内、衬衫之外最好不要再穿羊毛衫，但在天气寒冷难耐时可以穿一件薄型“V”领的单色羊毛衫。

⑥ 少装东西。西装的口袋里一定要少装东西。一般而言，西装不同位置的口袋装放物品的原则如下：

- 西装上衣：外侧胸袋只可插入一块用以装饰的真丝手帕，内侧胸袋用来别钢笔、放名片夹或钱夹（不可过大或过厚），下侧口袋原则上不装任何东西。
- 西装裤子：两侧的口袋只能够放纸巾、钥匙包、手机等小件物品，后侧的口袋不要装任何东西。

⑦ 遵循三色原则。西装、衬衫、领带、皮带与鞋袜的颜色应相协调，且应遵循整体不超过三色的原则，相近的颜色可当作一色处理。

男士穿西装的效果如图 2-20 所示。

图 2-20 穿西装的模特

三、女士着装

在社交场合，女士的着装比男士更加丰富。她们可根据具体情况选择合适的服装来修饰体态、表现修养。

（一）服装的选择与搭配

通常，女士在社交场合的服装主要以下几种：

1. 套装与套裙

套装（即西装配长裤）与套裙（即西装配半身裙）具有大方、简洁、素雅的特点，能让女性显得成熟、稳重，通常适合于比较正式、严肃的社交场合（如工作场合等）。女士在穿套装或套裙时，必须在选择与搭配上下一番功夫，以便充分发挥服装的魅力。

（1）套装、套裙的选择

一般而言，套装、套裙的选择应注意以下几个方面。

① 面料

具有匀称、平整、光洁、悬垂、挺括、不起皱、不起毛、不起球的特征的面料，都可作为套装、套裙面料。最佳面料是纯天然质地的高档毛料或亚麻。需要注意的是，整套服装的面料必须一致。

② 颜色

女士可根据自己的肤色选择套装、套裙的颜色。通常，各种凝重的颜色（如藏青、炭黑、烟灰、茶褐、土黄、棕色等）为最佳选择。其中，上衣和裤子或裙子的颜色应尽量保持一致；若不一致，则应协调搭配两种颜色，使其能增添着装者的魅力。

③ 点缀

套装、套裙上可存在一些点缀，如图案、装饰扣、包边等，但点缀宜少不宜多、宜精不宜糙、宜简不宜繁，以免过于抢眼而破坏了服装的美化作用。

④ 款式

套装、套裙的款式变化相对较多。套装的款式主要体现在上衣的衣领、袋盖、衣襟、衣扣、衣摆和袖口等方面，套裙的款式除了体现在上衣的诸多方面以外，还体现在半身裙的开衩、收边等方面。例如，套裙上衣的衣领样式可为圆状领、“V”字领等；半身裙可为一步裙、筒式裙、开衩裙、喇叭裙等。女士可根据个人气质、脸型、体型、活动场合等因素选择合适的款式。

⑤ 尺寸

套装、套裙必须合身，过大或过小、过肥或过瘦的服装都会损害个人形象。其中，半身裙的长度最长宜到达小腿中部，最短以坐下时裙子向上缩离膝盖不超过 10 cm 为宜。

（2）套装或套裙的搭配

女士穿套装或套裙时，应注意其与衬衫、鞋袜、皮包的搭配。

① 衬衫

衬衫的面料通常应以丝绸、涤棉、麻纱等为主；颜色应与套装、套裙的颜色相协调，白色、米色、粉红色等浅色系颜色均可；款式应当简洁，通常不应具有过多的花边、皱褶，以及夸张的图案。

女士穿着衬衫与套装、套裙搭配时，应当注意以下事项：

- **下摆放好：**衬衫下摆必须掖入下装之内，而不能悬垂在外或在腰间打结。

- **纽扣扣好**：除最上端的一粒纽扣以外，其他纽扣必须一一系好，不得随意解开。
- **切勿外穿**：衬衫不宜直接外穿，身穿贴身而稍显透明的衬衫时应特别注意这一点。

② 鞋袜

女士在穿套装、套裙时，一定要应当注意鞋、袜、皮包的选择和搭配。

- **鞋子**：面料宜为牛皮或羊皮制品；颜色宜为单色，一般应深于套装、套裙的颜色；款式宜为无带无袢的高跟或半高跟鞋，且鞋跟不宜太细；鞋面应上油擦亮，不留灰尘和污迹。
- **袜子**：面料宜为尼龙丝或羊毛制品；搭配裙装的袜子款式应为高统型和连裤型，而不能为中统型和低统型，以免袜口露出裙子下摆，显出“三截腿”；颜色宜为米色。此外，穿丝袜时，若袜子出现破损或挑丝，则应立即更换，但切勿当众整理袜子。

女士穿套装、套裙时的效果如图 2-21 所示。

套装　　套裙

图 2-21　穿套装、套裙的模特

③ 皮包

女士穿套装或套裙时选用一款合适的皮包，可用以携带随身物品并发挥装饰作用。皮包的面料最好为皮质；颜色应与自身肤色、服装、年龄及季节相搭配，咖啡色、黑色、驼色、米色等中性色通常为百搭色彩；款式应与自身身型相协调，一般而言，身材高大者宜用大提包，身材矮小或苗条者宜用中、小提包，身材丰满者忌用圆形包。

2．夹克衫

夹克衫是指衣长较短，胸围较宽，袖口、腰身和下摆略微收紧样式的开衫上衣。夹克衫一般属于休闲装，其面料选取灵活、款式多样，可搭配裙子、牛仔裤等服装（见图 2-22），常适用于不太正式的社交场合。女士穿夹克衫时，也应注意其与衬衫、裙子或裤子、鞋袜、皮包之间的搭配（具体可参考套装、套裙的搭配方法）。

图 2-22　夹克衫的搭配效果

3．连衣裙

此处的连衣裙主要是指除礼服裙、职业套裙以外的其他连衣裙。连衣裙种类繁多、款式多样。例如，按照版型不同可分为直身裙、“A”字裙等，按照面料不同可分为雪纺裙、牛仔裙等。在不太正式的社交场合，女士可根据自身体型、肤色、年龄、性格及交际对象等选择合适的连衣裙，以凸显优美身段，体现良好教养及对他人的尊重。穿连衣裙时，应注意裙子与鞋袜、皮包之间的搭配。

（二）着装的注意事项

女士着装应注意以下几方面事项：

- 拆除商标：若衣服上的品牌商标显露在外，则应将其拆除。
- 勿过分暴露：不可选择过分“凸”“透”“露”的服装，否则会使自己显得轻浮，有时可能还会触犯他人禁忌。例如，在涉外场合，特别是在伊朗、阿拉伯等信奉伊斯兰教的国家，女士着装过分暴露会触犯当地人的禁忌。
- 兼顾举止：美好的着装要配以优雅的举止，否则，服装的美感依然不会显现出来。

（三）佩饰的选用

在社交活动中，女士除了应注意服装的选择与搭配之外，还要注意根据自身服饰、脸型、年龄、季节、场合等因素佩戴合适的饰品。常见的佩饰主要有项链、耳环、丝巾、胸针、戒指等。

1．项链

项链（见图 2-23）的造型、长短和色彩可以调节视线，一款合适的项链可以为女性增添无穷魅力。

图 2-23　项链

女士在选用项链时，应遵循以下规则：

- **与服装相呼应：**项链的造型与色彩应当与佩戴者的着装相呼应。例如，穿飘逸的连衣裙时，宜佩戴精致、细巧的项链；穿单色或素色的衣服时，宜佩戴色泽单一而鲜明的项链。
- **与脸型相搭配：**项链的造型与长短应当与佩戴者的脸型相搭配。例如，尖脸型的女性可选用细的项链，项链不宜过长，否则会显得脸更长。方脸型或圆脸型的人，体态大多比较丰满，可选用较长一些的项链。
- **与年龄相吻合：**项链的材质应当与佩戴者的年龄相吻合。例如，高雅华丽的珠宝项链一般适合中年女性佩戴；造型独特的木制品、玻璃制品、陶瓷制品等工艺制品项链一般适合年轻女性佩戴。
- **与个性相符合：**项链的吊坠应与佩戴者的气质、个性相符合。例如，椭圆形的吊坠一般适合个性成熟的女士；菱形、方形的吊坠一般适合个性独立的女士；小动物形状的吊坠一般适合个性活泼的女士。
- **与场合相协调：**项链的款型应与佩戴者所参与的场合相协调。例如，在一般社交场合，宜佩戴精致、淡雅的项链；在正式的宴会、舞会等场合，宜佩戴华丽、闪耀的项链。

2. 耳环

女士佩戴耳环时，应根据自己的脸型、发型来进行选配。一般而言，圆形脸宜戴链式耳环、长而下垂的三角形、水滴形耳环，不宜戴又大又圆的耳环；方形脸宜戴形体较小的耳环或耳坠，而不宜戴圆形或方形的耳环；长形脸宜戴紧贴耳根的宽大型耳环，而不宜戴长而下垂的耳环。此外，耳环的风格应与项链、服装的风格相一致或相协调。

3. 丝巾

女士佩戴丝巾时，应注意丝巾面料、颜色、图案的选择，以及丝巾系法与脸型的搭配。

（1）丝巾的选择

在社交场合使用的丝巾可以是边长 60 cm 左右的小方巾，也可以是边长 90 cm 左右的大方巾或长丝巾。女士在选择丝巾时应注意以下方面：

- **面料：**多为丝绸、真丝等，通常以丝绸为首选。
- **颜色：**可以与服装颜色为同一色系，也可以与服装颜色成对比色，但应与服装相协调，并与着装者的肤色、气质相配。通常，若丝巾贴近面部时能使着装者显得健康、精神，则可认为丝巾与佩戴者相配。
- **图案：**可以无图案，也可以有条纹、方格、碎花等简单图案。

（2）丝巾的系法

我们以小方巾为例来讲述丝巾的系法。常见的丝巾系法有基础结、三角巾结、V 字结、项链结和围巾结等。

① 基础结：基础结适用范围较广，其特色是能系出一个十字形的结。基础结的系法如图 2-24 所示。

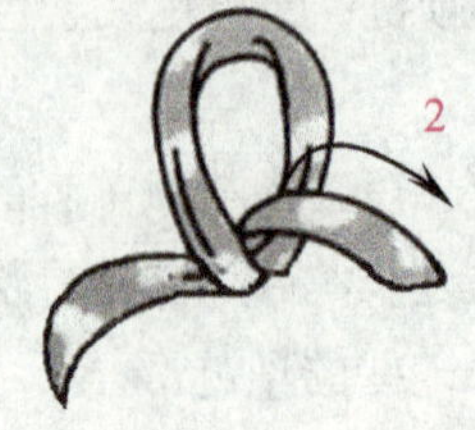

图 2-24 基础结图解

② 三角巾结：三角巾结很适合圆脸型的人，其特色是在颈后打结，并在颈前留出一个三角形，强调视觉上的纵向感，能使佩戴者的脸部轮廓看起来消瘦一些。三角结的系法如图 2-25 所示。

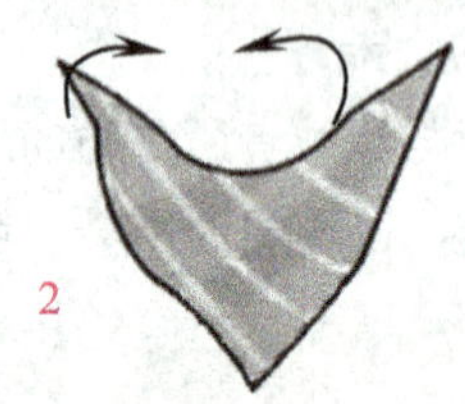

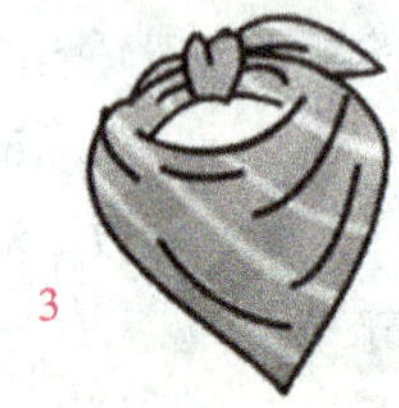

图 2-25 三角巾结图解

③ “V”字结：“V”字结较适合倒三角脸型和方脸型的人，其特色是在颈前呈现一个“V”字形，使颈部充满层次感。“V”字结的系法如图 2-26 所示。

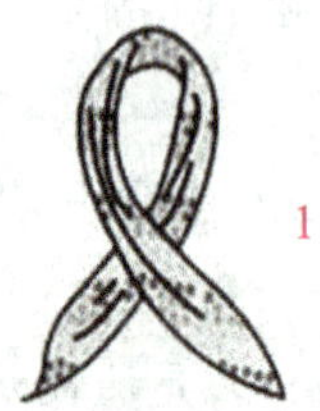

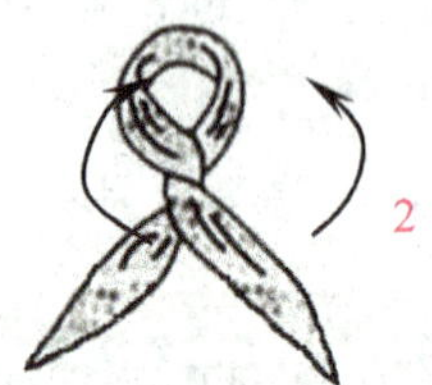

图 2-26 “V”字结图解

④ 项链结：项链结适合长脸型和倒三角脸型的人，其特色是能够在颈前呈现一个类似于项链的结，使佩戴者显得高雅、干练。项链结的系法如图 2-27 所示。

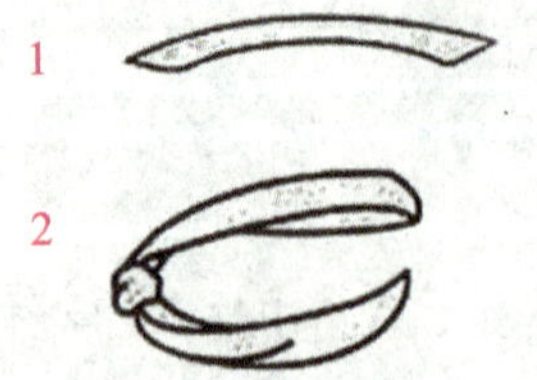

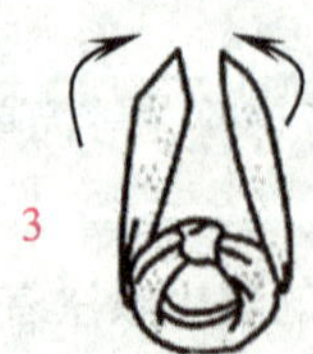

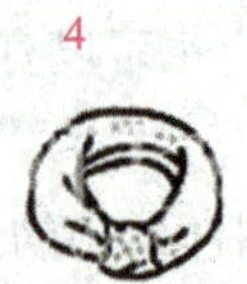

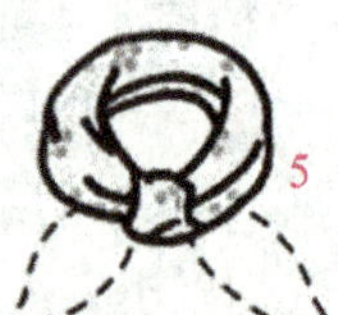

图 2-27 项链结图解

⑤ 围巾结：围巾结适合方形脸的人，其特色是能在颈前或颈部一侧打出层次感较强的花结，并打破佩戴者脸型的方正走向，为佩戴者的脸部增添柔美感。围巾结的系法如图 2-28 所示。

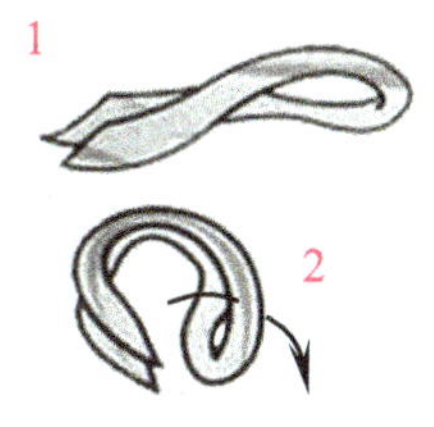

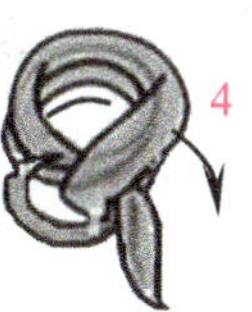

图 2-28 围巾结图解

4. 胸针

胸针又称“胸花”，是一种镶有珠宝、水晶等材料的用于装饰衣服的别针，如图 2-29 所示。女士着装时选用一款合适的胸针别在领口、襟头或胸前，能使自己显得格外靓丽。

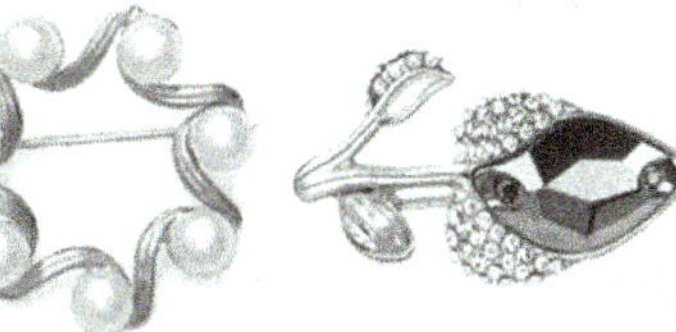

图 2-29 各种形状的胸针

一般而言，女士佩戴胸针应遵循以下规则：

- **与脸型相协调：**长形脸宜佩戴圆形或花形的胸针；圆形脸宜佩戴长形或蝶形胸针；方形脸宜佩戴圆形或不规则形胸针。
- **与服装相搭配：**胸针的色彩通常应与服装的色彩成相似色。例如，红色衣裙宜搭配黄色或红色的胸针，以形成一种暖色调的协调美；白色衣裙宜搭配蓝色或绿色的胸针，以形成一种冷色调的协调美。

5. 戒指

戒指也是一种经典的装饰品。女士佩戴戒指时，应注意选配与自己手型相配的戒指。一般而言，佩戴戒指应遵循以下规则：

- **手掌瘦长、手指纤细者：**可佩戴粗线条戒指，也可佩戴精巧的细戒指。
- **手掌宽大、手指粗短者：**宜佩戴粗线条戒指，而不宜佩戴细戒指。
- **手指粗短、关节突出者：**宜佩戴不规则造型的戒指，如“V”字形戒指。
- **手掌窄小、手指较细者：**宜佩戴玲珑的细戒指，而不宜佩戴粗大的戒指。

戒指一般佩戴在左手上，且最多不应超过两枚。戴两枚戒指时，通常应戴在左手两个相邻的手指上，或戴在两只手对应的手指上。

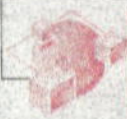

知识链接

戒指佩戴的含义

戒指的佩戴通常具有约定俗成的含义：① 戴在食指上，表示无偶或寻求恋爱对象；② 戴在中指上，表示正在恋爱之中；③ 戴在无名指上，表示已订婚或结婚；④ 戴在小指上，表示独身。

四、香水的使用

在社交场合，无论男士还是女士，适当地喷洒一点香水，可为自己增添迷人风采。

（一）香水的选择规则

香水的种类非常多，根据香精含量的高低，香水可分为浓香型、清香型、淡香型和微香型。一般而言，社交人士选择香水应遵循以下规则：

- 在办公室、会议室、车厢等相对封闭的空间，宜选择淡香型香水，而不宜选用气味浓郁的香水，以免四处散发的香气分散他人的注意力，影响他人情绪。
- 在餐厅，宜选择淡香型或微香型香水，并将香水涂抹在腰部以下，以免影响他人的食欲。
- 在晚宴上，可选择浓香型香水，以增添个人魅力。
- 在非封闭的一般交际场合，宜选择清香型香水。
- 探病或就诊时，宜选择微香型香水或不使用香水，以免影响病人或医生。

（二）使用香水的注意事项

社交人士在使用香水时，通常应当注意以下事项：

① 宜用“点”（滴几滴）的方式使用浓香型香水，用“线”（抹数滴）的方式使用清香型香水，用“面”（喷洒）的方式使用淡香型和微香型香水。

② 一般而言，浓香型香水可以擦于脉搏跳动处，如耳后、手腕内侧、膝后等；清香型、淡香型和微香型香水可以自由地涂抹或喷洒在脉搏跳动处、干净的头发（切勿有尘垢或油脂）上、衣服里、裙摆两边等。

③ 不可直接将香水洒在棉质、丝质面料的衣服上，以免香水在上面留下痕迹。同时，也不可直接将香水洒在皮毛面料上，以免香水损害皮毛或改变皮毛的颜色。

任务三　熟悉仪态礼仪

仪态是指人的身体在行为中所展现出来的各种姿势，主要包括站姿、坐姿、走姿、蹲姿、手势、表情等。仪态礼仪是指人们行为姿势的操作规范。

一、站姿礼仪

站姿是人的最基本仪态，是其他仪态的基础。良好的站姿能够展现出个人的气质和风度。

（一）站姿的基本要领

- 头正：双目平视，颈部挺直，下颚微收，面容平和自然。
- 肩展：双肩舒展、放平，自然放松，稍向后下方下沉。
- 臂垂：双臂放松，自然垂于身体两侧，手指并拢、自然弯曲。
- 挺胸：后背挺直，胸部舒展、自然上挺。
- 收腹：腰部挺直，腹部微微紧收，保持自然呼吸。
- 提臀：臀部肌肉向内、向上收紧。
- 腿直：双腿挺直，双膝紧贴，腿部肌肉向内收紧，身体重心置于双腿之间。

（二）男士的站姿

男士的站姿要稳健挺拔，以体现男性刚健、强壮和潇洒的风采。一般而言，男士在社交场合可采用分腿式站姿。

分腿式站姿即双腿稍微分开而立的姿势，其又可分为前腹式和后背式：

- 前腹式分腿式站姿：双手交叉握于腹前，右手握住左手，两腿自然分开，两脚距离约半步（20 cm 左右），身体重心落于两脚之间，脚部疲惫时可让重心在两脚上轮换，如图 2-30（a）所示。这种站姿显得郑重而略显自由，常适用于一般社交场合。
- 后背式分腿式站姿：双手交叉置于背后，右手自然贴于背部并握住左手腕，两腿自然分开，两脚距离不超过肩宽，两脚尖呈 60°，如图 2-30（b）所示。这种站姿略带威严，常适用于较为正式、严肃的迎送场合。

（a）　　（b）

图 2-30　男士站姿

（三）女士的站姿

女士的站姿要柔美，以体现女性娴静、优雅的韵味。一般而言，女士的站姿主要为丁字步站姿和扇形站姿。

1. 丁字步站姿

女士的丁字步站姿主要为前腹式，按照手部姿势的不同可分为交流式和礼节式：

- 交流式：双手交叉轻握于腰际，手指自然弯曲，双腿并拢，膝盖紧贴，双脚站成小丁字步，即一脚的脚跟紧靠于另一脚的脚弓，脚尖分开约 60°，并保持两脚的脚跟在同一直线上，如图 2-31（a）所示。这种站姿常适用于与他人交流的场合。
- 礼节式：双手虎口交叠于腹前，贴于肚脐处，手指伸直但不外翘，双腿并拢，膝盖紧贴，双脚站成小丁字步，如图 2-31（b）所示。这种站姿礼仪性较强，适用于较正式的迎送场合。

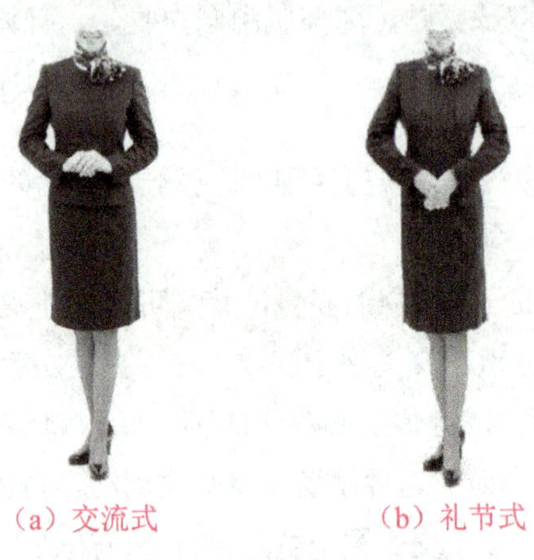

（a）交流式　　（b）礼节式

图 2-31　女士丁字步站姿

2. 扇形站姿

扇形站姿即小八字步站姿，其要领如下：双手交叉置于背后或握于腹前，双腿和脚跟并拢，脚尖分开约 60°，站成小八字步。这种站姿较为自由，可适用于不太正式的社交场合。

（四）站姿的注意事项

- 不可身体歪斜、两肩一高一低或无精打采。
- 不可弯腰驼背、扣胸挺腹。
- 不可将双手插入衣袋或裤袋中，也不可双手交叉抱于脑后，更不可双手或单手叉腰，或者做其他小动作（如拧衣角、摸耳朵等）。
- 不可扭动身体、乱晃双臂，或将双臂交叉抱于胸前。
- 不可双腿交叉、弯腿顶跨，或使双脚呈内八字站立。
- 不可依物（如墙壁、椅子等）而站或不停地抖腿。

二、坐姿礼仪

坐姿是人入座、在座、离座时的姿态。在社交场合，无论是男士还是女士，其坐姿都应给人以端正、大方、自然、稳重之感。

（一）坐姿的基本要领

- 平缓入座：步至座前，转身缓坐，切忌沉重落座。
- 椅面不满：入座时，宜坐椅面的1/2～2/3，不宜将椅面坐满。
- 头部端正：双目平视，下颚向内微收，颈部挺直，保持端正。
- 躯干平直：双肩放平、下沉，腰背挺直，胸部上挺，腹部微收，臀部略向后翘，上身略向前倾。
- 四肢摆好：双臂自然弯曲，双手放于腿上，女士应双膝并拢，男士可双膝微开，双腿自然弯曲，双脚平落地面。
- 平稳离座：右脚后收半步，找支撑点，平稳起立，离开座位，切忌猛起、哈腰或左右摇摆。

（二）男士的坐姿

在社交场合，男士的坐姿主要可分为标准式、开膝式、交叉式和重叠式。

1. 标准式坐姿

上身端正，与大腿垂直，双膝、双脚完全并拢，双手掌心向下分别放在两大腿上，如图2-32（a）所示。

2. 开膝式坐姿

上身与大腿、大腿与小腿、小腿与地面均成直角，双膝、双脚自然分开（不超过肩宽），脚尖朝前，双手互握置于任何一条腿上，如图2-32（b）所示。

3. 交叉式坐姿

上身端正，与大腿垂直，双脚在踝关节处交叉，略向前伸或略向后屈回，双手互握置于腹前，如图2-32（c）和（d）所示。

4. 重叠式坐姿

重叠式坐姿即通常所说的翘“二郎腿”，其正确做法如下：上身保持端正，双腿上鞋交叠，左小腿垂直于地面，右腿叠于左腿上，右小腿向里收，右脚尖向下倾，双手互握置于右腿上，如图2-32（e）所示。采用这种坐姿时，交叠的双腿可以互换位置。

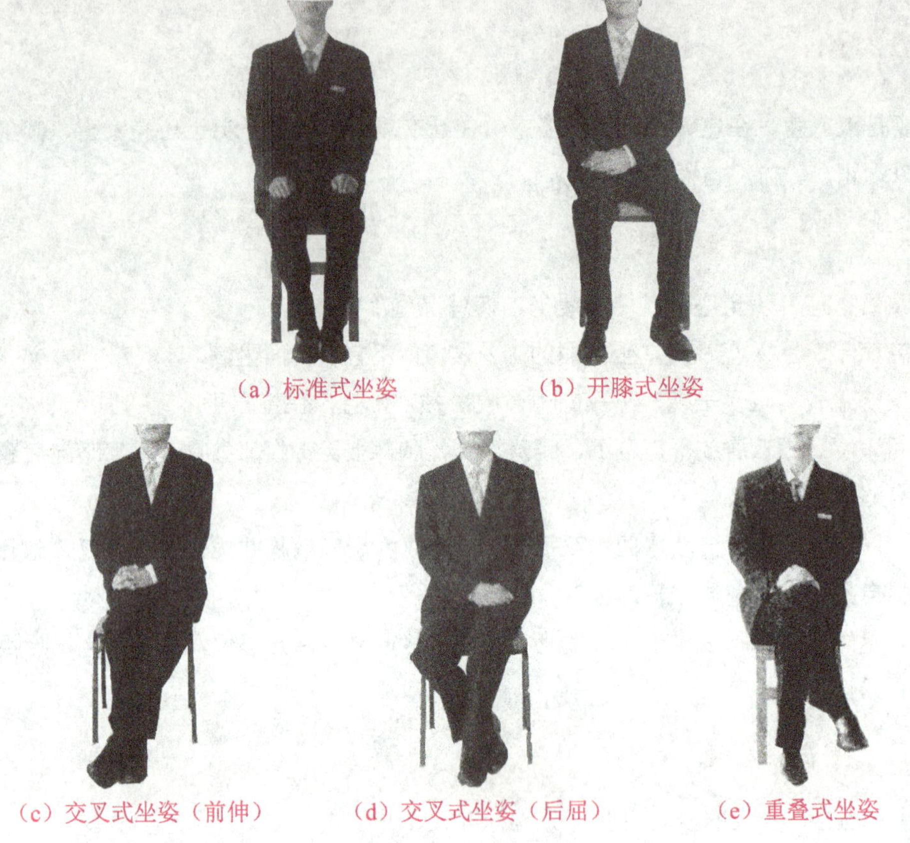

（a）标准式坐姿　（b）开膝式坐姿　（c）交叉式坐姿（前伸）　（d）交叉式坐姿（后屈）　（e）重叠式坐姿

图 2-32　男士坐姿

（三）女士的坐姿

在社交场合，女士的坐姿主要可分为标准式、侧点式、交叉式、重叠式和前后式。

1. 标准式坐姿

上身与大腿、大腿与小腿、小腿与地面均成直角，双腿并拢，双膝紧贴，双脚并排靠拢，双手虎口相交置于左腿上，如图 2-33（a）所示。

2. 侧点式坐姿

上身端正，双膝紧贴，两小腿并拢平移至身体一侧，与地面约呈 45°，双脚平放或点地，双手互握于腹前一侧，如图 2-33（b）所示。

3. 交叉式坐姿

上身端正，双膝紧贴，双脚在踝关节处交叉后略向身体一侧斜放，一脚着地，另一脚点地，双手互握置于腹前一侧，如图 2-33（c）所示。采用这种坐姿时，也可将双脚交叉略向后屈。

4. 重叠式坐姿

上身端正，两小腿平移至身体右侧，与地面约呈 45°，左腿重叠于右腿之上，左脚挂于右脚踝关节处，脚尖向下，右脚掌着地；也可以交换两腿的上下位置，将右腿重叠于左腿之上，将两小腿移至身体左侧，如图 2-33（d）所示。

5. 前后式坐姿

上身端正，双膝紧贴，左小腿与地面垂直，右小腿屈回，左脚掌着地，右脚尖点地，两脚前后位于同一直线上，如图 2-33（e）所示。采用这种坐姿时，可双腿互换。

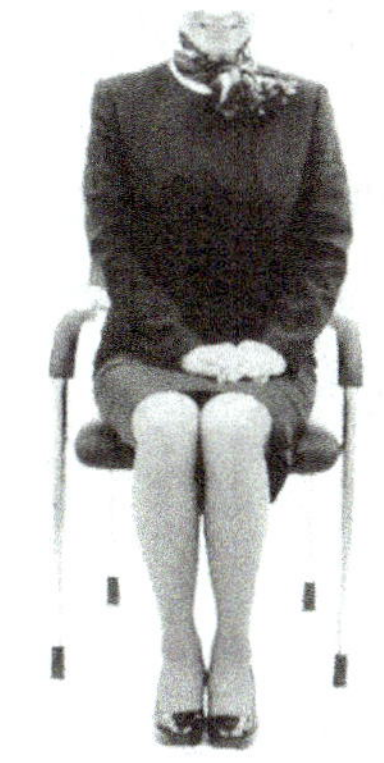
（a）标准式坐姿

（b）侧点式坐姿

（c）交叉式坐姿

（d）重叠式坐姿

（e）前后式坐姿

图 2-33 女士坐姿

（四）坐姿的注意事项

- 女士入座前应轻拢裙摆，保持裙边平整、不起皱。
- 不可将头依靠在椅背上，或者低头注视地面。
- 不可双臂交叉抱胸，或双手做出多余的动作，切忌将双手夹放在双腿之间。
- 女士应始终靠紧双腿，不可大腿并拢而小腿分开。
- 男士不可将双腿叉得过开，或将双腿过分伸张，或一腿弯曲、一腿伸直呈现“4”字形，或将小腿搁在大腿上，用脚打拍子，甚至不停地抖腿。
- 跷腿时，切忌将悬空的脚尖朝上或指向他人。
- 与邻座交谈时，可以侧坐，并将上身和腿同时转向交谈对象。

三、走姿礼仪

走姿是人在行走过程中所形成的姿态。正确、优美的走姿能够反映出充满活力的精神状态，给人以美的享受。

（一）走姿的基本要领

- **步态端正：** 昂首挺胸，收腹提臀，双肩放平、下沉，双目平视，重心稍向前倾，双臂自然地前后摆动，摆幅为30～40 cm，前摆幅大于后摆幅。掌心朝内，手指自然弯曲，脚尖伸向正前方，脚跟先于脚掌着地，脚尖推动不断前行。
- **步位平直：** 男士的步位路线应为两条平行线，女士的步位路线应尽可能为一条直线。
- **步幅适中：** 即步行时双脚中心间的距离应适中，男士的步幅一般约为40 cm，女士的步幅一般约为30 cm。
- **风格有别：** 男士应步伐矫健、稳重，展现阳刚之美，女士应步伐轻盈婀雅，展现阴柔之美。

提　示

不同场合的走姿

参加喜庆活动时，步态应轻盈、欢快，有跳跃感；参加吊丧活动时，步态应缓慢、沉重，有忧伤感；参加展会、探望病人时，脚步应轻而柔；在办公场所或登门造访时，脚步应快捷而稳重。

（二）走姿的注意事项

- 行走时不可低头、仰头、弯腰驼背、摇头晃肩、左顾右盼或扭腰摆臀。
- 双手不可置于背后，否则会给人以傲慢之感。
- 双脚不可呈内八字或外八字。
- 不可拖沓前行，使脚和地面摩擦或碰撞而发出噪声。
- 切忌与他人抢道、排成横队或勾肩搭背。

四、蹲姿礼仪

蹲姿是人在捡拾物品、集体拍照、帮助他人、提供服务等情况下所呈现的腿部弯曲、身体高度下降的一种姿态。正确、恰当的蹲姿能够体现良好的修养和风度，反之则会有损形象。

（一）蹲姿的基本要领

- **直腰下蹲**：上身端正，一只脚后撤半步，身体重心落在位于后侧的腿上，平缓屈腿，臀部下移，双膝一高一低。
- **直腰起立**：下蹲取物或工作完毕后，挺直腰部，平稳起立、收步。

（二）蹲姿的种类

常见的蹲姿主要有高低式和交叉式两种。

1. 高低式蹲姿

下蹲时，左脚在前，脚掌完全着地，右脚在后，脚掌着地、脚跟提起；屈腿下蹲后，左小腿垂基本直于地面或与地面呈 60°，右腿居后，右膝低于左膝，形成左高右低的姿态。采用这种蹲姿时，左、右脚可以互换。男士采用这种蹲姿时，可将两腿适当分开，如图 2-34（a）所示；女士采用这种蹲姿时，应将两腿靠紧，并可略微侧转，如图 2-34（b）所示。

2. 交叉式蹲姿

下蹲时，左脚在前，脚掌完全着地，右脚在后，脚掌着地、脚跟提起；屈腿下蹲后，左小腿基本垂直于地面，右腿从左腿下方伸向左侧，两腿交叉重叠，合理支撑身体，腰背挺直、略向前倾，如图 2-35 所示。这种蹲姿的造型优美典雅，适用于女性。采用这种蹲姿时，可左、右腿互换姿势。

（a）男士高低式蹲姿

（b）女士高低式蹲姿

图 2-34 高低式蹲姿

图 2-35 交叉式蹲姿

（三）蹲姿的注意事项

- 下蹲时，应与他人保持一定距离，且不可过快、过猛。
- 下蹲时，应尽量侧身相向，切勿正面面对他人或背对他人。
- 下蹲时，一定要避免“走光”，特别是女士。

- 下蹲的姿势应当优雅，切忌弯腰撅臀，或者两脚平行、两腿分开、弯腰半蹲（即“蹲厕式蹲姿”），否则极其不雅。
- 不可蹲在椅子上，也不可在公共场合蹲着休息。

五、表情礼仪

表情是人的面部神态，能够传递人的思想、情感和心理活动，在人际交往中起着重要作用。目光和笑容是最具有表现力和礼仪功能的表情活动。

提　示

美国心理学家艾伯特·梅拉比安把人的情感信息表达效果总结为一个公式：信息的总效果=7%的书面语言+38%的音调+55%的面部表情。

（一）目光

1. 目光的组成

目光是面部表情的核心，主要由注视的角度、注视的部位和注视的时间组成。

（1）注视的角度

注视的角度主要可分为平视、仰视和俯视。平视主要适用于在普通场合与身份、地位或辈分平等者之间的交往，表示平等或坦率；仰视主要适用于与身份、地位、名望或辈分较高者之间的交往，表示尊重或敬畏；俯视主要适用于与身份、地位或辈分较低者之间的交往，表示宽容或怜爱。在社交活动中，不可俯视身份、地位、辈分较高或与自己平等的人，不可俯视他人以表轻视或蔑视，更不可斜视、扫视或无视他人，否则是极其失礼的。

（2）注视的部位

在社会交往中，在不同场合或针对不同对象时，目光注视的部位是有所差别的。通常，目光注视可分为以下几种：

- **公务注视：**在办公场合或公务活动中，目光一般应注视交际对象额头至双眼之间的区域，以表示严肃、认真或有诚意。
- **社交注视：**在茶话会、朋友聚会等一般社交场合，目光一般应注视交际对象双眼至嘴唇之间的区域，以表示尊重或重视对方。
- **亲密注视：**在与关系密切的人（如亲人、恋人等）交往时，目光可注视对方双眼至胸部之间的区域，以表示亲近、友善。

（3）注视的时间

在社交活动中，目光注视交际对象的时间宜占全部相处时间的1/3，以表示友好和尊重。若注视时间不到全部相处时间的1/3，则表示轻视，或者对交际对象本人或其谈话内容不感兴趣；若常常把目光投向对方，注视对方的时间约占全部相处时间的2/3，则表示重视，或者对其感兴趣；若目光始终盯在对方身上，注视时间占全部相处时间的 2/3 或以上，则有寻衅滋事的嫌疑或表示有敌意，是非常失礼的行为。

2. 目光的运用

在社交活动中，应善于灵活地运用目光：

- 被介绍给他人时：可注视被介绍人稍久一点，并微微点一下头，以示尊重。
- 在谈话过程中：若想中断他人的话，则可有意识地将目光转向他处片刻；若交际对象因说了错误的话而显得拘谨害羞时，则应用柔和、理解的目光继续注视对方，而不应马上转移视线，以免使其更尴尬或使其误认为被嘲讽；若与交谈对象的谈话出现冷场时，不宜继续注视对方，以免加剧尴尬。
- 为他人送别时：应用惜别的目光目送对方走远直至其走出一段路且不再回头，以示尊重。

（二）笑容

笑容是人际交往中的一种润滑剂，可以有效地增添自信、美化形象、传递友好、消除隔阂，缩短与交际对象之间的心理距离，为进一步的沟通与交往创造良好氛围。

1. 笑容的种类

在社交活动中，合乎礼仪的笑容主要包括含笑、微笑和轻笑。

- 含笑：即不出声、不露齿，只是面带笑意，表示友善或接受对方，适用范围较广。
- 微笑：即嘴角微微上扬，唇部略呈弧形，齿不外露，面带笑意，表示自信或友好，适用范围最广。
- 轻笑：即嘴巴微微张开，嘴角上扬，上齿显露，喜形于色，但不发出笑声，表示欣喜、快乐，常适用于会见客人或向熟人打招呼。

2. 笑容的要求

合乎礼仪的笑容必须符合以下要求：

- 表现和谐：笑的时候，眉毛、眼神、嘴巴、牙齿和面部肌肉应协调进行，表现出亲切、大方的和谐美。
- 声情并茂：笑的时候，应注意将笑容与美好的举止、谈吐相结合，使其相得益彰。
- 发自内心：笑的时候，必须真诚自然、表里如一，切忌强颜欢笑、假意奉承，放肆大笑，或者假笑、冷笑、怪笑、傻笑、媚笑、窃笑、怯笑、狞笑。

六、手势礼仪

手势是肢体语言中最具表现力的一种肢体语言。手势的美是一种动态美，若做得适度，会给人以优雅、含蓄、彬彬有礼之感。

1. 手势的原则

社交者在运用手势时应遵循以下原则：① 手势应简约明快，不可复杂、繁多，以免喧宾夺主；② 手势应文雅自然，其力度大小、速度快慢和时间长短都应恰到好处；③ 手势应与身体、语言、情感协调一致。

2. 常见的手势

（1）引领他人

在社交场合，为他人指示方向、请他人进门、请他人坐下等情况下都需要用到引领手势。该手势主要有以下三种表现形式：

- **横摆式：**左手置于体侧，右手五指伸直、并拢，右前臂以肘部为轴从体侧向腹前抬起，手心翻转向上，然后右前臂向身体右侧摆动，至稍前方停住，手掌与前臂在同一直线上，上身略向前倾，目视对方，面带微笑，如图 2-36（a）所示。采用此手势时，可互换左、右手姿势，也可双手同时摆向一侧，如图 2-36（b）所示。
- **曲臂式：**左手置于体侧，右手五指伸直、并拢，右前臂以肘部为轴向前抬起至腰部高度，手心翻转与地面呈 45°，然后右前臂向左前方摆动，至手与身体相距 20 cm 处停止，手掌与前臂在同一直线上，腕低于肘，上身略向前倾，目视对方，面带微笑，如图 2-36（c）所示。采用此手势时，可互换左、右手姿势。
- **斜下式：**左手置于体侧，右手五指伸直、并拢，右臂向前抬起至腹前，然后以肘部为轴向右下方摆动，手心翻转向前，与地面呈 45°，手部、腕部、腰部在同一直线上时停止，上身略向前倾，目视对方，面带微笑，如图 2-36（d）所示。采用此手势时，也可左、右手互换姿势。此手势常适用于请宾入座。

（a）单手横摆式

（b）双手横摆式

（c）曲臂式

（d）斜下式

图 2-36 引领手势

（2）递接物品

一般而言，递接物品时，应起身站立，用双手递送或接取物品，同时，上身略向前倾。若不方便双手并用，则可用右手递接，切忌单用左手进行；若递接双方距离过远，则应主动走近对方，双手递接。需要注意的是，递送带尖、带刃或其他易伤人的物品时，应将尖、刃指向自己，而“授人以柄”。

3．忌讳的手势

切忌用大拇指指自己的鼻尖，用一根手指指人、指路，或者捻指作响，即用大拇指和食指弹出声响。

知识链接

手势在各国的不同含义

向上伸大拇指：在中国表示佩服、好、首领等；在日本表示男人、父亲；在说英语的国家多表示“OK”之意或打车之意；在希腊、俄罗斯或非洲西部则有“滚开”的意思。

向下伸大拇指：在中国表示鄙视、不好等；在英国和美国表示不同意；在法国表示死了；在印尼、缅甸等地区表示失败。

向上伸食指：在中国表示数字“一”或请注意；在日本表示最优秀；在美国表示请稍等；在法国表示请求发言。

弯曲食指：在中国表示数字“九”；在日本表示小偷；在泰国、朝鲜表示钥匙；在印度表示心肠坏；在墨西哥表示金钱。

伸出中指：在很多国家均表示下流、鄙视、愤怒、恶劣等，是极度不雅的一种手势。

伸出小指：在中国表示渺小、看不起；在日本表示女人、小孩儿；在韩国表示女朋友；在缅甸、印度一带表示厕所。

“OK”手势：即大拇指与食指合成一个圆圈，其余三指自然伸张。在中国表示同意，或表示数字“零”“三”；在日本、韩国、缅甸表示金钱；在美国表示同意、顺利、成功；在法国和比利时表示一文不值、废物；在印尼表示傻瓜、无用、不成功；在巴西表示肛门，有“引诱女人”或“侮辱男人”之意。

案例分析

张先生计划的业务商谈之所以会被取消，是因为张先生在与王经理相处的过程中，不顾仪容、仪态，在诸多方面有失礼仪。

张先生的失礼之处如下：① 一路奔走后大汗淋漓，便直接进入王经理的办公室，完全不顾忌自己的仪容；② 入座后，倚靠在沙发上并跷起二郎腿，表现得很不雅观，更重要的是，跷腿时将脚尖指向王经理，这样是对王经理的不尊重；③ 在属于无烟区的办公室里抽烟，极其失礼；④ 入座后，左顾右盼，边谈话边挠头皮，举止相当不雅；⑤ 谈话时拉松领带，破坏自身形象，显得散漫；⑥ 谈话过程中，眼睛直盯着王经理，这是有敌意的注视方式，显得极其失礼。

项目总结

本项目主要介绍了社交礼仪中的仪容礼仪、着装礼仪和仪态礼仪。其中，仪容礼仪主要包括头发的修饰、面部的修饰和手部的修饰；着装礼仪主要包括着装的基本知识、男士着装、女士着装和香水的使用；仪态礼仪主要包括站姿、坐姿、走姿、蹲姿、表情、手势六个方面的礼仪知识。上述各部分内容中都有诸多礼仪细节，我们应了解详细，并掌握常用的礼仪知识。

课后习题

一、填空题

1．发型的选择应综合考虑__________、__________、__________等多种因素，尽量做到和谐自然、美观大方。

2．化妆的总原则是少而精，具体应把握________、_________、_________三个原则。

3．手部的修饰主要包括__________和__________的两个方面。

4．所谓色彩三要素，是指__________、__________和__________。

5．中式男礼服主要包括_____________和_____________；西式男礼服主要包括__________、__________、__________和__________。

6．着装的“TPO”原则是指__________、__________和__________。

7．领带结的常用结法有___________、____________、___________、___________和__________。

8．女士穿套裙时，半身裙的长度最短以坐下时裙子向上缩离膝盖不超过______cm 为宜。

二、不定项选择题

1．穿正装衬衫与西装搭配时，衬衫的衣领应比西装的领口高出（　　）。

A．1～2 cm　　B．2～3 cm

C．3～4 cm　　D．5～6 cm

2. 领带打好后，其外侧的大箭头一端应（　　）。

A. 垂到腰带以下　　B. 恰好触及皮带扣上端

C. 塞到裤腰里面　　D. 与衬衫第三颗纽扣平齐

3. 西装、衬衫、领带、皮带与鞋袜的颜色最多不超过（　　）种。

A. 1　　B. 2　　C. 3　　D. 4

4. 女士穿套裙时，袜子不宜为（　　）。

A. 低统型　　B. 中统型

C. 高统型　　D. 连裤型

5. 浓香型香水适合在（　　）使用。

A. 办公室　　B. 餐厅　　C. 晚宴　　D. 医院

6. “上身端正，双膝紧贴，双小腿并拢平移至身体一侧，与地面约呈 45°，双脚平放或点地，双手互握于腹前一侧。”这是对（　　）的描述。

A. 开膝式坐姿　　B. 交叉式坐姿

C. 侧点式坐姿　　D. 前后式坐姿

7. 在社交活动中，常常把目光投向对方，注视对方的时间约占全部相处时间的 2/3，一般表示（　　）。

A. 轻视　　B. 重视　　C. 感兴趣　　D. 有敌意

8. “左手置于体侧，右手五指伸直、并拢，右前臂以肘部为轴从体侧向腹前抬起，至隔膜处停下，手心翻转向上，然后右前臂向身体右侧摆动，至稍前方停住，手掌与前臂在同一直线上，上身略向前倾，目视对方，面带微笑。”这是对（　　）引领手势的描述。

A. 横摆式　　B. 曲臂式

C. 斜下式　　D. 纵摆式

实训题

实训一：化妆训练

1. 实训目标

通过实训使学生掌握化妆步骤和技巧。

2. 实训内容

（1）示范或播放相关录像，让学生学习化妆的技巧，并形成印象。如组织观看专业化妆师毛戈平的《现代美容化妆技法》录像，学习他“日妆”及“晚妆”的化妆技巧。

（2）备齐化妆品的种类，对学生进行实际操作示范，指导学生化职业淡妆。

3. 实训步骤

（1）将全班学生分组，每 6 人为一组。

（2）小组成员观看完录像后，开始练习化妆。可为自己化妆，也可为小组其他成员化妆。

（3）小组成果展示。

4. 实训检测

老师可根据表 2-1 的内容对学生的化妆成果进行点评。

表 2-1 教师点评表

评价等级	评价标准		备注
优秀	女生	能够在 25 分钟内完成职业淡妆，技巧熟练、妆容精致淡雅，能够扬长避短。	
	男生	能够在 15 分钟内完成面部修饰，皮肤干净清爽、无胡茬、无油光。学习积极主动。	
良好	女生	能够完成职业淡妆，技巧较熟练，妆容较符合要求。	
	男生	能够完成面部修饰，无胡茬、无油光。学习比较积极主动。	
合格	女生	能够在指导下完成职业淡妆，妆容较符合要求。	
	男生	能够在指导下完成面部修饰，无胡茬。学习主动性一般。	

实训二：仪态礼仪训练

1. 实训目标

通过实训，使学生掌握站姿、坐姿、蹲姿、走姿和手势礼仪的动作要领。

2. 实训内容

学生根据站姿、坐姿、蹲姿、走姿和手势礼仪的动作要点，分组进行练习，学生相互纠正，老师进行点评和示范。

3. 实训要求

（1）站姿、坐姿、蹲姿等礼仪训练每次不少于 15～20 分钟，并配以适当的音乐进行，以减少疲劳感。

（2）变换不同的站姿、坐姿、蹲姿进行训练，并通过深呼吸练习帮助提气、挺腰。

（3）在练习时可进行摄像，然后播放录像，使学生了解自己的各种姿势，再在教师指导下加以纠正。经过反复训练以达到标准要求。

（4）可采取统一练习、分组练习和个别练习多种方法。

4. 实训检测

学生、老师可以根据表 2-2 的内容对实训成果进行评分。

表 2-2 实训成果检测表

<table>
<tr><th>考核项目</th><th colspan="2">考核内容</th><th>分值</th><th>自评分</th><th>老师评分</th><th>实得分</th></tr>
<tr><td rowspan="5">站姿</td><td rowspan="4">身体各部位的正确姿态</td><td>头部、颈部、面部</td><td>4</td><td></td><td></td><td></td></tr>
<tr><td>两肩、胸部</td><td>4</td><td></td><td></td><td></td></tr>
<tr><td>腰部、臀部</td><td>4</td><td></td><td></td><td></td></tr>
<tr><td>手位、两脚</td><td>4</td><td></td><td></td><td></td></tr>
<tr><td colspan="2">不同站姿的动作要领展示</td><td>4</td><td></td><td></td><td></td></tr>
<tr><td rowspan="4">坐姿</td><td colspan="2">坐姿基本要领的展示</td><td>5</td><td></td><td></td><td></td></tr>
<tr><td colspan="2">脚的摆放方式（女生五种，男生五种）</td><td>5</td><td></td><td></td><td></td></tr>
<tr><td colspan="2">入座后姿态的整体保持效果</td><td>5</td><td></td><td></td><td></td></tr>
<tr><td colspan="2">入座前、后的其他礼仪要求</td><td>5</td><td></td><td></td><td></td></tr>
<tr><td rowspan="5">走姿</td><td colspan="2">身体姿态</td><td>4</td><td></td><td></td><td></td></tr>
<tr><td colspan="2">跨步的均匀度</td><td>4</td><td></td><td></td><td></td></tr>
<tr><td colspan="2">手位摆动的情况</td><td>4</td><td></td><td></td><td></td></tr>
<tr><td colspan="2">身体与手、脚的协调配合</td><td>4</td><td></td><td></td><td></td></tr>
<tr><td colspan="2">动态美感</td><td>4</td><td></td><td></td><td></td></tr>
<tr><td rowspan="2">蹲姿</td><td colspan="2">高低式蹲姿</td><td>10</td><td></td><td></td><td></td></tr>
<tr><td colspan="2">交叉式蹲姿</td><td>10</td><td></td><td></td><td></td></tr>
<tr><td rowspan="4">手势</td><td colspan="2">单手横摆式</td><td>5</td><td></td><td></td><td></td></tr>
<tr><td colspan="2">双手横摆式</td><td>5</td><td></td><td></td><td></td></tr>
<tr><td colspan="2">曲臂式</td><td>5</td><td></td><td></td><td></td></tr>
<tr><td colspan="2">斜下式</td><td>5</td><td></td><td></td><td></td></tr>
</table>

日常交往礼仪

学习目标

- 掌握见面礼仪中的称呼礼仪、介绍礼仪、名片礼仪和握手礼仪
- 了解交谈礼仪，能恰当地选择交谈话题，自然得体地与人进行交谈
- 熟悉拨打、接听电话的礼仪，能礼貌地接听和拨打电话
- 掌握拜访礼仪，能礼貌地进行拜访
- 掌握接待礼仪，能针对不同的来访者，礼貌地进行接待
- 掌握馈赠礼仪，能够在交往中得体礼貌地馈赠礼物

引　子

任何一个人或组织都需要与外界进行交往。在交往过程中，都免不了和各种各样的人打交道。为了使人与人之间的交往和联系得以正常进行，就需要遵守一定的礼仪规范。本项目介绍了日常交往中常用的礼仪规范，包括称呼礼仪、介绍礼仪、名片礼仪、握手礼仪、交谈礼仪、电话礼仪、拜访礼仪、接待礼仪、馈赠和受赠礼仪。

案例导入——社交聚会上碰壁的孙先生

在一次社交聚会上，孙先生穿着一身名牌，信心百倍地走进会场。他一眼看到自己很想结交的社会名流陆老，于是直接走上前去，伸出手，自我介绍道："陆老，您好！我是万达公司的经理孙××。"陆老伸出手，与他轻轻握了握，之后并没有理睬孙先生，而是与其他人寒暄去了，没有留给孙先生搭讪的机会。

孙先生有些无趣，只好转向寻找其他的自己觉得有必要交往的人。这时有一位先生与他擦肩而过，那位先生礼貌性地点头致意，孙先生满脑子想的是这个人我认识吗？他是谁？所以有些木然地过去了。不久，孙先生才得知刚才与自己擦肩而过的是一位很成功的人士，而且正是自己想结交的能够在生意场上给自己很大帮助的人。

问题：

请结合所学知识分析孙先生在社交聚会上的表现。

任务一　了解见面礼仪

见面是交往的开始，人与人在交往过程中的第一节礼就是见面礼，而掌握见面礼则有利于双方关系的进一步发展。见面礼主要包括称呼礼仪、介绍礼仪、名片礼仪和握手礼仪。

一、称呼礼仪

称呼礼仪是指称呼他人时所应遵循的行为规则，它是人际交往中不可或缺的礼仪因素。因而，在社交活动中，社交者有必要掌握恰当的称呼规则。

（一）称呼的常用规则

在社交活动中，对于不同场合的不同交际对象，需要采用不同的称呼规则。常用的称呼规则主要包括生活中的称呼、公务活动中的称呼和外交中的称呼。

1. 生活中的称呼

生活中的称呼具有亲切、自然、准确、合理的特点。按照与交往对象亲疏关系的不同，可从以下三个方面来灵活选用具体的称呼方式。

（1）对陌生人的称呼

对于陌生人或初次交往者，可根据具体情况采用以下称呼方式：

① 在较正式的场合，以"先生"称呼男性，以"女士"或"小姐"称呼女性。

② 在非正式场合，按当地习俗，采用对方理解并可接受的称呼相称，如“大哥”“大姐”“大叔”“大妈”等。

提 示

由于社会上把一些从事不良行业的女子称为“小姐”，使得“小姐”这一称谓的含义有所变化，年轻女性一般不喜欢这一称谓。因此，称呼年轻女性时应慎用该称谓。

（2）对朋友、熟人的称呼

对于朋友、熟人，可根据具体情况采用以下称呼方式：

① 直接以姓名相称，如“李小芬”。这种称呼常适用于平辈、晚辈或年龄相仿的朋友。

② 只称其姓、不呼其名，并在姓的前面加上“老”“大”或“小”，如“老王”“大陈”“小张”等。这种称呼常适用于关系比较亲密的朋友或熟人。

③ 不称其姓、直呼其名，如称“王凤鸣”为“凤鸣”。这种称呼常适用于关系很亲密的朋友或熟人，但一般不可用于异性。

④ 采用类似于血缘关系的称呼（如“大娘”“大伯”“叔叔”“阿姨”等），或在这类称呼前加上对方的姓氏（如“刘大哥”“张阿姨”等）。这种称呼常适用于邻居、街坊等熟人。

（3）对亲属的称呼

对亲属的称呼可分为对亲属本人的称呼和面对外人时对亲属的称呼。

① 对亲属本人的称呼

- 按照约定俗成的方式称呼，如称母亲的父亲为“姥爷”，称父亲的父亲为“爷爷”，称姑、舅之子为“表兄”“表弟”，称叔、伯之子为“堂兄”“堂弟”等。
- 直呼其名或使用爱称，如称“张兰芬”为“兰芬”或“芬芬”。这种称呼只可适用于平辈、晚辈或年龄比自己的小的亲属，而不可适用于长辈或年龄比自己大的亲属。

② 面对外人时对亲属的称呼

面对外人时，对亲属的称呼又可分为对自己亲属的称呼和对他人亲属的称呼。前者应采用谦称，而后者应采用敬称。

具体而言，对自己亲属可采用以下称呼方式：

- 在普通称呼前加“家”字，如“家父”“家姐”等。这种称呼适用于长辈或年龄比自己大的亲属。在普通称呼前加“舍”字，如“舍弟”“舍侄”等。这种称呼适用于晚辈或年龄被自己小的亲属。
- 在普通称呼前加“小”字，如“小儿”“小婿”等。这种称呼常用于称呼自己的子女。

在比较正式的场合，对他人亲属的称呼可采用以下称呼方式：

- 在普通称呼前加“尊”字，如“尊母”“尊父”等。这适用于称呼交际对象的长辈。
- 在普通称呼前加“贤”字，如“贤妹”“贤侄”等。这适用于称呼交际对象的晚辈或平辈。

- 在普通称呼前加“令”字，如“令尊”（对方的父亲）、“令堂”（对方的母亲）、“令荆”（对方的妻子）、“令爱”（对方的女儿）、“令郎”（对方的儿子）等。这种称呼一般可不分辈分和长幼。

提　示

中国素来被称为“礼仪之邦”，尊人谦己的心理已深入人心，古代一些带有文言色彩的尊称、谦称被沿传至今。在现代的许多交际场合中，适当地使用这些尊称和谦称，不仅可以表现出对他人的尊敬，而且可以显示自己良好的文化涵养。

2．公务活动中的称呼

公务活动中的称呼具有正式、庄重、规范的特点，通常可分为以下几种：

（1）职务性称呼

即以交往对象的职务相称，以示身份有别、敬意有加。这种称呼具体可分为以下三种形式：

① 仅称职务，如“经理”“主任”等。

② 在职务前加上姓氏，如“周总理”“王处长”等。

③ 在职务前加上姓名，如“胡锦涛主席”“温家宝总理”等。这种称呼仅适用于极其正式的场合。

（2）职称性称呼

即对于有职称的人，尤其是具有高级或中级职称的人，直接以其职称相称。这种称呼具体可分为以下三种形式：

① 仅称职称，如“教授”“医师”等。

② 在职称前加上姓氏，如“李教授”“王工程师”等。这种称呼有时也可约定地简化，如将“王工程师”简称为“王工”，但其使用前提是不会发生歧义或让人产生误会。

③ 在职称前加上姓名，如“李明教授”“王涛工程师”等。这种称呼常适用于比较正式的场合。

（3）行业性称呼

即对于从事某些特定行业或特定工作的人，直接称呼其职业，如称教员为“老师”称警察为“警官”称医护人员为“医生”等。一般而言，此类称呼前均可加上对方的姓氏或姓名。

（4）姓名性称呼

即直接称呼交往对象的姓名。这种称呼与日常生活中对朋友、熟人的称呼相似，可根据具体情况直呼对方姓名，或只称其姓、不呼其名，或只呼其名、不称其姓。其中，只呼其名、不称其姓的方式通常限于同性之间，且常适用于上级称呼下级。

（5）性别性称呼

即根据性别称交往对象为“先生”“小姐”或“女士”，或者称呼前加上对方的姓氏。在正式场合称呼女性时，应注意称未婚女性为“小姐”，称未知婚否的女性为“女士”。

3．涉外活动中的称呼

涉外活动中的称呼通常会因为国情、民族、宗教、文化背景的不同而有所不同。一般而言，按照涉外对象的不同，可以从以下几个方面来具体选用称呼方式：

- 对于成年人：可以称男性为“先生”，称女性为“小姐”“女士”或“夫人”，而且这些称呼均可冠以姓名、职务、职称或学衔（如“玛丽小姐”“法官先生”等），或者同时冠以姓名和职务、职称或学衔（如“沃尔干教授先生”“迈克博士先生”等）。
- 对于政府官员：可以根据其国家的习惯称其职务，对于地位较高者（一般为部长以上），还可称其为“阁下”“先生”（如“大使阁下”“市长先生”等），或者在其职务后先加上“先生”再加上“阁下”（如“总理先生阁下”等）。
- 对于军界人士：可直接称其军衔（如“将军”“元帅”等），或在其军衔后加上“先生”二字（如“上校先生”等）。
- 对于宗教人士：可称其神职，如“牧师”“神甫”等。
- 对于君主制国家的王公贵族：应尊重对方的称呼习惯，称其爵位或爵号，如称国王、皇后为“陛下”，称王子、公主为“殿下”等。

提　示

美国人一般不用“先生”“太太”“小姐”“女士”之类的称呼，认为那样做太郑重其事了，他们喜欢别人直呼其名，并视为这是亲切友好的表示。美国人很少用正式的头衔来称呼别人。

德国人在交谈中很讲究礼貌。对于一般的德国人，应多以“先生”“小姐”“夫人”等称呼相称。他们比较看重身份，特别看重法官、律师、医生、博士、教授一类有社会地位的称呼。但德国人没有被称为“阁下”的习惯。

英国人特别是上了年纪的英国人，喜欢别人称呼其世袭的爵位或荣誉的头衔。与英国人交往，至少要郑重其事地称其为“阁下”或是“先生”“小姐”“夫人”。

韩国人在称呼他人时爱用尊称和敬语，很少会直接叫出对方的名字。要是交往对象拥有能够反映其社会地位的头衔，那么，韩国人在称呼对方时一定会屡用不止。

称呼日本人时，可称之为“先生”“小姐”或“夫人”，也可以在其姓氏之后加上一个“君”字，将其尊称为“某某君”。只有在很正式的情况下，称呼日本人时才须使用其全名。

（二）使用称呼的注意事项

1．称呼多人时应有礼有序

通常，称呼多个人应按照先疏后亲、先长后幼、先女后男、先上级后下级的顺序进行。

2. 切忌使用错误的称呼

错误的称呼主要是指误读和误会。误读即念错他人姓名，如将多音字或不认识的字念错；误会即错误判断了他人的年龄、辈分、婚否及与其他人的关系，如称未婚妇女为“夫人”，误认为某男士与某女士为夫妻关系而称呼错误等。避免使用错误称呼的主要方法是事先积极查证、了解，或临时谦虚请教。

3. 切忌使用不通行的称呼

有些称呼具有一定的地域性。例如，山东人喜欢称呼他人“伙计”，但该称呼在南方人的意识里是“打工仔”的意思；中国人一般称配偶为“爱人”，而该称呼在外国人的意识里是“第三者”的意思。使用不通行的称呼通常会引起他人的误解，因此，在称呼他人之前一定要了解当地的风俗或习惯，选用正确、恰当的称呼方式。

4. 切忌使用庸俗的称呼

庸俗的称呼主要是指不适合在较正式的场合使用的称呼，如“兄弟”“哥们儿”“姐们儿”等。在社交活动中，应避免使用这类称呼。

5. 切忌称呼外号

在社交活动中，切忌给他人取外号或以道听途说来的外号去称呼他人，如“秃子”“四眼儿”“傻大个儿”“瘦猴儿”等。

6. 避免语音不当的称呼

有些姓氏和普通称呼搭配时的语音，会让人产生误会或陷入尴尬局面。例如，称姓钱的经理为“钱经理”，可能使外人误认为其为前任经理；称姓付的局长为“付局长”，可能使外人误认为其为副职；称姓戴的市长为“戴市长”，可能使外人误认为其为临时代职；称姓贾的处长为“贾处长”，可能使外人误认为其为冒牌处长等。这类称呼易使被称呼者陷入尴尬境地。面对这种语音不当的称呼时，其正确做法是去其姓氏而直接称其职务。

二、介绍礼仪

介绍是指通过自己主动沟通或通过第三人从中沟通，从而使交往双方相互认识、建立联系的一种社交方式。介绍的种类很多，按照被介绍者的人数多少可分为集体介绍和个人介绍；按照介绍者的不同可分为自我介绍、他人介绍和介绍他人。常用的介绍主要是自我介绍、介绍他人和集体介绍。

（一）自我介绍

自我介绍是指与他人初次见面时，将自己介绍给他人，使其认识自己。自我介绍是结识新朋友、扩大交际圈的有效方法，合乎礼仪的自我介绍能够有效地展示个人修养和魅力，给他人留下美好印象。

1. 自我介绍的时机

为了取得良好的社交效果，社交者需要选择合适的时机进行自我介绍。通常，自我介绍可在以下情况下进行：

- 在聚会或宴会上，打算介入陌生人所组成的交际圈时；有不相识者对自己感兴趣时，或不相识者要求自己作自我介绍时。
- 交往对象因健忘而记不清自己时，或自己担心他人健忘时。
- 欲结识某人，又苦于无人引见时。
- 有求于人，而对方对自己不甚了解或一无所知时。
- 初次登门拜访时，或拜访熟人过程中遇到不相识者挡驾，而需要请其代为转告时。
- 旅行途中与所知晓的人不期而遇，而对方不认识自己时。

2. 自我介绍的方式和内容

在不同场合下或针对不同的交往对象，通常应采取不同方式的自我介绍。一般而言，自我介绍的方式主要有以下五种：

（1）应酬式

应酬式自我介绍主要适用于某些公共场合和一般的社交场合（如旅途中、舞会上等），且主要针对泛泛而交或早已熟悉的交往对象，用于向对方表明自己的身份。这种自我介绍的内容少而精，往往只包括姓名，如“您好！我叫张丽”。

（2）公务式

公务式自我介绍主要适用于工作场合，用于因工作需要而交友。这种自我介绍的内容应包括姓名、所在单位及部门、担任的职务等。其中，姓名必须完整，即有姓也有名；单位名称和部门应为全称，有时可只报出单位名称；若职务较低或无职务，则可报出所从事的具体工作。例如，“您好！我叫王红敏，是宏达日用品公司的业务经理”，“您好！我叫张青，在北京理工大学中文系教外国文学”等。

（3）交流式

交流式自我介绍主要适用于一般的社交场合，用于寻求与交往对象的进一步交流和沟通。这种自我介绍的内容一般应包括姓名、工作、籍贯、爱好，以及与交往对象有某些联系的事物。例如，“您好！我叫张静芬，在昌隆外贸公司工作，河北人。我和您一样，喜欢打篮球”，“您好！我叫李彤，在新时空传媒公司工作，您的同学赵波是我的同事，他常向我提起您”等。

（4）礼仪式

礼仪式自我介绍主要适用于讲座、报告、演出、庆典、仪式等一些正规而隆重的社交场合，用于向交往对象表示友好和敬意。这种自我介绍的内容应包括姓名、单位、职务等个人信息，同时，应加入一些表示欢迎、感谢之类的谦辞、敬辞等。例如，“各位来宾，大家！我叫张萌，是新时空传媒公司的业务经理，我代表本公司全体员工欢迎大家参加今天的周年庆典，愿各位在此度过一个美好的周末”等。

（5）问答式

问答式自我介绍主要适用于应试、应聘、公务交往等一般的社交场合，其主要特点是“你问我答”。这种自我介绍的内容应与交往对象所提的问题相对应。例如，主考官说“您好！请介绍一下你的基本情况”，应聘者回答“您好！我叫李兴然，24 岁，河南洛阳人，汉族……”；又如，对方问“先生，您好！请问您怎么称呼”，被问者回答“您好！我叫李凯”。

3. 自我介绍的注意事项

社交者在进行自我介绍时，除了应注意时机、方式和内容之外，还应注意以下事项。

（1）注意顺序

多人相互自我介绍时，通常应按照以下顺序进行：

- 主人与客人相互介绍时，主人应先作自我介绍。
- 男士与女士相互介绍时，男士应先作自我介绍。
- 长辈与晚辈相互介绍时，晚辈应先作自我介绍。
- 职位高者与职位低者相互介绍时，职位低者应先作自我介绍。

（2）讲究态度

进行自我介绍时，一般应保持站立姿势，面带微笑，目光坦然，语气平和，举止庄重、大方，表现出亲切、自然、友善的态度。

（3）把握时间

把握时间包括选择合适的时间点和控制恰当的时长。

首先，自我介绍应在对方有空闲、情绪较好、有兴趣认识自己时等合适的时间点进行，切勿在对方休息、用餐、忙于处理事务、心情不好时等时间点进行，否则可能会引起对方的反感，不利于进一步沟通。

其次，自我介绍的时间一般应控制在一分钟之内，否则会显得啰嗦，易使对方厌烦。

（二）介绍他人

介绍他人是指作为第三方为彼此不相识的双方引见，使他们相互认识、建立联系。其中，被介绍的双方为被介绍人，介绍双方的人为介绍人。

1. 介绍人的确定

介绍人身份的确定是有一定规则的。通常，在具体场合中有下列身份的人可以充当介绍人：

- 社交活动中的东道主，且通常由东道主一方的长者，地位、身份较高者，或主要负责人员担任。
- 家庭聚会中的女主人。

- 公务活动中的专职人员，如接待人员、公关人员、礼宾人员、秘书、办公室主任等。
- 熟悉被介绍者双方的人。
- 应被介绍者一方或双方要求的人，或者被其他人指定的人。

2．介绍他人的时机

通常，在下列情况下，介绍人需要为他人作介绍：

- 在家中接待与家人不相识的客人时，或与家人外出时路遇家人不相识的朋友、同事时。
- 陪同亲友前去拜访其不相识者时。
- 接待的对象遇见了其不相识者，而该不相识者又与自己打了招呼时。
- 打算推介某人加入某一交际圈时。
- 受人邀请为他人作介绍时。

3．介绍他人的顺序

介绍他人必须遵守“尊者居后”的原则，即让受尊重程度较高者拥有优先知情权。介绍人在介绍他人之前，首先应判断被介绍人双方的受尊重程度，然后先向尊者介绍卑者，后向卑者介绍尊者。

在较正式的社交场合中，介绍他人的顺序大致有如下几种：① 先将男士介绍给女士；② 先将晚辈介绍给长辈；③ 先将主人介绍给客人；④ 先将学生介绍给老师；⑤ 先将家人介绍给同事、朋友；⑥ 先将未婚者介绍给已婚者；⑦ 先将职位低者介绍给职位高者；⑧ 先将晚到者介绍给早到者。

4．介绍他人的方式和内容

介绍他人时，应根据不同场合或不同需要，采用不同的方式进行。通常，介绍他人的方式有以下几种：

（1）标准式

标准式介绍主要适用于正式场合，其内容应以被介绍者的姓名、单位、职务为主。例如：“李总，您好！请允许我为您介绍，这位是宏丰集团公司的销售部经理张明先生。张经理，这位是富盛集团公司的总经理李勇先生。”

（2）简介式

简介式介绍主要适用于一般的社交场合，其内容往往只包括被介绍者的姓名。例如：“您好！我来介绍一下，这位是王芳，这位是张栩。二位彼此认识一下吧。”

（3）强调式

强调式介绍可适用于各种交际场合，其特点是介绍人刻意强调自己与其中某位被介绍人之间的关系，以便引起另一位被介绍人的重视。例如：“张经理，您好！请允许我介绍一下，这位是刘艳，在灵感传媒有限公司工作，是我的侄女，请您多多关照！刘艳，这位是宏丰集团公司的销售部经理张明先生。”

（4）推荐式

推荐式介绍常适用于比较正式的场合，其特点是介绍人将某位被介绍人举荐给另一位被介绍人，并着重介绍前者的优点或专长。例如："曾总，您好！这位是东方科技公司的王智先生。王先生是一位经济学博士，而且是一位企业管理方面的专业人士。我相信王先生能给您提供一些管理方面的好建议！"

5. 介绍他人时的注意事项

介绍人在介绍他人时除了应注意时机、顺序、方式和内容外，还应注意以下事项：

（1）了解情况和意愿

在介绍他人之前，介绍人应先了解一下被介绍人双方的情况，以免张冠李戴。同时，应先征求一下双方的意愿，以免为本来相识或不愿相识的双方去作介绍，致使三方尴尬。

（2）注意态度和姿势

介绍他人时，介绍人应态度友好、仪态文雅。一般而言，介绍人应站在被介绍者的中间，上身略微前倾，掌心向上，五指并拢、伸直，前臂绷直并略向外伸，指向被介绍者的其中一方，同时，面带微笑地注视另一方。切忌用手拍打被介绍人的肩、胳膊、腰等部位。

（3）把握语言和时间

介绍他人应当言辞准确，完整地表述被介绍人的姓名和头衔，不可含糊其辞。同时，介绍的语言应简洁，以便双方相互记住对方的姓名及基本信息。此外，介绍语言应避免厚此薄彼，否则，有失礼仪。介绍的时间不宜过长，通常应控制在两分钟之内。

（4）注意引导

介绍他人结束后，介绍人应稍停片刻，引导双方被介绍人进行交谈后再离开。

（三）集体介绍

集体介绍是指被介绍的一方或双方不止一人，由介绍人按一定顺序介绍双方相互认识、建立联系。介绍人在为双方集体作介绍时通常应按以下顺序进行：

1. 先少数后多数

若被介绍者双方的身份、地位大致平等或难分高低时，应遵循"先少数后多数"的原则，即先介绍人数较少的一方或个人，后介绍人数较多的一方。在介绍人数较多的一方时，应由尊而卑逐一介绍。

2. 先卑后尊

若被介绍者双方的身份、地位存在明显差异（如年龄、辈分、性别、职务、婚否等差异等）时，应先介绍位卑的一方，后介绍位尊的一方，即使后者人数较少，甚至只有一个人，也应最后加以介绍。

（四）被介绍者应注意的礼仪

当被他人介绍时，被介绍人应作出恰当的反应，具体包括以下几点：

- 在介绍人询问自己是否有意认识某人时，一般不应拒绝，而应欣然接受，若实在不愿意，则应说明缘由。
- 在介绍人走上前来开始为被介绍人作介绍时，双方被介绍人均应起身站立，面带微笑，大方地注视对方，以示友好、尊重。
- 在介绍人介绍完毕后，双方被介绍人应按合乎礼仪的顺序握手致意或相互点头微笑致意，彼此问候对方，并进行适当的交谈，必要时还可进一步作自我介绍。

三、名片礼仪

名片是一种记录了个人主要信息的精美卡片，它能够表明个人身份、体现个人风格。在社交活动中，恰当地使用名片能够有效地显示自己的涵养与风度，促进人际交往与沟通。

（一）名片的用途

1. 自我介绍

名片是自我介绍的重要辅助工具。与交往对象初次见面时，可以使用名片向对方作自我介绍。这样可以表明身份、节省时间并强化效果。

2. 保持联络

名片上记录了一定的联络方式，在人际交往中，向他人递送名片或与之互换名片，能够与对方取得并保持联络，进而促进交往。

3. 通报变更

当自己更换了单位、调整了职务、乔迁了新居或改动了电话号码时，将变更了信息的名片递交给曾经的交往对象，就能将自己的最新情况通报给对方，以使彼此联系保持畅通。

4. 拜会他人

初次前往他人工作单位或住所时，可将自己的名片交给对方的接待人员，由其转交给被拜访者，以便对方确认了拜访者的身份后再决定是否见面，以避免冒昧造访而引起他人反感。

5. 充当留言单

当拜访某人不遇或需要向某人传达某事而对方不在时，可用铅笔在本人名片上简单写上具体事由或在名片左下角写上“n.b.”（意为“请留意附言”），然后寄交或托他人转交给对方，以便对方见到名片时“如见其人”，避免误事。

知识链接

名片上缩写文字的含义

按照国际流行的做法，用铅笔在名片左下方写上以下缩写的法文，可以表示特定的含义：

n.b.表示“请注意”，用于提醒对方留意附言。

p.m.表示“备忘”，常用语提醒对方注意某事。

p.p.表示“介绍”，通常用于向对方介绍某人。

p.f.表示“祝贺”，常用于恭贺节日或其他固定纪念日。

p.f.n.a.表示“恭贺新禧”或“新年愉快”。

p.c.表示“谨唁”，通常在悼念逝者时使用，以表示慰问。

p.p.n.表示“慰问”，常用于问候病人。

p.p.c.表示“辞行”，常用于向他人告别。

p.r.表示“谨谢”，常用于在收到礼物或受到款待后表示感谢。

6. 充当介绍函

若想向相识的人介绍某人，则可再本人名片的左下角写上“p.p.”，然后用回形针附上被介绍人的名片，再将两张名片一并装入信封寄交给对方，或由被介绍人转交给对方。将名片寄交给对方之前，应先打电话告知对方，以便对方了解情况后有所准备。否则，会显得很唐突，使对方感到尴尬。

7. 充当礼单

向他人赠送礼品时，可将本人的名片置于礼品包装内，或装入一个与名片大小相当的不封口信封，再将信封固定于礼品外包装的上方，以表明身份。

（二）名片的使用

要想充分发挥名片的礼仪功能，就必须合乎礼仪地使用名片。名片的使用主要包括准备名片、递送名片、接受名片和索取名片。

1. 准备名片

在社交活动中，社交者应有意识地准备或携带足够数量的名片（必须完整、洁净、平整、有序），将其放入专门的名片夹或名片包，并将名片夹或名片包存放在合适的位置。穿西装时，应将名片放在左胸内侧的口袋里；不穿西装时，可将名片放在上衣口袋或随身携带的公文包、手提包里。切忌将名片放在钱包、裤袋或裙兜里，否则，是非常失礼的。此外，不可将名片与接收的他人名片混放在一起，以免慌乱中误将他人名片递送出去而致使他人误解。

2. 递送名片

在社交活动中，希望结识他人或与他人建立联系，可以主动向其递送名片。递送名片时应当把握以下礼仪规范：

（1）把握时机

递送名片应把握适宜的时机，不宜过早或过晚，否则可能会徒劳无功。通常，在以下情况下最适合递送名片：① 与交往对象初次见面或握手告别时；② 与对方相谈甚欢时；③ 自己被他人介绍给对方时；④ 对方提议交换名片或向自己索要名片时；⑤ 想获得对方的名片时。切忌在对方用餐、与他人交谈或忙于其他事务时向其递送名片，否则极易引起对方的反感。

（2）态度恭敬

递送名片时，应主动起身走上前去，面带微笑，注视对方，将名片正面朝上、文字正对对方，用双手的拇指和食指持握名片上端的两角，举至胸前，上身略微前倾，恭敬地递给对方（见图 3-1），并简单地自我介绍一下或道些许谦恭之语，如“这是我的名片，请多关照”“希望我们保护联系”等。

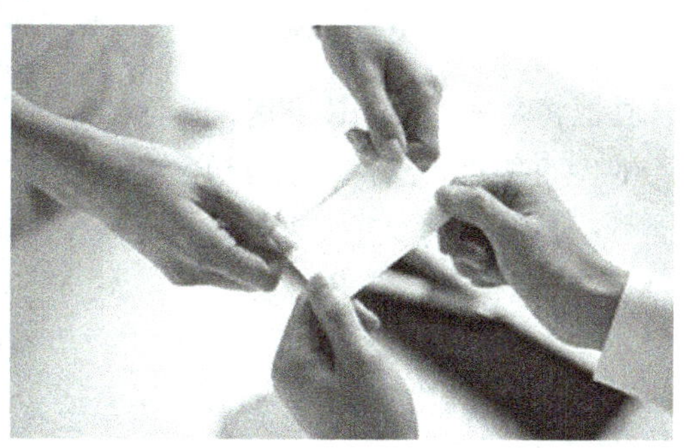

图 3-1 递送和接受名片的姿势

提 示

切忌采用以下方式递送名片：① 开枪式，即用食指和中指夹着名片递送给对方；② 投弹式，即把名片投给或扔给对方；③ 布雷式，即把名片递放到桌上而不是对方手中；④ 自助式，即把名片夹递向对方，让对方动手从中拿取名片。

（3）讲究顺序

递送名片时应遵循合乎礼仪的顺序。一般而言，两人交换名片时，应按如下顺序进行：① 男士先向女士递送；② 辈分较低者先向辈分较高者递送；③ 职位较低者先向职位较高者递送；④ 主人先向客人递送。

需要向多人递送名片时，则应按照由尊至卑、由近及远或顺时针的顺序依次进行，切忌挑三拣四或“跳跃式”地进行。

注　意

若在向对方递送名片的同时，对方向自己递送名片，则应暂时放下自己的名片，先接过对方的名片，再递上自己的名片。

名片代表一个人的身份，不要将其递送给陌生人，更不要随意散发名片，否则有失庄重。

3. 接受名片

为了表示尊重和友好，社交者在接受名片时应遵守以下礼仪规范：

（1）恭敬接受

当他人向自己递送名片时，应立即放下手中的一切事务，起身相迎，面带微笑，目视对方，点头致意，用双手的拇指和食指接住名片下端的两角，并表示谢意，或者道些许敬语，如“谢谢！很高兴认识您”“能得到您的名片，我深感荣幸”等。

（2）认真阅读

接过名片之后，应认真地将名片内容默读一遍，遇有显示对方荣耀的职务或头衔时，可轻声读出，以示尊敬和敬佩。若对名片内容有所不明，则可当场请教对方，以示重视。切忌在接过他人名片之后，看也不看，就随手放入口袋、放在手中把玩或转交给其他人。

（3）妥善存放

在阅读了对方的名片之后，应谨慎地将其放入名片夹、上衣口袋、公文包或办公桌抽屉里，以示珍惜。切忌将对方的名片随意扔到桌上、夹到书中、压到杯子下、放到裤袋里等，否则，就是不尊重对方的表现，会引起对方的反感甚至恼怒。

（4）回递名片

在接受了对方的名片之后，一般应立即回递名片。若尚无名片、忘带名片或名片用完了，则应向对方说明理由并致以歉意。必要时，可在一张干净的纸上写上自己的相关信息递给对方，或向对方承诺改日补上。

提　示

中国人交换名片采用双手递、双手接，而西方人、阿拉伯人和印度人则习惯于用右手与他人交换名片，日本人喜欢在一只手接过他人名片的同时，用另一只手递上自己的名片。因此，在涉外交际活动中，可先留意一下对方用什么方式交换名片，然后效仿其做法。

【经典实例】

因名片而错失的生意

某公司经理王某在咖啡厅约见了一位重要客户李某。双方见面后，李某恭敬地向王某递上自己的名片，并有礼貌地说："王总，您好！这是我的名片。"王某接过名片后草草地看了一下，就将名片随意地放到了桌上，并开始与李某谈论合作事宜。过了一会儿，服务人员端来咖啡并请二位慢用。王某端起咖啡喝了一口，便将咖啡杯放在了李某的名片上。这一举动令李某皱了皱眉头，但王某并没有感觉到。

在接下来的谈话中，李某未与王某就合作事宜作实质性的洽谈，而是礼貌地寒暄一阵之后就托辞告别了。

4. 索取名片

一般情况下，社交者最好不要向他人索要名片。若确有必要，则可采取委婉的方式向对方索取，具体方法如下：

- 交易法：即"将欲取之，必先予之"。先将自己的名片递送给对方，进而通过对方的回赠获得其名片。
- 恭谦法：对于长辈或身份、地位比自己高的人，可采用恭谦的方式索取名片，如"李教授，非常高兴能够认识您，请问以后怎样向您请教呢"等。
- 联络法：对于平辈或身份、地位与自己相仿的人，可直接采用寻求联络的方式索取名片，如"认识您真高兴，希望以后能与您保持联系"等。

四、握手礼仪

握手是社交场合中最常见的一种礼节，它可以传达欢迎、惜别、祝贺、鼓励、感谢、慰问、信任等情感，能促进社交者之间的沟通与交流。

（一）握手的时机

在社交活动中，握手必须在适宜的时机进行，否则会有失礼仪或显得冒失。一般而言，在以下情况下应握手致意：

- 当被介绍与他人相识，双方相互问候时，与对方握手以表敬意。
- 与多日未见的朋友、同事相见时，与之握手以表问候、关心和喜悦之情。
- 当他人取得成绩或有喜事时，与之握手以表祝贺。
- 当得到他人的理解、支持、帮助、鼓励或认可时，与之握手以表感谢。

- 当他人向自己赠送礼品或颁发奖品时，与之握手以表感谢。
- 在较正式场合与相识之人道别时，与之握手以表惜别。
- 作为东道主迎接客人或来宾时，与之握手以表欢迎。
- 在参加宴请后告辞时或拜访朋友、同事后辞别时，与邀请方代表或主人握手，以表感谢、惜别。
- 在他人遭遇挫折时，与之握手以表鼓励或支持。
- 在参加他人的追悼会后离别时，与死者的亲属握手，以表慰问或劝慰其节哀。

在以下情况下，不宜与他人握手，可采用挥手、点头等方式致意：

- 当对方右手负伤或携带较多重物时。
- 当对方正忙于其他事务（如打电话、与他人交谈、用餐等）时。
- 当对方离自己距离较远或位于人群中而无法握到对方的手时。
- 当自己的右手负伤或不干净时。

（二）握手的姿势

握手的姿势有很多种，最常见的有单手式和双手式两种。

1．单手式

单手式是标准的握手姿势，其姿势规范如下：握手时，距离对方约 75 cm 左右，双脚立正，上身略向前倾，左臂下垂，右肘关节微屈，右前臂抬至腰部，伸出右手，四指并拢、拇指张开，与对方右手的虎口交叉、相握，如图 3-2 所示。握手时，可上下轻摇几次，以表真诚和热烈。

图 3-2　单手式握手姿势

2．双手式

双手式握手与单手式握手略有不同：握手时，伸出右手紧握对方的右手，再用左手握住对方的右手手背、前臂（见图 3-3）、上臂乃至肩部。这种握手方式旨在传递一种热情、真挚、诚恳、尊敬之情，且从手背开始，左手握住对方身体的部位越高，其表达的情感越深厚。但这种握手方式只适用于晚辈对长辈、身份较低者对身份较高者、亲朋好友之间或同性朋友之间，不宜适用于初识者或异性。

图 3-3　双手式握手姿势

（三）握手的要领

握手时，除了应姿势正确以外，还应把握握手的神态、力度和时间方面的要领。

1. 神态

握手时，应面带微笑，目视对方的眼睛，神态自然、热情、专注，以体现对对方的友好和尊重。

2. 力度

握手的力度应当适中，不可过大也不可过小。力度过大，会让人承受不了或给人以粗鲁感；毫无力度或伸而不握，会给人以敷衍或缺乏热忱之感。具体而言，若对方是亲友，则握手力度可稍大一些；若对方是异性或初识之友，则握手力度不可过大。

3. 时间

握手的时间通常以 3～5 秒为宜，不可过短也不可过长。时间过短，会给人以敷衍之感；时间过长，特别是对于异性或初识者，可能会使对方误会或不快。

（四）握手的顺序

握手应讲究伸手的先后顺序。一般而言，在公务场合，握手的顺序主要取决于职位、身份；在一般社交场合或休闲场合，握手的顺序主要取决于年龄、性别和婚否。握手应遵循“尊者决定”的原则，即先确定握手双方身份的尊卑，然后由位尊者先伸出手、位卑者作出回应。

具体而言，两人握手时伸手的顺序规则如下：

- 职位、身份高者与职位、身份低者握手时，应由职位、身份高者先伸出手。
- 年长者与年幼者握手时，应由年长者先伸出手。
- 长辈与晚辈握手时，应由长辈先伸出手。
- 女士与男士握手时，应由女士先伸出手。
- 已婚者与未婚者握手时，应由已婚者先伸出手。
- 主人与客人握手时，应分迎和送两种顺序：迎客时，应由主人先伸出手，以示欢迎；送客时，应由客人先伸出手，以示感谢，若主人先伸出手，则会有逐客之嫌。
- 先到者与后到者握手时，应由先到者先伸出手。

若一个人需要和多人握手，则握手时应遵循“先尊后卑”的原则；若握手对象的尊卑差别不明显，则应按照顺时针或由近及远的顺序挨个进行，切勿顾此失彼。

提　示

握手的顺序规则主要用来律己，而不是用来苛求他人。在社交活动中，当他人伸出手与自己握手时，即使其违反了握手的顺序规则，我们都应积极地伸手与其相握，否则是有失礼仪的。

（五）握手的禁忌

- 切忌用左手与他人握手，特别在与阿拉伯人、印度人打交道时，因为信奉伊斯兰教和印度教的人都认为左手是不洁净之手，用左手握手有侮辱对方的意思。
- 切忌戴着手套、墨镜或帽子与他人握手，但女士着礼服戴薄纱手套时例外。
- 切忌拒绝与他人握手，若有手疾或手不干净，则应说明缘由，以免造成误会。
- 切忌争先恐后地与他人握手，造成交叉握手（即当两人握手时，第三者将胳膊从二人的胳膊上方伸过去与其他人握手），而应待他人握手结束后，再伸手相握。
- 握手时，切忌将另外一只手插在衣袋里或用另外一只手拿着东西。
- 握手时，切忌左顾右盼、心不在焉或面无表情。
- 握手时，切忌只握对方的指尖。
- 切忌在与他人握手后立即擦拭自己的手或洗手。

知识链接

常见的其他见面礼仪

在世界范围内，比较常见的见面礼仪除了握手礼以外，还有鞠躬礼、亲吻礼和拥抱礼。

一、鞠躬礼

鞠躬礼是中国、日本、韩国、朝鲜等国家的传统礼节，一般用于下级向上级、晚辈向长辈、服务人员向宾客等表达尊重或恭敬。其既可适用于庄严肃穆或喜庆欢乐的仪式场合，又可适用于普通的社交场合。

鞠躬礼的基本要领如下：身体立正，以腰为轴，上身挺直前倾，目光随身体下弯而下垂，男士双手贴于两侧裤线，女士双手交叉置于腹前。鞠躬时，身体前倾的幅度越大，表示敬重的程度越大。在一般的社交场合，身体前倾幅度为15°～45°；在正式或庄重的场合，身体前倾幅度为45°～90°。

二、亲吻礼

亲吻礼是西方国家的一种传统礼节，在欧美许多国家广为盛行，如美国、法国、比利时等。此礼节往往与一定程度的拥抱动作相结合，常用来表达友好或尊敬。行亲吻礼时，行礼者之间的关系不同，亲吻的部位或方式也有所不同。通常，长辈与晚辈之间，宜吻额头或面颊；平辈之间、异性之间宜吻面颊。

三、拥抱礼

拥抱礼是西方国家（尤其是欧美国家）十分流行的一种礼节，可适用于官方或民间迎送宾客或祝贺致谢等多种场合。其基本要领如下：两人相对而立、张开双臂，彼此右臂偏上、左臂偏下，右手环扶对方的左后肩，左手环扶对方的右后腰，彼此将头部左倾而相互拥抱，头部相贴，然后再右倾相拥，最后再左倾相拥，一共相拥三次才算礼毕。

四、合十礼

合十礼亦称合掌礼，是流行于泰国、缅甸、老挝、尼泊尔等佛教国家的见面拜礼，也是一种具有浓厚的宗教色彩的礼节，在中国信仰佛教的地区也较为普遍。

合十礼的标准做法是双掌十指在胸前相对合，五手掌并拢向上，手掌向外侧倾斜，双腿立直站立，中身微欠，低头。可以口颂祝词或问候对方，亦可面含少量微笑。但不能在行礼时手舞足蹈，点头不止。行礼时，合十的双手举得越高，表示对对方的尊重程度越高，但原则上不可高于额头。

在涉外交往活动中，社交者应当根据交往对象及其民族习俗的不同，选用合适的行礼方式。例如，欧洲人不习惯与陌生人或初识者行亲吻礼或拥抱礼，因此，初次与其交往应以握手礼为宜。此外，在日本、英国及东南亚等一些国家，人们不喜欢在见面时用拥抱来表达感情，因此，与之交往时宜行鞠躬礼或握手礼，而不宜行拥抱礼。

任务二　掌握交谈礼仪

交谈是人们进行日常交往的基本形式之一，也是人们交流思想、沟通感情、建立联系、消除隔阂或协调关系的重要途径。因此，在社交活动中，人们有必要学习一定的交谈礼仪，主要包括交谈的话题、态度、语言和技巧。

一、交谈的话题

话题是交谈的重要内容，社交者在与他人交谈时选择合适的话题，不仅能够体现良好的风度和教养，而且能创造一个良好的交谈氛围，促进社交活动的顺利进行。

（一）选择话题的原则

一般而言，社交者在选择话题时，应当遵守因人而异的原则，即与他人交谈时，应根据交谈对象的性别、年龄、性格、民族、职业、身份、文化水平等因素，选择合适的话题，以便交谈对象参与其中，或与之达成共鸣，从而达到沟通与交流的目的。

（二）宜选的话题

具体而言，社交者在与他人交谈时，宜选择以下话题：

1. 既定的话题

既定的话题即交谈各方事先商定的或其中一方事先准备好的话题。例如，讨论问题、征求意见、传递信息等类型的交谈话题一般都属于既定的话题。既定的话题最好由各方商定，若由一方确定，则至少应得到其他方的认可。

2. 擅长的话题

擅长的话题即交谈对象有研究、感兴趣或熟知的话题。例如，与作家交谈时，选择文学创作方面的话题；与律师交谈时，选择法律方面的话题；与球迷交谈时，选择体育方面的话题等。这类话题可为交谈对象创造发挥长处的机会，进而调动其交谈的积极性。

【经典实例】

老专家出山的故事

刘某成立了一个公司，想请老专家王老任其业务军师。但王老性情怪僻，并已退隐多年，想请他出山估计没那么容易。即便如此，刘某还是想试一试。

经人介绍后，刘某在友人家中与王老见了面。但是，不管刘某多么殷勤，王老总是不买他的账。刘某正因此发愁时，王老掏出一本古钱币图谱目不转睛地看了起来。于是，刘某机灵一动，趁此机会凑过去向王老讨教：“有人送我几枚银元，我想向您请教一下，怎样才能辨别它们的真伪。”如此一来，王老立刻来了劲儿，认真地为刘某介绍起辨别银元真伪的知识来。期间，刘某还不时地就一两个细节再度讨教王老，并与王老进行热烈的讨论……

最后，一切都水到渠成，老专家王某自愿出山担任刘某的业务军师。

3. 高雅的话题

高雅的话题即内容文明、格调高雅的话题，如哲学、文学、艺术、建筑等。社交者选择这类话题可以体现自己的见识和修养，但切忌班门弄斧或不懂装懂，否则会贻笑大方。

4. 轻松的话题

轻松的话题即谈起来能让交谈对象感到轻松、愉快、不觉劳累的话题，如旅游观光、风土人情、流行时尚、电视电影、烹饪小吃等。这类话题有利于创造融洽的交谈氛围，常适用于一般的社交场合。

（三）禁忌的话题

与他人交谈时，尤其在与外国人打交道时，社交者应回避对方忌讳的话题，具体包括政治倾向、宗教问题、商业秘密、个人隐私（如年龄、婚姻状况、收入、身高体重等）、他人长短，以及庸俗低级、悲伤压抑的话题（如淫秽传闻、疾病、死亡、灾祸、惨案等）等。若不经意提到以上话题，则应立即表示歉意并转移话题。

提 示

韩国人非常讲究保护个人隐私，诸如体重、身高、住处、手机号码等，都绝对不宜向其打听。

在美国，询问他人收入、年龄、婚恋、健康、籍贯、学历、住所、种族、血型、星座、个人联系方式等都是不礼貌的。美国人大都认定“胖人穷，瘦人富”，所以他不愿意别人说自己“长胖了”。与美国黑人交谈时，要少提“黑”这个词。万一有必要提到美国黑种人或黄种人，则最好称之为“非裔美国人”或“亚裔美国人”，以回避对其肤色的具体涉及。

与德国人交谈时，不宜涉及纳粹、宗教、两德统一、党派之争、德法与德美关系等问题。

与俄罗斯人交谈时，不宜涉及的话题有：政治矛盾、寡头政治、宗教矛盾、民族纠纷、苏联解体、阿富汗战争及苏联的大国地位等问题。

与英国人交谈时，切勿涉及英王、王室、教会及英国各地区之间的矛盾，特别是不要对女王、王位继承、英美关系和北爱尔兰独立问题说三道四。

【经典实例】

涉外交谈应回避个人隐私

一天，参加工作不久的杨小姐被派到外地出差。在卧铺车厢里，碰到一位来华旅游的美国姑娘。美国姑娘热情地向杨小姐打招呼，使杨小姐觉得不与人家寒暄几句实在显得不够友善，便操着一口流利的英语，大大方方地与对方聊了起来。

交谈中，杨小姐有点没话找话地询问对方的年龄。美国姑娘答非所问地说："你猜猜看。"杨小姐自觉没趣，又问道："你结婚了吧？"令杨小姐吃惊的是，对方转过头去，再也不理她了。一直到下车，两人再也没说一句话。要知道，冒昧地询问别人的年龄、婚姻状况是令西方人反感的。

二、交谈的态度

社交者在与他人交谈时，应持诚恳、谦虚、谨慎、热情的态度，切不可虚情假意、自以为是或敷衍了事。具体而言，良好的交谈态度可通过以下方面体现出来：

（一）表情自然

与他人交谈时，表情应当自然、和谐，并与交谈内容相配合。具体而言，应目光专注，或注视对方，或凝神思考，并适时地运用眉毛、嘴、面部神态上的变化表达自己对交谈内容的理解、赞同、惊讶或迷惑，以促使交谈顺利进行。与多人交谈时，则应不时地用目光与众人交流，以示彼此平等。切忌在交谈时眼神呆滞、目光游离或者直愣愣地盯视交谈对象，否则是有失礼仪的。

（二）举止得体

人们在交谈时往往会做出一些有意无意的肢体动作，这些动作通常是谈话者对谈话内容和谈话对象真实态度的反映，因而必须规范、得体。

具体而言，谈话者可以用适度的动作来补充说明谈话内容，如谈话者可用点头来传达"我在注意听"或"我赞同"的信息，可用手势比划物体大小来传递直观信息等。但是，谈话者应避免做出过分、多余或不雅的动作，如手舞足蹈、拉拉扯扯、拍拍打打、左顾右盼、揉眼搔头、吞烟吐雾、打哈欠、伸懒腰等。

（三）善于倾听

与他人交谈时，社交者应善于倾听交谈对象的发言，并配以恰当的表情和举止，以示尊敬。切忌现场独白、随意打断他人的发言或者对他人的发言不闻不问。若确需插话，则应先向发言者打招呼或征得发言者的同意（如"对不起，我插一句话行吗"），然后插话，但插话之言不可冗长。

（四）适当交流

交谈是个双向或多向的交流过程，需要各方人员积极参与。因此，在与他人谈话的过程中，当社交者自己发言时应给其他人留有发表看法的机会，当他人发言时自己也应适时地发表看法，以便各方互动、交流。与他人交流时，社交者应用心地寻找发言者话语中的价值，并积极地予以肯定，切忌置疑对方、纠正对方或与对方抬杠。

三、交谈的语言

语言是交谈的载体，其运用会直接影响到交谈的效果。社交者在与他人交谈时，在语言方面应达到文明、准确、简洁、易懂的要求。

（一）文明

与他人交谈时，语言应当文明、礼貌。首先，应善于使用一些约定俗成的礼貌用语，如“您”“谢谢”“对不起”“再见”等；其次，应尽量避免一些不文雅的语句和说法，切忌说粗话、脏话、荤话等，对于不宜明言的事情，可以用委婉的词句予以表达。例如，想要上厕所时，宜委婉地说“对不起，我去一下洗手间”或“不好意思，失陪一下”等。

知识链接

常用的礼貌用语

初次见面，说“久仰”；许久不见，说“久违”。
询问姓名，说“贵姓”；自称姓名，说“敝姓”。
询问年龄，说“贵庚”；自称年龄，说“虚度”。
他人住处，说“尊寓”；自称住处，说“寒舍”。
赞人见解，说“高见”；自称见解，说“愚见”。
欢迎他人，说“光临”；没有亲迎，说“失迎”。
探望他人，说“拜望”；起身作别，说“告辞”。
中途先走，说“失陪”；等待他人，说“恭候”。
送别他人，说“慢走”；请人别送，说“留步”。
请人饶恕，说“恕宥”；自责不周，说“失敬”。
请人批评，说“指教”；请人指点，说“赐教”。
打断别人，说“打扰”；请人原谅，说“包涵”。
请人帮忙，说“劳驾”；托人办事，说“拜托”。
求人解答，说“请问”；佩服他人，说“拜服”。
劝告他人，说“奉劝”；告诉他人，说“奉告”。
归还东西，说“奉还”；赠送东西，说“奉送”。

（二）准确

与他人交谈时，应尽量讲普通话，且吐字清晰、发音标准、语速适中，准确地表达自己的观点或看法，以便他人听得清楚、明白。一般情况下，应慎用外语或方言。

（三）简洁易懂

与他人交谈时，所用的语言应当力求言简意赅，切忌雕琢语言、堆砌辞藻、废话连篇或喋喋不休。同时，用语应当通俗易懂，不可晦涩难懂、有歧义或模棱两可，以免他人产生理解上的困难或不必要的误会。

四、交谈的技巧

与他人交谈时，巧妙地运用赞美、幽默或拒绝的技巧，有利于创造良好的交谈氛围，进而促进人际交往。

（一）赞美的技巧

赞美能带给人快乐和信心。在谈话中恰当地赞美他人有利于建立良好的人际关系。常用的赞美技巧有如下几种：

1. 直接公开式

直接公开式即在特定的公开场合或众人面前，热情、慷慨地赞许他人的优点、观点或特性。这种方式具有很好的激励作用，能够很好地传达赞美者的诚意。

2. 间接迂回式

间接迂回式即借助与交谈对象相关联的事物或第三者的话来表达赞许之意。例如，赞美一位出生于杭州的女士，可以说“上有天堂下有苏杭，杭州的女孩子真是美若天仙啊”；赞美一位业务员，可以说“我常听刘经理提起你，他很欣赏你的做事方法和办事能力，今日一见，果然名不虚传”等。这种方式往往具有增强客观可信度的作用，比直截了当的赞美效果更好。

需要注意的是，赞美他人应当详实具体、恰如其分，切忌无中生有或言过其实，否则会萌生讽刺之意，进而弄巧成拙。

（二）幽默的技巧

幽默是一个人智慧、机智、修养等方面的综合反映，它能够活跃交谈气氛、协调人际关系。常用的幽默技巧有如下几种：

1. 否定式

否定式即用否定的方式间接地肯定某事物。例如，一位顾客到饭店吃饭，发现米饭中有很多沙子，于是不得不将沙子吐在桌上，服务员看到后抱歉地说：“尽是沙子吧！”这位顾客摇摇头，微笑着说："不，也有米饭。"顿时，两人都笑了。这种幽默让服务员消除了不安心理，同时也让其认识到了问题所在。

2. 误解式

误解式即有意无意地误解谈话语句中的某一词义、发音、所指重点或交谈对象所要表现的某一事物，并给予反逻辑回答或反应，从而制造笑料。例如，一位女士到学校看望受伤的孩子，可门卫偏要慢慢地检查一系列的证件，这位女士生气地说："太过分了，你长心了吗？"为打破紧张氛围，门卫不动声色地耸耸肩回答："那需要解剖后才知道。"

又如，一位女士问："你不会跳舞吗？"她对面的男士回答："对不起，我不会。我只会跳楼（"六"的谐音）。"又如，一位女士将宠物狗放在沙发上逗着玩，其丈夫回来后大叫："天哪，你怎么把小狗抱到沙发上了？"为调节气氛，这位女士笑着说："难道你想让小狗把我抱到沙发上吗？"再如，一位先生进餐时，误将薄饼当作餐巾叠放在领口处。为了避免这位先生尴尬，在座的其他人员都模仿他将薄饼当作餐巾放到领口处。

3. 夸张式

夸张式即用言过其实的方式表达事物的本质，进而取得幽默效果。例如，某人夸奖一位教美术的同事画画得好："我们挣点钱挺不容易的，不像你，只要画笔一挥就可以得到钞票！"又如，一位顾客在餐馆吃饭吃到石子后，指着饭碗里的石子高喊："服务员，快来呀！请帮我把这块石头从饭碗里抬出去。"

提　示

在使用幽默技巧时，应注意时机、场合和对象，要有内涵、不粗俗，并且适可而止，切忌将快乐建立在他人的痛苦之上。

（三）拒绝的技巧

在与他人交谈的过程中，社交者有时需要运用一些技巧来拒绝他人，以此避免他人陷入尴尬局面或使他人的自尊心受到伤害。常用的拒绝技巧有如下几种：

- **迂回诱导：** 即通过迂回战术诱导他人，使其领会暗示的婉拒含义或者知难而退，从而避免尴尬。例如，美国前总统罗斯福当海军军官时，有位好友向他问及有关美国新建潜艇基地的事，罗斯福不好正面拒绝，就问："你能保守秘密吗？"那人回答说："能。"罗斯福笑着说："我也能。"对方一听便心领神会，于是不再问了。
- **有意延时：** 即通过拖延时间来拒绝他人，以避免现场回绝时的尴尬。例如，"恩，我先想想办法，看能不能办成，然后尽快给你一个回复"等。
- **假设后果：** 即按他人提出的要求或条件，假设可能产生的后果，让其知难而退。例如，"这事由我出面的话，恐怕张女士会误会更深"等。
- **自嘲婉拒：** 即在自己身上找一个相关的缺陷或借口，向对方暗示自己不适合答应其请求。例如，“目前我没有完成这件事情的水平啊，若现在接受你的请求，就属于无证上岗了”等。

任务三　掌握电话礼仪

电话是社会生活中一种广泛普及的信息传递工具，能够沟通信息、交流思想。正确地使用电话能够塑造良好的个人形象。电话礼仪就是人们在拨打、接听电话（指固定电话）和使用手机时应遵守的礼仪规范。

一、电话礼仪的基本要求

在社交活动中，无论是拨打电话、接听电话，还是使用手机，都应符合以下基本要求：

- 面带微笑：通话时，应面带微笑，因为微笑时的情绪可以通过电话传递给对方。
- 举止得体：拨打或挂断电话时，应用双手轻拿或轻放话筒，切忌做出夺、扔、摔等动作；在通话过程中，应保持身体直挺、姿势端正、举止文雅，切忌弯腰驼背、东倒西歪或做夸张的肢体动作（如用头和肩部夹住话筒、将双腿搁到桌面上等）。
- 吐词清晰：通话时，应咬字准确、发音清楚、语速平缓、音量适中，切忌含含糊糊、不知所云、高声喊叫或小声耳语。
- 语气柔和：通话时，语气应亲切柔和，切忌生硬傲慢、嗲声嗲气、拿腔拿调或阴阳怪气。
- 过程专一：通话时应当全神贯注，切忌边打电话边做其他事情，如吃东西、看书、听音乐、与其他人说话等。

二、拨打电话的礼仪

（一）做好通话准备

拨打电话前，发话人通常应做好通话内容、时间和环境方面的准备工作。

1. 内容准备

拨打电话前，应提前拟出明确的通话要点或提纲，并备齐与通话内容相关的文件或资料，以免通话时遗漏要点、不得要领或语无伦次。同时，应预先想好对方可能提出的问题及自己即将作答的内容，以便灵活应对。此外，还应事先了解受话人的基本信息或情况，如姓名、性别、年龄、职务等，以免在称呼上出错。

2. 时间准备

若想打电话合乎礼仪，则应选择合适的拨打时间并把握恰当的通话时长。

（1）拨打时间

若打电话到受话人的住所，则应根据对方的生活习惯来确定拨打时间。一般而言，应避免选择过早、过晚或对方休息的时间，如早晨 7 点以前、晚上 10 点以后、用餐时间、节假日等都不适宜打电话。若确因紧急事项而不得不在不合适的时间打电话给对方时，通话之初应道歉并说明理由。

若打电话到受话人的单位，则应根据对方的工作时间来确定拨打时间。一般而言，应选择对方不太繁忙的时间（如工作日的上午 10 点左右和下午 3 点左右），避开对方疲惫或休息的时间（如刚上班时、快下班时、快午餐时、午休时）。若要打电话到海外，则还应考虑对方所在国与国内的时差问题。

（2）通话时长

一般而言，每次电话的通话时间应控制在 3 分钟之内。若通话时间确需很长，则应征询受话人的意见，或延长通话时间，或另约通话时间，并在通话结束时略表歉意。

3. 环境准备

拨打电话时，应选择安静的通话环境，并考虑受话人接听电话时所处的环境，切勿在嘈杂、吵闹的环境中通话，否则是极不礼貌的。此外，若通话内容涉及机密或隐私，还应确保通话环境的保密性。

（二）耐心拨打

拨打电话时，应耐心地等待对方的回应。一般而言，铃声响过 6 声或大约半分钟后，还是无人接听，就可挂断电话。切忌在铃响未过 3 声时就挂断电话，或挂断后重复拨打。

（三）礼貌通话

拨通电话后，首先应向对方问好、作自我介绍，并报出受话人的基本信息。其具体方式有以下两种：① 普通社交模式：“您好！我是××（本人姓名），请问××（受话人姓名）在吗？”② 公务模式：“您好！我是××公司××部门××（职位）××（本人姓名），我要找××公司××部门××（职位）××（受话人姓名）。”

若电话由他人代接，则应在礼节性问候之后，礼貌地请其代为转接。若受话人不在，则可请代接人转告来电事由或约其他时间再打。若电话由受话人亲自接听，则可礼貌地与之通话。

若通话时电话中断，则应再次拨通电话稍作解释，以免对方误会。若拨错了电话，则应礼貌地向被打扰者道歉，切忌一声不吭地挂断电话，或者怨天尤人，说诸如“倒霉”“见鬼”之类的话。

（四）有序挂断

通话结束时，应按合乎礼仪的顺序挂断电话。通常，通话双方无尊卑差别时，应由发话人先挂断、受话人后挂断；通话双方的尊卑差别较大时，应由尊者先挂断、卑者后挂断，如上司与下属通话时，由上司先挂断、下属后挂断，男士与女士通话时，由女士先挂断、男士后挂断等。

三、接听电话的礼仪

（一）及时接听，礼貌应答

电话铃响后，应及时接听，切忌拖延、不接或直接挂断。一般而言，接听电话应遵守“铃响不过三声”的原则，以免发话人久等。若电话铃响超过三声才接听电话，则应在通话时先向发话人道歉，如“对不起，让您久等了”等。

通话时，首先应向发话人问好并作自我介绍，自我介绍的方式也可分为普通社交模式和公务模式，如“您好！我是××”或者“您好！××公司××部门××（本人姓名），请讲”等。

若自己就是受话人，则应礼貌地应答发话人。若自己不是受话人，则应礼貌地询问对方要找的受话人，并热情、迅速地为其转接，切忌漠然视之、挂断电话、让其久等或在电话旁大声喊叫受话人的名字。

若受话人不在或不方便接听电话，则应向其致歉，并让其稍后再拨，如“对不起，他现在不在，您可以 10 分钟后再打吗？”等。若发话人愿意，可代为传达来电留言；若对方不愿意，切勿刨根究底。

若对方拨错了电话，则应自报家门，友好地告知或提醒对方，必要时还应帮对方查询一下正确的电话号码，切忌表露出愤怒或不耐烦的情绪，甚至斥责对方。

读一读

秘书小马桌前两台电话同时响起，小马手忙脚乱，一会儿拿起这个电话，一会儿拿起那个电话，结果两位客人都很不高兴。

分析：两个电话同时响起，秘书应尽快接听两个电话，了解基本情况，区分轻重缓急，记录事情不急的一方的电话号码，告知对方待会打过去，然后挂断；优先接听事情紧急的那一个电话。

（二）仔细倾听，做好记录

无论自己是受话人还是代接人，都应当仔细倾听发话人的讲话，并不时地回应对方（如说“恩”“哦”“是的”“好的”之类的话），让对方感受到自己在被倾听，切忌默不作声或轻易打断对方的话。

同时，在通话过程中应做好通话记录（包括发话人来电时间、来电人姓名、来电事由等内容），以便准确转达或避免遗忘。若作为代接人为他人做通话记录，则应注意保护受话人的隐私，切勿四处宣扬来电信息或打听发话人与受话人之间的关系等。

（三）结束通话，礼貌挂断

接听电话的一方不宜率先提出结束通话的要求，而应让对方先提出。若确有急事需要中止通话，则应向发话人说明原因、表示歉意，并再约一个时间，主动拨打给对方，且在下次通话时再次向对方致歉。

若遇发话人打起电话没完没了，则应采取委婉、含蓄的方式让其适可而止（如“我不再占用您的宝贵时间了，下次再聊吧”），切忌说让对方难堪的话（如“你有完没完”）或直接挂断。

结束通话后，应先按扣机键，然后放下话筒。

四、使用手机的礼仪

手机是一种移动电话，它已成为现代社会使用最频繁的电子通信工具。社交者在使用手机时，应当遵守以下礼仪规范：

（一）置放到位

按照惯例，外出携带手机时，应将其放在上衣口袋、公文包或手提包内，不可将其挂在衣内的腰带上、口袋里，否则撩衣取用时将有失仪态；也不可有意识地将其展示于人（如握在手中、挂在脖子上或别在衣服外面等），否则会给他人留下不良印象。

（二）保持畅通

为了与外界保持联络，社交者应准确无误地将手机号码告知交往对象，并保证手机话费和电池电量充足。若更换了手机号码，则应及时地通报各交往对象，以免联系就此中断。若因故暂时不能使用手机，则应在寻呼台、语音信箱留言说明原因或采用转移呼叫的方式保持电话畅通。

（三）铃声恰当

在社交场合，手机铃声应相对传统，切勿过分夸张、个性或怪异，否则容易对他人造成干扰。此外，铃声的内容不能有不文明或不雅的内容或误导公众的信息，如“有话快说，有屁快放”“救命呀，抢劫呀”等。

（四）遵守公德

使用手机应注重场合、遵守公德。一般而言，在宴会、舞会、图书馆、展览馆、医院等公共场所，应尽量将手机铃声调为振动，且接听电话时应寻找无人之处通话或小声通话，切勿当众进行或对着手机大声喊叫；在教室、办公室、会客厅、会议室等学习或工作场所，应暂时将手机设为静音或关机，以免手机来电时影响他人。

提　示

切勿在飞机起飞或降落、在加油站加油或驾驶车辆时使用手机，以免引发严重事故。

（五）慎用短信

手机短信是一种便捷的沟通方式，必要时社交者可以用短信向交往对象预约电话、发送祝福或善意提醒，但不能使用短信发送低级趣味性或欺骗性信息，更不能用短信骚扰他人。

（六）重视私密

由于手机具有较强的私密性，因而社交者在使用手机时，不可随意将手机号码告知他人、随意打探他人的手机号码，甚至不负责任地将交往对象的手机号码转告他人或广而告之。基于同样的原因，通常不宜将本人手机借给他人使用，也不宜随便借用他人的手机。

任务四　掌握拜访礼仪

拜访是指前往他人的工作地点或私人居所会晤对方、探望对方或与之接触。合乎礼仪的拜访有助于人们交流信息、联络感情和增进友谊。

一、拜访的准备

（一）事先预约

拜访他人之前，拜访者应通过电话、书信或当面告知的方式提前预约，以免拜访扑空或扰乱受访者的日常安排。一般而言，预约内容应包括拜访时间、地点和人员。

1. 拜访时间

拜访时间应根据受访者的工作时间和生活习惯来确定。一般而言，公务拜访时应选择对方的上班时间，私人拜访时应选择对方的闲暇时间，但均应避免选择早晨 7 点以前、晚上 10 点以后，以及对方的用餐或午休时间。

2. 拜访地点

拜访地点可以是受访者的办公场所或私人居所，也可以是公共娱乐场所，如咖啡厅、茶楼等，通常应选择离对方较近或方便对方的地点。

3. 拜访人员

预约时，拜访者应主动告知受访者届时到场的人员身份及人数。一旦确定了拜访人员，就不宜再临时增加、减少或更换人员，以免打乱对方的安排。

提　示

预约拜访事宜时，应以请求或商量的语气进行，切忌采用强求式或命令式语气进行。

（二）准备谈话内容和礼品

拜访前，拜访者应确定好谈话内容，想好届时如何与对方交谈，并准备好与谈话内容相关的资料或物品，如样品、宣传单等。同时，应事先准备一份具有纪念意义或有实用价值的礼品并包装好，以便拜访时赠送给对方。

（三）整理仪表

拜访前，拜访者应准备与拜访性质、受访者身份或拜访场所相匹配的服装。一般而言，公务拜访时，应选择较正式的服装，如正装；私人拜访时，则选择整洁得体的服装（如休闲装）即可，不要过于正式。同时，拜访者应对自己的仪容稍加修饰，以示尊重。

二、拜访的过程

（一）准时赴约

拜访者应根据预约的时间准时赴约，不可过早或过晚。若因特殊情况而不能按时到达时或不能赴约，则应及时通知受访者，诚恳地说明原因、表示歉意，必要时应与对方约定下次拜访的时间。在下次与对方见面时，应再次对上次的失约表示歉意。

（二）礼貌登门

拜访者到达拜访地点后，若有人迎候，则应向迎候者作简单的自我介绍，请其代为转告或应邀入室。若无人迎候，则应礼貌地敲门或按门铃，即使受访者的门开着，也须如此。敲门时，应用食指间隔有序、力度适中地轻叩三下；按门铃时，让铃响三下即可。敲门或按门铃后，应耐心地等待回应，若无回应，可重复叩门一次或按门铃一次，切忌表现出急躁情绪和行为，如用拳头砸门、用脚踢门或在门外大呼小叫等。

（三）问候致意

入室前，拜访者应热情地向其问好、与之握手，若是初次见面，还应简单地自我介绍。入室时，应先将鞋底的脏物处理干净或换上指定的拖鞋。入室后，应与受访者家属或其他在场客人一一打招呼、问好，并及时地将帽子、墨镜、手套或外套除去，将其与携带的礼品或随身带来的雨具等物品搁放到受访者指定的位置，切勿任意乱放。

提　示

在拜访外国友人时，通常应随身携带“涉外拜访四必备”，即纸巾、擦鞋器、袜子和爽口液。

（四）应邀入座

入室后，拜访者应随行于受访者，应其邀请，与之同时入座，切忌自行找座、抢先入座或抢坐尊位。

（五）举止稳重

入座后，应坐姿端正、自然，不要过于拘谨或过于放松，同时应注意以下事项：

1. 以礼还礼

受访者奉茶时，应起身或欠身，用双手相接并点头致谢；接过茶水后，应以右手持杯耳、左手托茶盘，细细赏茶色、品茶味，并适当称赞，切忌一声不吭；饮茶时，应慢啜细饮，切忌狂喝暴饮、“咕咚”作响或一饮而尽；若不小心将茶叶吞入口中，则应嚼而食之，切勿将其吐出或用手从口中取出；受访者续茶时，应起身站立，用双手端起或扶住茶杯并致谢，切勿不闻不动。

受访者送上水果或点心时，应待其他客人或年长者取用后再取，并在品尝之后给予赞赏。受访者递上香烟时，应起身用双手相接并致谢，吸烟须经过在场所有人同意后或到指定位置进行，否则应克制烟瘾。

2. 讲究卫生

拜访者应保持室内干净卫生，不可乱扔瓜果、纸屑或乱弹烟灰，更不可随地吐痰。

3. 非请勿动

一般而言，拜访者的活动范围应限于客厅或接待室之内，未经允许不得乱动受访者的物品（如工艺品、书籍、报刊、信件等）或四处乱闯，即便是上洗手间，也应向受访者打招呼。

（六）言谈得体

与受访者交谈时，稍作寒暄后就应切入正题、说明来访事由，切忌东拉西扯或沉默不语，浪费对方的宝贵时间。当与对方话不投机或意见相左时，应立即转移话题或调整谈话技巧，切勿争论、冷场或表现不良情绪。

三、拜访的结束

（一）适时告辞

一般而言，若无重要事情，则应在拜访时间持续了半小时左右时，主动向受访者提出告辞。提出告辞的时机最好是在双方的谈话告一段落且没有新的话题之前，切勿在对方讲话时或话音刚落时提出。此外，在拜访过程中，当受访者临时有事、给予结束谈话的提示（如说出“我们今天就谈到这里吧”或频频看表等）或另有客人来访时，拜访者应当机立断提出告辞，以免妨碍对方。

一旦提出告辞，即使对方百般挽留，也应利索地辞别，切勿告而不辞。

（二）不忘辞谢

辞别时，应主动伸手与受访者握别并道谢（如“多谢您的盛情款待”等），同时，与其家属或在场的客人一一道别。若有意请对方回访，则可在握别时提出邀请。若受访者起身相送，则应对其说“请留步”或“不必远送”，并适时回头挥手致意。

任务五　掌握接待礼仪

接待是与拜访相对应的一种社交活动。合乎礼仪的接待通常应包括认真准备、热情迎客、礼待宾客和礼貌送客四个方面。

一、认真准备

在拜访者到来之前，作为主人的受访者通常应本着主随客便的原则做好以下几项准备工作：

（一）了解客人信息

为了妥善安排接待工作，受访者应提前了解拜访者的基本情况，具体包括以下三个方面：① 来宾的总体情况，如来访人数、性别概况、负责人等；② 来宾的整体计划，如访问目的、抵达时间和地点，以及其他事项安排等；③ 主宾的个人简况，如姓名、性别、年龄、单位、职务、宗教信仰、健康状况、婚姻状况、生活习惯等信息。

（二）确定接待规格

确定接待规格即受访者应根据拜访者的身份、来访目的及其与自己的关系安排接待的级别。一般而言，负责接待的主陪人员的级别应当与主宾的级别相当。但在上级领导派人传达意见、同级单位派人商谈事宜、社会知名人士或先进人士来访等情况下，主陪的级别通常应高于主宾的级别，以示对拜访者的高度重视。

（三）拟定接待日程

受访者应本着尽量满足对方要求或方便对方的原则，拟定详细的接待活动日程，日程的内容通常应包括以下方面：① 迎送对方的时间、地点和人员；② 会面的时间、地点和人员；③ 宴请的时间、地点和人员；④ 娱乐活动的内容、时间、地点和陪同人员；⑤ 住宿的地点、房间标准等。

（四）布置接待场所

受访者应按照整洁、美观、大方的风格要求布置接待场所，具体内容如下：

- 打扫室内卫生，保证地面、桌椅、窗户洁净且无异味。
- 调节室内光源（自然光源最佳）、温度（22.5℃左右）和湿度（50%左右）。
- 在接待室或走廊铺设地毯，并摆放绿色植物、鲜花等物品予以点缀。
- 准备并摆放好待客用品，如茶水、饮料、香烟、烟灰缸、水果、点心、报刊、图书等；必要时，还应准备一些玩具，以供随行来访的小孩使用。

（五）安排宴席住宿

一般而言，受访者应根据拜访者的人数和生活习惯等情况预先安排宴席，以便款待对方。同时，应为远道而来或来访时间接近傍晚的拜访者安排住宿，以便对方休息之用。

（六）预备交通工具

对于远道而来的拜访者，受访者一定要事先考虑其交通问题，且最好为其安排或提供交通工具，以便迎送对方，为其解忧。

（七）安排接待人员

受访者应为接待工作的各个环节安排所需人员，具体包括参与会见或洽谈的人员、餐饮和住宿的服务人员、交通安排人员、娱乐陪同人员，以及车站、机场或码头的迎送人员等。

二、热情迎客

当拜访者（以下统称“客人”）到达之后，受访者（以下统称“主人”）应当热情迎客，迎客过程中应注意以下几方面的礼仪规范：

（一）迎候礼仪

1. 迎接

若客人就在本地，则主人可按时亲自或派人到单位门口、住所门外或楼下迎接。若客人远道而来，则主人应提前确认其到达的具体时间，驾车或安排专车前往车站、码头或机场迎接。若与客人素未谋面，则还应准备好接站牌，上面写明“热烈欢迎××先生（或女士）”“××单位接待处”等，接站牌最好不用白纸黑字，以免对方感到晦气。若客人为外宾，则应用英文或客人本国的文字书写接站牌，并安排翻译陪同迎接。

2. 问候

见到客人后，主人应主动上前与之握手、作自我介绍，并致以诚挚的问候，如“您好！我是公关部的李萌，代表××公司前来迎接您！”“欢迎光临！路上辛苦了！”或“欢迎您的到来！”等。若对方有大件行李，则应主动帮其提携，但其手提包、公文包或其他贴身物品就不用代劳了。对于年纪较大或身体不太好的拜访者，还应上前搀扶，以示关心。

想 一 想

情景：甲男甲女两人在门口迎候来宾。

一辆轿车驶到，一位男士下车。甲女上前道：“陈总，您好！”并呈上自己的名片。又道：“陈总，我叫李菲，是正道集团公关部经理，专程前来迎接您。”陈总道谢。

甲男上前：“陈总好！您认识我吧！”陈总点头。甲男又道：“那我是谁？”陈总尴尬不堪。

问题：

甲男甲女的做法对吗？

分析：

甲男的做法是错误的，因为他不应该认为对方认识他，即使原来有过一面之交，也许对方已经忘记，所以，不应该让对方难堪。甲女的做法是正确的。

（二）乘车礼仪

乘车迎接远道而来的客人时，主人应当注意乘车的座次礼仪、上下车的次序礼仪和乘车的举止礼仪。

1. 乘车座次礼仪

迎接客人的交通工具车通常为轿车，其座次礼仪内容如下：

（1）小型轿车的座次礼仪

在比较正式的社交场合，乘坐轿车时应分清座次的尊卑。具体而言，轿车的座次礼仪规范因开车人身份的不同而有所不同。

① 专职司机驾驶时的座次礼仪

专职司机开车迎客时，座次的安排应遵循居中为尊、后座尊于前座、右座尊于左座的原则。通常，前排副驾驶座应安排给主人方的秘书或陪同等随从人员，切勿安排给客人。专职司机开车时，不同座数的轿车座次顺序如图 3-4 所示。

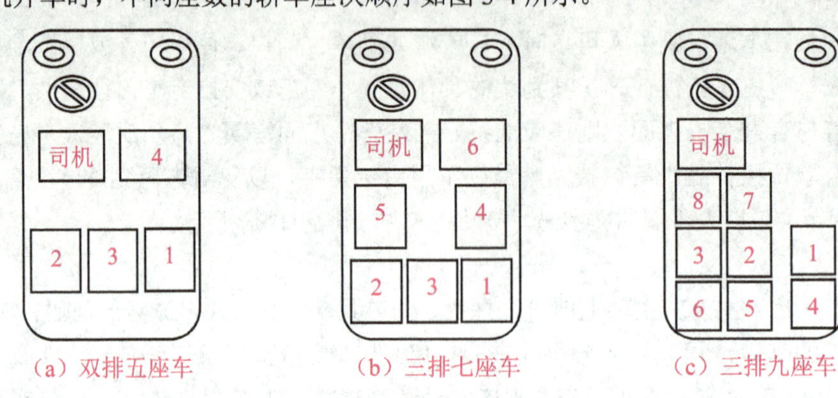

（a）双排五座车　（b）三排七座车　（c）三排九座车

图 3-4　专职司机开车时的座次顺序

② 主人亲自驾驶时的座次礼仪

主人亲自开车时，座次的安排应遵循居中为尊、前座尊于后座、右座尊于左座的原则。一般而言，客人方的负责人应主动就座于副驾驶座，以示对主人的尊重。主人开车时，不同座数的轿车座次顺序如图 3-5 所示。

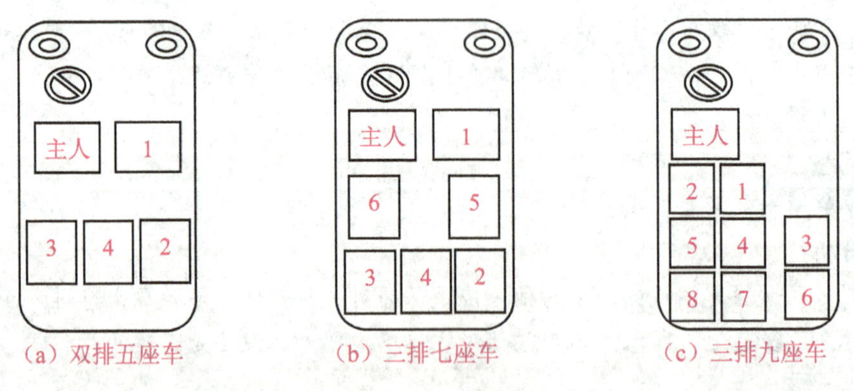

（a）双排五座车　（b）三排七座车　（c）三排九座车

图 3-5　主人开车时的座次顺序

（2）大型轿车的座次礼仪

大型轿车是指具有（除司机座位外）四排及四排以上座位的轿车。乘坐这类轿车时，无论是由专职司机开车还是有由主人亲自开车，座次的安排规则均应遵守前座尊于后座、右座尊于左座的原则，即距离前门越近的座位越尊贵，尊贵程度从前往后、自右向左依次递减（可参见图 3-6 中三排九座车的座次）。

注 意

在安排乘车座次时，首先应尊重客人的意愿和选择，即客人坐在哪里，哪里就是尊位，即使客人不明白座次而坐错了地方，也不可对其指出或纠正，否则会有失礼仪。

2．上下车的次序礼仪

乘坐双排五座车和三排七座车上下车时，主人应先下车、后上车，并恭请客人先上车、后下车，主动为客人打开车门、护住车门上沿；乘坐三排九座车和大型轿车上下车时，通常应由卑者或距离车门较远者先上车、后下车，尊者或距离车门较近者后上车、先下车。

3．乘车举止礼仪

乘车时，主客双方均应坐姿端正、举止文雅、动静适宜，切勿吃喝抽烟、乱扔垃圾、随口吐痰、脱鞋脱袜、蹬踩座位或将手、腿伸出窗外。除此之外，穿短裙的女士还应注意，上下车时最好采用背入式和正出式，即上车时先双腿并拢、背对车门坐下，再将双腿同时移入车内，下车时先正面面对车门、双脚并拢同时伸出车门并着地，再将身体移至车外。

（三）引导礼仪

主人为客人陪行时，应当注意不同情形下的引导礼仪。

1．并行时的礼仪

主人和客人两人并行时，应遵循以右为尊的原则，让客人走在右侧；三人并行时，则应遵循居中为尊的原则，让身份最尊贵者居中，身份次之者居右，再次之者居左。行走时，主人应配合客人的步伐，走在客人左前方约 1.5 m 处为其引路。引路时，应注意运用文雅的手势，并用语言为客人作方向提示或危机提示，如“请您这边走”或“请您注意，拐弯处有个斜坡”等。

2．上下楼梯的礼仪

主人引导客人上楼时应让客人走在前面；下楼时，应让客人走在后面。行走时，应注意保护客人的安全。

3．乘坐电梯的礼仪

进入有人管理的电梯，应主动后进后出，如图 3-6 所示；进入无人管理的电梯时，主人应当先进去，后出来，以便为客人控制电梯，具体做法为：主人先进入电梯，用手按住“开门”按钮，并挡住电梯侧门，礼貌地请客人进入，客人安全进入后方可关门；出电梯时，主人应用手按住“开门”按钮，并礼貌地请客人先出，如图 3-7 所示，待客人全部走出电梯后，再迅速走出电梯为客人指引方向。

图 3-6　电梯后进后出

图 3-7　电梯先进后出

4. 出入房门的礼仪

引领客人进入室内时，主人应主动为其开门或关门，并做到“门朝内开己先入，门朝外开客先入”。客人进门时，主人应扣住门板并做一个“请”的姿势，待客人进入室内后，再轻轻关上门，如图 3-8 所示。

图 3-8　出入房间礼仪

三、礼待宾客

客人入室之后，主人应为其妥善存放外套、帽子或随身携带的物品，然后引领客人入座，并为其奉茶、敬烟或端上点心。主人在安排待客座次、奉茶、敬烟时应注意以下礼仪：

（一）待客座次礼仪

主人在安排待客座次时，应将客人安排在尊位上。尊位的确定方法通常包括以下几种：

1．面门为尊

主人与客人相对而坐，且其中一方的座位面向正门时，则面对正门的座位为尊位，此座应礼让给客人；背对正门的座位为卑位，此座适合主人，如图 3-9 所示。

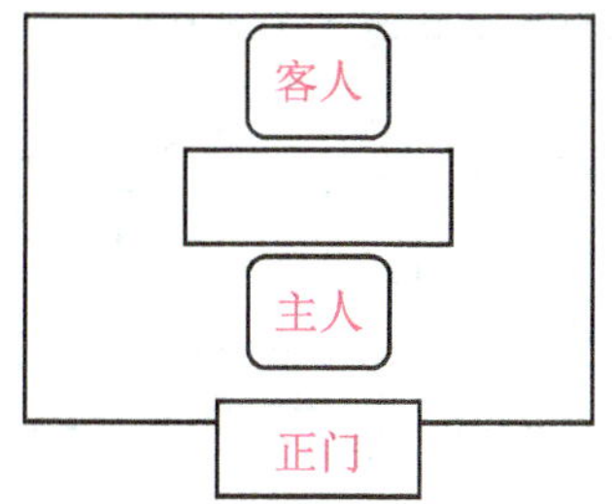

图 3-9　面门为尊的座次安排

2．以右为尊

主人与客人面向正门并列而坐时，以面对正门方向的视角为准，右位尊、左位卑，如图 3-10（a）所示；主人与客人侧对正门相对而坐时，以进门方向的视角为准，右位尊、左位卑，如图 3-10（b）所示。

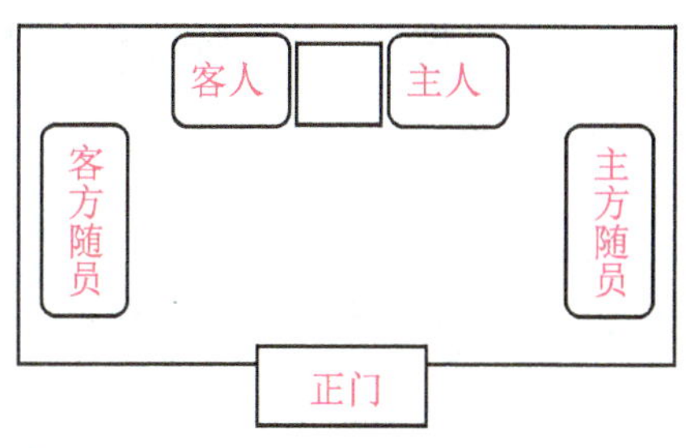

（a）双方并列而坐的座次安排

（b）双方相对而坐的座次安排

图 3-10　以右为尊的座次安排

3．以远为尊

主宾双方并排坐于正门一侧时，离门较远的座位为尊位,较近的座位为卑位，如图 3-11 所示。

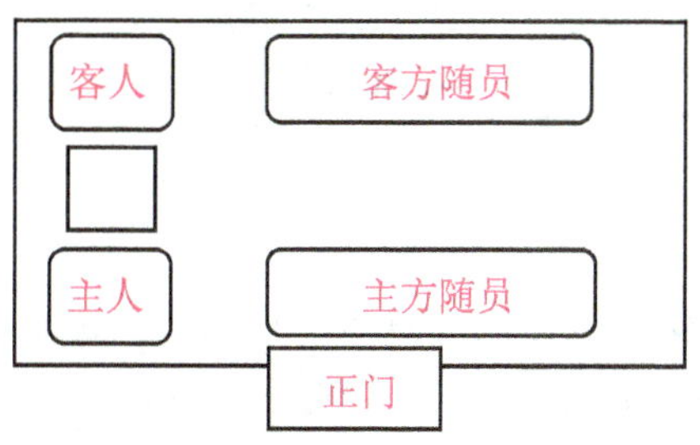

图 3-11　以远为尊的座次安排

4. 居中为尊

当客方人数较少而主方人数较多时，则可以面门的中间为尊位，两侧或四周为卑位，呈现“众星捧月”的格局，如图 3-12 所示。

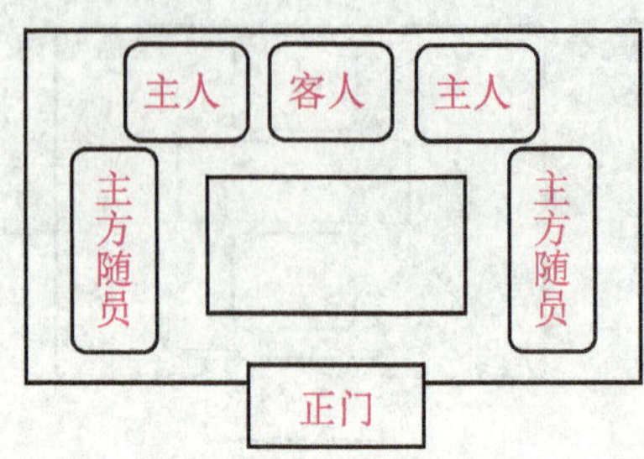

图 3-12 居中为尊的座次安排

5. 佳座为尊

佳座为尊即质量或舒适度较好的座位为尊位。例如，长沙发尊于单沙发，沙发尊于椅子，椅子尊于凳子，高座椅尊于矮座椅等。

6. 自由为尊

自由为尊即客人自行选择的座位为尊位，此时，主人只需坐于客人的一侧或周围，切勿纠正对方或让对方换座。

（二）奉茶礼仪

在客人入座后、开始交谈前，主人应为客人奉茶。奉茶时应注意以下礼仪：

1. 奉茶人员

奉茶人员的身份高低体现主人对客人的重视程度。在家中待客时，一般可由家中的晚辈或服务人员奉茶；接待重要客人时，则应由女主人亲自奉茶。在单位待客时，一般应有秘书、接待人员、专职人员奉茶；接待重要客人时，则应由在场的职位最高者亲自奉茶。

2. 奉茶次序

当客人较多时，奉茶应按照以下顺序进行：① 先客人、后主人；② 先主宾、后次宾；③ 先长辈、后晚辈；④ 先女士、后男士；⑤ 先职位高者、后职位低者。

若客人之间的尊卑差别不大，则可按以下顺序奉茶：① 以奉茶者为起点，由近及远地依次奉茶；② 以客厅之门为起点，按顺时针方向依次奉茶；③ 按客人到来的先后顺序奉茶。

3. 奉茶方法

奉茶时，应当注意茶勿斟满、左下右上、右侧递上和适时续茶的要领：

- 茶勿斟满：即茶不可斟得太满，一般以七分满或八分满为宜，否则会有厌客或逐客之嫌。
- 左下右上：即奉茶时应以左手托住茶盘、右手扶住茶杯，恭敬地递给客人。双手奉茶时，切勿将手指搭在杯口上或浸入茶水。

- 右侧递上：即奉茶时应从客人的右侧奉上，并放在客人的右前方，同时轻声告知客人“这是您的茶，请慢用”等。
- 适时续茶：即当客人杯中的茶水有所减少时，应及时为其续茶，切忌让其杯中茶叶见底。续茶时，仍以不妨碍客人为佳。

4. 注意事项

- 待客的茶具不可有缺口或裂痕，更不可不洁净。
- 待客的茶叶不可为旧茶，茶叶的品种应征询客人的意见。
- 奉茶时的茶水温度不宜太高，以免烫伤客人。
- 为多位客人奉茶时，应以大茶盘端出茶水，各杯茶的颜色应当均匀，切勿深浅不一。
- 招待老年人或海外华侨时，不要再三为其斟茶，否则会有逐客之嫌。
- 茶壶中的茶叶浸泡 3～4 次后，应更换新茶。
- 客人散去之后才可以收茶。

注　意

我国传统的待客礼仪中有“上茶不过三杯”一说：第一杯为敬客茶；第二杯为续水茶；第三杯为送客茶。若一再劝人用茶，却无话与人交谈，则往往意味着提醒来宾“应该打道回府了”。

（三）敬烟礼仪

对于有吸烟喜好的客人，主人应礼节性地向其敬烟。敬烟时，应用双手奉上，但不可用手指直接抓吸嘴。敬烟后还应为客人点烟，若用打火机点烟，则每点两支烟应熄灭一次；若用火柴点烟，则一根火柴最多只可为两人点烟。为多人点烟时，应注意按照先尊后卑的顺序进行。

四、礼貌送客

送客是接待工作的最后一个环节，主人应当慎重对待，否则可能会使整个接待工作前功尽弃。送客时，通常应做到以下两个方面：

（一）热情挽留

当客人提出告辞时，主人一定要热情挽留。在热情挽留之后，若客人执意要走，则应等客人起身后，再起身相送。切忌在客人刚提出告辞时就积极地起身送客，或者以某种动作、表情暗示送客之意。

（二）礼貌相送

客人辞行时，主人应与之握别，对其来访表示感谢，请其多多包涵接待工作的不妥之处，道惜别之语（如“慢走”“常联系”“欢迎再来”等）并礼貌相送。对于本地的客人，一般应将其送到门口、电梯口、楼下或其乘坐车辆的驶离之处，目送客人离去，待对方完全离开视线后，才能返回；对于远道而来的客人，则应将其送至车站、码头或机场等处，待对方离开后，才能返回。

任务六　掌握馈赠与受赠礼仪

礼品馈赠是社交活动中的“润滑剂”，可以用来表达对他人的尊重、敬意、祝贺、感谢、慰问等情感，能起到联络感情和促进交际的作用。向他人馈赠礼品或受赠他人的礼品都应当遵守一定的惯例或规范。

一、馈赠礼仪

馈赠礼仪主要包括礼品的选择与馈赠两方面规范。

（一）礼品的选择

赠送者在选择礼品时，通常应注意以下三个方面：

1. 价值适宜

礼品是情谊的载体，既具有物质的价值含量，又具有精神的价值含量。赠送者在挑选礼品时应入乡随俗地择定物质价值适宜的礼品，注意体现“礼轻情意重”的思想。一般而言，所选礼品的物质价值不可过低，也不可过高。若过低，则无法较好地表现情谊或发挥馈赠的社交作用；若过高，则会使受赠者有受贿之感。

2. 注重效用

礼品本身具有实用价值，经济状况或文化程度不同的人，对于礼品实用性的偏好有所不同，因而赠送者应注意选择礼品的实际效用。一般而言，经济状况较好或文化程度较高的人多偏好欣赏价值较高或纪念意义较强的礼品，如雕塑艺术品、装饰性挂件等；经济状况较差或文化程度较低的人多偏好实用的礼品，如食品、水果、衣服等。

知识链接

不同受赠对象的礼品选择

在日常生活中，针对不同的受赠对象通常应选择不同礼品：

结婚礼品：可选择床上用品、餐饮用具或字画等工艺品，也可用金钱代替礼品。

生子礼品：可选择婴儿用品（如衣服、鞋帽、玩具、生肖纪念等），也可选择产妇滋补营养品。

生日礼品：对父母长辈可送寿联、寿糕或营养品等；对配偶可送鲜花、饰物或衣物等；对朋友可送贺卡、影集、工艺品或对方喜爱的小物件等。

节日礼品：春节可送红包；端午节可送粽子；中秋节可送月饼；情人节可送玫瑰花等。

远行礼品：可选择书籍、衣物、生活用品等。

迁居礼品：可选择对联、字画、工艺品、家庭装饰品等。

病丧礼品：探病可选择适宜病人食用的食品（如滋补品、水果等）和鲜花（应根据病情选购）；吊丧可选择花圈、挽联、帛金（即金钱）、香烛纸钱、白色或黄色的花等。

3．投好避讳

由于民族、宗教信仰、生活经历、生活习惯、性格或爱好等的不同，不同的人对同一礼品可能表现出不同的态度，或喜爱、或厌恶、或忌讳等。因而，赠送者选择礼品时一定要投其所好、避其禁忌，以免引起受赠者的不快或误解。

例如，中国有句老话："好事成双"，无论结婚、祝寿、送礼都要成双成对、送双不送单。但中国人则忌讳"4"这个偶数，因为"4"的发音和"死"的发音非常相似，是不吉利的。再如，白色虽有纯洁无瑕之意，但中国人比较忌讳，因为在中国，白色常是悲哀之色和贫穷之色；同样，黑色也被视为不吉利，是凶灾之色；而红色，则是喜庆、祥和、欢庆的象征，受到人们的普遍喜爱。

此外，中国人还常常讲究给老人不能送"钟"，给夫妻或情人不能送"梨"，因为"送钟"与"送终"、"梨"与"离"谐音，是不吉利的。这类禁忌，还有许多需要我们去遵循，这里就不一一列举了。

（二）礼品的馈赠

1．选择时机

赠送礼品应选择合适的时机，一般来说以下几种情况便是馈赠的最好时机：

（1）欢庆节日。我国春节、中秋、端午、国庆、元旦等，西方的圣诞节、情人节等，都是送礼的最好时机。

（2）喜庆嫁娶。乔迁新居、过生日做大寿、生小孩、嫁女娶亲等亲友喜庆日子，应考虑备礼相赠，以示庆贺。

（3）探望病人。去医院或别人家中探望病人应带些恰当的礼物。

（4）酬谢他人。当受到他人关心、照顾、帮助之后，可在恰当时机，以礼相赠，以示谢意。

（5）亲友远行。为了祝愿亲友一路顺风，安心离开家人远出外地求学、工作，送上一份礼品以表示心意，表示纪念。

（6）拜访、做客。当拜访或做客时，也要带上一份礼物登门，一方面对接受对方款待表示感谢，另一方面向对方表示自己的问候。

（7）还礼。接受对方的礼物，就等于欠对方的一个人情，可以在对方送礼离开时还附一份自己的礼物，或事后在类似的场合向对方送上一份礼品。

2. 注重场合

赠送礼品应在合适的场合进行。通常情况下，赠送具有象征意义的特殊礼品（如锦旗、牌匾等）适合在大庭广众之下进行，而其他礼品则不适合当众赠送。通常，当众只给一群人中的某一个人赠礼，会使受赠者有受贿之感，并使没有受赠者有被冷落或受轻视之感。

3. 注意方式

赠送礼品最好当着受赠者的面进行，以便有意识地向其传达自己选择礼品时独具匠心的考虑，并观察受赠者对礼品的感受或态度。

若由于某些原因而不能亲自送上礼品，则可以邮寄赠送或托人赠送。邮寄赠送时，一般应附上一份礼笺，在礼笺上说明赠送礼品的理由并署名；托人赠送时，可随礼物送去信函或名片，并向受赠者解释不能当面赠送的理由，请其谅解。

4. 精心包装

赠礼时，应选择合适的包装对礼品略加修饰，使礼品在外观上显得更加精致、高雅，令人赏心悦目，并使受赠者对礼品产生一种探究和好奇心理，同时更加重视礼品的内在价值。相反，如果赠礼时不讲究礼品包装，则不仅会使礼品在外观上逊色，而且会使其内在价值大打折扣，无谓地折损礼品所寄托的情意。

包装礼品时应当注意以下几点：① 包装前，应先去掉礼品上的价格标签；② 包装材料的颜色、图案和包装后的形状不可触犯受赠者的风俗禁忌，如给信奉基督教的人赠礼时，要避免在包装上系十字状的丝带。

二、受赠礼仪

在社交场合，接受别人馈赠的礼品也同样要讲究礼仪规范。

（一）接受礼品

受赠的人在接受他人的礼品时，应当注意礼貌受礼。通常情况下应面带微笑，大方地伸出双手接过礼品，并说些客气或感谢的话。如“您太客气了”“让您破费了”或者说声“谢谢”。

接受他人礼品后，是否当场拆封应当视具体情况而定。一般而言，中国人在接受礼品时，不会当着赠礼者的面拆封礼品，而是把礼品放在一边留待以后再看，以表示自己看重的是心意而不是礼品本身。但是西方人则习惯于当场拆封礼品，并对礼品加以赞赏。因此，当赠礼者为中国人时，一般不要当场拆封礼品；而当赠礼者为西方人时，则应当场拆封礼品，并赞美礼品的精致或实用。

（二）拒收礼品

一般情况下，不要拒收他人的礼品。但是，当他人赠送的礼品超过了公司规定的限度，或者自认为他人的礼品欠妥时，受赠的人应礼貌地拒绝。礼貌拒绝他人礼品的方式主要包括以下三种：

1. 婉言相告

即用委婉的语言拒绝。例如，拒绝他人赠送的昂贵手机时，可以对他说“谢谢你的好意，但我不习惯于用这个品牌”等。

2. 直言缘由

即直截了当地向赠礼者说明拒收礼品的理由。例如，拒绝他人赠送的大额现金或贵重礼品时，可以说“我们有规定，接受现金就是受贿”或者“按照规定，我不能接受您送的这件礼品”等。

3. 事后退还

若在事后拆封时才发现礼品过于贵重，则可以尽快（一般在 24 小时内）将礼品退还给赠礼者。退还时，应向其说明退回礼品的理由，并表示感谢。

（三）回赠礼品

中国人讲究礼尚往来，在接受了他人的礼品后，一般应准备礼品回赠。回赠礼品时应当注意以下事项：

1. 选择合适的礼品

回赠的礼品应当避免与对方所送的礼品同种或同样，而应尽量选择价值与对方礼品相当的物品。但回赠的礼品的价值不可明显超过对方礼品的价值，以免给人一种攀比之感。

2. 选择合适的时机

回赠礼品应当寻找一个合适的时机进行。例如，在节日庆典上受赠礼品时，可以在赠礼者离别时立即回赠；在生日婚庆和晋级升迁时受赠礼品，一般应在对方有类似情形的时候再回赠。对于以酬谢为目的的馈赠，受赠者可不回赠。

三、国际交往中的馈赠常识

由于各国文化的差异，社会、宗教的影响，因而不同国家也有一些属于自己的送礼“习惯”。因此，在送礼之前，送礼者应充分了解不同国家的送礼习俗和禁忌，以达到送礼的预期效果。

（一）亚洲国家

1. 日本

送礼在日本习以为常，给日本客人送一件礼物，即使是小小的纪念品，他都会铭记心中。因为礼物不仅表明了你的诚意，也表明了你非常重视与他交往，重视他的面子。

在给日本人送礼时，需要注意以下几点：

① 不要给日本人送带有狐狸和獾图案的礼物，因为他们对狐狸和獾非常反感，认为狐狸是贪婪的象征，獾则代表着狡诈。

② 不要给日本人赠送菊花，因为菊花为皇室专用之物。

③ 不要向日本人赠送带有荷花图案的礼品，因为他们认为荷花是“妖花”。

④ 不要向日本人赠送带有“4”或“9”的礼品，因为“4”在日文里的发音与“死”相似，而“9”的发音则与“苦”相近。

⑤ 送日本人婚礼礼金时要避免偶数，因为他们认为偶数是 2 的倍数，容易导致夫妇分离。

此外，选择礼物时，要选购“名牌”礼物，日本人认为礼品的包装同礼品本身一样重要，因此要让懂行的人把礼物包装好。

2. 韩国

向韩国人馈赠礼品时，宜选择鲜花、酒类或工艺品。但是，最好不要送日本产品。在接受礼品时，韩国人大都不习惯于当场打开包装。

3. 阿拉伯国家

阿拉伯国家由于其本身复杂的宗教问题及民族传统，因而在送礼方面禁忌颇多，非常值得注意。

① 阿拉伯人在初次见面时不送礼，否则会被视为行贿。

② 有些阿拉伯国家明令禁止喝酒，而伊斯兰教义也不准教徒喝酒，因此给这部分人送礼就不能送酒。

③ 未经阿拉伯女子的丈夫或父亲许可，不得送礼给阿拉伯女子。按照阿拉伯人的习俗，男子不得直接与女子交谈，尤其不能送东西给女子，若一定要送，则必须先获得其丈夫或父亲的许可。

④ 应邀去阿拉伯人家里做客时，不能送食物，因为这样做会让主人觉得对你招待不周而需要你自备食物。

在阿拉伯国家，由于中国手工艺品很难买到，因此，送给阿拉伯人中国手工艺品，他们会爱不释手。比如形象生动的骆驼、马、熊猫的木雕或石雕等都很受欢迎。阿拉伯人喜欢丰富多彩的礼物，喜欢“名牌”货，不喜欢不起眼的古董；喜欢知识性和艺术性的礼品，不喜欢纯实用性的东西。

（二）欧美国家

欧洲国家一般只有在双方关系确立后才互赠礼物。赠送礼物通常是此次交往行将结束时才进行的，同时表达方式要恰如其分。高级巧克力、一瓶好葡萄酒在欧洲都是很好的礼物。

1. 英国

相较其他国家而言，英国人不太注重送礼，即便要送，他们也非常注重送礼的形式，认为形式重于一切。比如他们会先邀请对方去高级餐厅吃个饭或看个表演，然后才送上礼物，而且礼物一般也不太贵重以免被误解为行贿。高级巧克力、名牌葡萄酒或鲜花都是英国人喜爱的礼物，但一般情况下，带有公司标志的物品不适合作为礼物送给英国人。因为，英国人认为商务关系和私交关系不应混为一谈。

2. 法国

给第一次见面的法国人送礼物，会让人觉得你很粗鲁、不懂社交。众所周知，法国人爱花。拜访法国人时送花是必要的，但要注意不能送菊花和康乃馨。因为菊花表示哀悼，只能用于丧礼；康乃馨表示不幸，像去医院探望病人就决不能送康乃馨。

3. 德国

德国人不喜欢接受珠宝等价值不菲的礼物。包装精美、价格适当又显独特风味的礼物最受欢迎。去德国人家里做客，送一束花就可以了，但要注意代表爱情的红玫瑰可不能送，还有花枝的数目要数清。直接送钱给德国人是不礼貌的，会让人觉得你送礼不是很诚恳，连礼物都懒得去亲自挑选。此外，无论送礼的人是谁，以及送礼的原因是什么，德国文化中拒绝接受礼物是不礼貌的，因此，我们接受礼物时应当表现得愉快。

4. 美国

美国人很讲究实用，故一瓶上好葡萄酒或烈性酒、一件高雅的名牌礼物，都是合适的。与其他欧洲国家一样，给美国人送礼应在此次交往结束时进行。

（三）拉丁美洲国家

黑和紫是忌讳的颜色，因为这两种颜色使人联想到四旬斋[①]。刀剑应排除在礼品之外，因为它们暗示着友情的完结。手帕也不能作为礼品，因为它与眼泪是联系在一起的。在拉美国家，征税很高的物品极受欢迎，只要它不是奢侈品。

① 四旬斋，也叫大斋节，封斋期一般是从圣灰星期三（大斋节的第一天）到复活节的四十天，基督徒视之为禁食和为复活节作准备而忏悔的季节。

案例分析

孙先生的衣着与精神面貌都还是不错的。不过，他随后的行为却很不得体。与地位尊贵者握手，一般是需要等尊者主动伸手方可与之握手，而且在社交场合，想要结交这样的人，一般需要找人引荐，或是需要等到合适的机会，而不能贸然主动去攀谈。另外，孙先生在这样的场合不能表现出应有的礼貌，而是功利性极强地冲着有地位、有利用价值的人而去，显然这样缺少真诚与修养的方式，只能令他的社交失败。

项目总结

本项目主要介绍了日常交往中几种常见的礼仪规范，具体包括称呼礼仪、介绍礼仪、名片礼仪、握手礼仪、交谈礼仪、电话礼仪、拜访礼仪、接待礼仪、馈赠和受赠礼仪。

掌握称呼礼仪是人与人之间实现顺利交往的第一步，得体的称呼可使对方感到亲切，使交往能够顺利进行。握手礼仪是日常交往中最常使用的一种见面礼。握手礼仪重在掌握握手的次序、方式和时机。

名片礼仪重在掌握递送和接受名片的姿势、态度，要表现出对对方的尊重和赞赏。介绍他人和自我介绍时，要把握好态势语言，要用适合场合的面部表情与对方沟通。与他人交谈时，要能够因人而异地选择不同的话题，并力求做到表情自然、举止得体。

电话礼仪重在掌握拨打和接听电话的技巧。在接听电话时，能够根据对方的情况灵活地做出不同的处理决定。拜访他人或接待他人要懂得并遵守拜访和接待的礼仪规范，以促进彼此之间的友好交往。馈赠要准确地把握馈赠的时机和方式，选择合适的礼品，此外还需注意馈赠时的禁忌。

课后习题

一、填空题

1. 年长者和年幼者相互介绍时，__________应先作自我介绍。
2. 自我介绍的时间一般应控制在__________分钟以内。
3. 工作名片通常应包括__________、__________和__________这三项基本内容。
4. 拜访他人时，提前预约的内容主要包括__________、__________和__________。

5. 馈赠礼品的目的主要包括__________、__________和__________。

二、不定项选择题

1. “王经理”属于一种（　　）。

A. 职务性称谓　　B. 职称性称谓

C. 行业性称谓　　D. 姓名性称谓

2. 下列选项中，符合称谓礼仪的是（　　）。

A. 李杨在商务会议上称其女友为“亲爱的”

B. 小张看到客户王明和一名女性步入会场，便不假思索地称这名女性为“王夫人”

C. 小曾称医师张勇为“张医生”

D. 小陈为了拉紧与客户张鹏的关系，便称张鹏为“哥们儿”

3. 交往对象（　　）时是自我介绍的好时机。

A. 休息　　B. 手头工作不忙　　C. 用餐　　D. 心情不好

4. 为他人介绍的正确顺序是（　　）。

A. 先将职位高者介绍给职位低者

B. 先将女士介绍给男士

C. 若被介绍的其中一方人数众多，则一般应按照职位高低的顺序依次介绍贵宾

D. 若被介绍的其中一方人数众多，则可“跳跃式”地介绍没有明显的职位高低之分的人

5. 小王将印有自己变动信息的新名片递交给交往对象，以表明自己想与对方继续联系。这种情况下，名片起到了（　　）的作用。

A. 联络簿　　B. 通报变更单　　C. 便函　　D. 留言单

6. 名片不可放在（　　）内。

A. 裤袋　　B. 名片夹　　C. 上衣口袋　　D. 公文包

7. 下列符合名片礼仪的行为是（　　）。

A. 放下手中的一切事务，起身相迎，面带微笑，点头致意，用双手的拇指和食指接住名片下端的两角

B. 接过名片后，立即将名片放入口袋中，之后再拿出来观看

C. 把接过的名片拿在手中把玩

D. 未经名片主人的许可，当面将其名片给他人传看

8. 下列符合迎客礼仪的行为是（　　）。

A. 客人到站后，主人主动帮忙提携客人的公文包

B. 专职司机开车迎接客人时，主人方的秘书将前排副驾驶座安排给了客人

C. 主人亲自开车迎接客人时，客人将前排副驾驶座留空，坐到后面那排座位上

D. 下楼时，主人走在前面，让客人走在后面

9. 关于尊位的确定，下列选项正确的是（　　）。

A. 主宾双方相对而坐，且其中一方的座位面向正门时，则面对正门的座位为尊位

B. 主宾双方相对而坐，且双方都不面向正门时，则以进门方向的视角为准，左侧为尊位

C. 主宾双方并排坐于正门的一侧时，离门较近的座位为尊位

D. 室内布置了单沙发与长沙发相搭配的座位时，单沙发为尊位

10. 下列不符合奉茶礼仪的是（　　）。

A. 茶水斟得满至杯沿

B. 奉茶时，应以左手托住茶盘底部，右手扶住茶杯，将茶端给客人

C. 茶具有缺口或裂痕

D. 为多位客人奉茶时，各杯茶水的颜色深浅不一

11. 下列不符合送客礼仪的是（　　）。

A. 在客人提出告辞但还未起身时，便起身准备送客

B. 送客时，客人首先伸出手来与主人相握，才能伸手相握

C. 在客人说“请留步”时，就转身返回

D. 送客返身回屋时，轻轻地关上大门

12. 下列不符合拜访礼仪的是（　　）。

A. 拜访对象的门开着时，便可不用敲门而直接进入

B. 进门问候过主人后，便可自己找座位坐下

C. 主人的书籍、报刊或信件可以随便翻看

D. 通常，在主人有其他客人来访时，就应主动提出告辞

13. 关于礼品馈赠礼仪，下列说法不正确的是（　　）。

A. 向他人赠送牌匾应当在大庭广众下进行

B. 赠送礼品一定要当着受赠者的面进行，而不可邮寄或托人赠送

C. 包装礼品时，无须去掉礼品上的价格标签

D. 送礼时，无须说明送礼的理由

14. 下列不符合礼品受赠礼仪的是（　　）。

A. 接受西方人的礼品时，不可当场拆封礼品

B. 回赠的礼品应当与对方所送的礼品同种或同样

C. 他人赠送的礼品过于贵重时，应当拒收礼品并对赠礼者加以斥责

D. 在事后拆封时才发现礼品过于贵重，则可尽快将礼品退还给赠礼者

实训题

实训一：称呼、介绍和握手礼仪训练

1. 实训目标

通过实训使学生能够合乎规范地运用见面时的称呼礼仪、介绍礼仪和握手礼仪。

2. 实训背景

大明公司的销售经理刘先生准备到万达公司商谈合作事项。万达公司的总经理王先生和秘书小李负责此次接待。王经理和刘先生未曾谋面，小李陪同王经理出门迎接，在公司门口，经小李介绍后，王经理和客户刘先生握手并问候。请同学们分角色模拟他们见面时的场景。

3. 实训步骤

（1）将全班同学分成若干小组，每三人一组，分别扮演刘先生、王先生和秘书小李。

（2）模拟三人见面时情景，注意介绍顺序与握手的注意事项。

（3）一组模拟时，其他组观摩并指出问题。

（4）老师进行点评。

4. 实训检测

学生、老师可以根据表 3-1 的内容对实训成果进行评分。

表 3-1 实训成果检测表

考核内容		分值	自评分	老师评分	实得分
称呼	得体地称呼交际对象	20			
介绍	礼貌地为他人做介绍	10			
	仪态端正，手势正确	10			
	介绍的次序准确	10			
握手	握手动作准确、自然大方	15			
	注重礼仪规范	15			
综合表现	以上三种礼仪的综合运用	20			

实训二：接待礼仪训练

1. 实训目标

通过实训使学生了解引导客人行进、搭乘电梯、出入房间、奉茶、告别的礼仪及相关注意事项，能够在日常生活中较熟练、得体地接待客人。

2. 实训背景

小王是万达公司的总经理秘书，受总经理指派负责接待来公司洽谈业务的两位客户（一位女士和一位男士）。请同学们分角色模拟以下情景：① 引导客人行进、陪乘电梯、出入会议室；② 给客户奉茶、与客户告别。

3. 实训提示

（1）引导客人行进的时候，注意引导者的位置。

（2）电梯门打开后，注意进入电梯的顺序。

（3）出入房间时，注意出入房间的顺序。

（4）奉上茶点时，注意奉茶的次序。

4. 实训检测

学生、老师可以根据表 3-2 的内容对实训成果进行评分。

表 3-2　实训成果检测表

考核内容		分值	自评分	老师评分	实得分
引导	引路的位置	10			
	引导手势、语言提示	10			
乘电梯	进出电梯的顺序正确	20			
奉茶	仪态端正、动作正确	20			
座次	座次安排妥当	10			
送客	热情挽留、礼貌相送	10			
综合评价	表演过程紧凑，言行举止大方得体	20			

项目四

公共礼仪

学习目标

- 掌握行路礼仪
- 熟悉乘坐公共交通工具的礼仪和驾车礼仪
- 掌握在不同的公共场所应该遵守的礼仪规范

引　子

公共礼仪是社交礼仪的重要组成部分，也是人们在交际应酬中应具备的基本素养。掌握公共礼仪的基本内容，能够使我们在公共场合与他人和谐相处，减少不愉快的事发生。本项目主要介绍了公共礼仪中的出行礼仪和公共场所礼仪。

案例导入——“霸座”行为不可取

2021年4月3日，楚先生夫妇乘坐K8094次列车出行，上车后根据购票信息找寻座位时，发现自己的座位已被别人占据。见状，楚先生便表示希望与座位上的彭某核对车票。被要求查看车票的彭某一口回绝，并拒绝让座。争论一番后，楚先生无奈向列车工作人员和乘警寻求帮助。值乘此趟列车的乘警和列车长赶来劝阻彭某的“霸座”行为。

“我就坐在这里，我就不动，你去把我弄到派出所里去。”面对车厢众多旅客的围观，彭某拒不听从、态度蛮横，一度造成车厢秩序混乱。4月3日17时40分，列车抵达武昌站，彭某被武昌车站派出所依法口头传唤进行调查处置。

据彭某交代，当时“霸座”就是与楚先生赌气，因楚先生一见面就索要车票而心生不快，于是故意不出让座位。

问题：

你如何看待“霸座”行为？乘坐火车时，我们应遵守哪些礼仪规范？

任务一 出行礼仪

一、行路礼仪

行走是我们日常生活中必不可少的行为，在行走时只有懂得和遵守相应的礼仪规则，才能体现出个人的礼貌与修养。下面主要介绍在道路行进、上下楼梯和搭乘电梯时应遵守的礼仪规范。

（一）道路行进

在道路上行走时应注意以下几个方面：

（1）步行要走人行道，不要与自行车或机动车抢道。不跨越马路护栏。横穿马路时，要走人行斑马线，一定要等绿灯亮了，再看两边没车时才能通过。

（2）右侧通行，不可逆行。逆行会扰乱交通秩序，是造成交通事故的隐患。

（3）四人或多人行走时，不应并排同行，最好前后两两并行，且行走时不能互相打闹，以免影响他人通行。

（4）路遇熟人和朋友要主动招呼，但不必高声大喊，以免惊扰他人，若要与朋友停下交谈，应站在不阻碍行人的地方。

（5）不要边走路边吃东西。这既不卫生，又不雅观，如确实是肚子饿或口渴了，可以停下来，在路边找个适当的地方，吃完后再赶路。走路时要注意爱护环境卫生，不要随地吐痰、随手抛弃脏物。

（6）应体现“女士优先”的原则。男士应礼让女士进出大门和走廊。上下车时，男士要主动为女士打开车门。

（二）上下楼梯

上下楼梯时，应当注意以下礼仪规范：靠右行走，左侧留给有急事的人快速通过；单排行走，不要多人并排行走，以免妨碍后面的人通行；为人带路上下楼梯时，带路者应走在前面，被引导者走在后面；上下楼梯时不应停在楼梯口进行交谈，给别人行走带来不便；要注意与身前、身后的人保持一定距离，以防碰撞。不管自己有多么紧急的事情，都不应推挤他人；与尊者、异性一起下楼时，若楼道过陡，应主动行走于前，以防身后之人有所闪失。

（三）搭乘电梯

搭乘电梯时，需要注意以下几个方面：

（1）要注意安全。当电梯关门时，不要扒门或是强行挤入。在电梯人数超载时，不要心存侥幸，非挤进去不可。当电梯在升降途中因故暂停时，要耐心等候，不要冒险行动。

（2）要出入有序。与不相识者同乘电梯，进入时要讲究先来后到，出来时则应由外而里依次而出，不可争先恐后。

（3）进出电梯应快进快出。电梯门开启时间一般只有十几秒，快进快出是安全原则，以免被电梯门夹到或产生严重后果。据统计，相当大部分的电梯事故是因电梯门故障造成的。

（4）遇有残疾人同时搭乘电梯，应给予帮助，让他们先进。上电梯后，为你后面的人按住开门按钮，防止电梯门关闭。如果有人帮你按住电梯按钮，要说声：“谢谢”。

（5）在电梯里尽量不要攀谈，因为这也是公共场所，可能因此会打扰别人。如果碰到熟人，打个招呼就可以了。若有人和你聊天，应使用适中的音量。

（6）在商场、机场或娱乐场所乘自动扶梯时，要自觉站在右侧，给有急事的人留出一条通道。

二、乘坐公共交通工具的礼仪

（一）乘坐公交车的礼仪

乘坐公交车应遵循以下礼仪：

1. 遵守乘车次序

候车时要按顺序在站台上排队；车辆进站，要待车停稳后依次上车；如有老人、残疾人、孕妇、儿童，要礼让他们先上，并视实际需要，适当进行搀扶；如果车辆处于满员或拥挤状态而不能上车，应耐心等待下一辆车，绝不能吊挂在车门上，那样既耽误行车时间，又会危及自身安全。

2. 主动购票

上车后，应自觉买票和出示公交卡。上车买票应事先准备好零钱，上车时自觉投币，不能少投或不投。别人为我们传递钱、票时，要道声“谢谢”。

3. 互谅互让

上车后，不要与人争抢座位。途中如有老人、病人、残疾人、孕妇、怀抱婴儿的人上车，要主动招呼让座。若别人为自己让座，应立即道谢。没有坐到座位，应尽可能往车厢里面站，并拉好扶手站稳。若车内不拥挤，应与其他乘客保持适当的空间距离，不要靠得太近。如车内确实拥挤，乘客间稍有碰撞、踩踏，要相互体谅。不慎碰撞、踩踏了别人，应马上道歉；别人向自己道歉，应大度地表示“没关系”，予以谅解。

4. 保持车内卫生，注意乘车安全

乘客在车上不能随地吐痰和乱扔杂物，不要将头、手等探出窗外。携带尖、硬、易破碎的物品上车，除应妥善包裹，还应适当安放，以免伤害他人身体。下雨天上车后，雨伞的尖顶部分应朝下，以免戳伤别人。

5. 有序下车

下车要提前准备，在车辆到站之前应向车门靠近。如需他人让路，应有礼貌地打招呼，如，“对不起，请让一让”“谢谢您，请换个位置，我下车”等，不要一声不响地向外挤。车到站后，应依次下车并照顾礼让老、弱、病、残、孕。

（二）乘坐出租车的礼仪

1. 礼貌乘坐

乘坐出租车时，应礼貌招手，等出租车停稳后再从右门上车，上车后应把门关好，并主动告知目的地。在车上一般应避免跟司机师傅交谈，亦不可在车内吸烟。下车时，应主动付给车费，并向司机师傅道谢。

2. 同乘礼仪

当与长辈、尊者、女士同行时，要主动为其开车门，等对方入座后自己再从车后绕到另一侧上车或于前排就座。出租车到达目的地后，要主动付费，和女士同行的男士更应如此。

（三）乘坐火车的礼仪

乘坐火车，应讲究以下礼仪：

1. 礼貌候车

在候车厅等候时，要爱护候车室的公共设施，不要大声喧哗，携带的物品要放在座位下方或前部，不抢占座位或多占座位，不要躺在座位上使别人无法休息。保持候车室内的卫生，不要随地吐痰，不要乱扔果皮纸屑。

2. 对号入座

旅客进入车厢后，如果买的是座票，对号入座即可。如果有人提前坐在你的位置上了，也不要盛气凌人地把人赶开，可以礼貌地告诉他："对不起，我买的是××号，请让一下。"如果你买的是无座票，上车寻位时更应注意礼貌，比如："请问，这个座位没人吧？"或者"我可以坐这吗？"

3. 举止得当

（1）放行李

旅客上车后，应迅速把携带的物品放到行李架上，不应放在过道上或小桌上。当移动别人行礼时应征得同意。自己的行李要摆放整齐，尽量不压在别人的行礼上，如果不得不压也应征得别人的同意。往行李架上放行李时，不要穿鞋直接踩踏座位。

（2）交谈

坐定后，待时机成熟后再与邻座交谈。在交谈时，不要打听对方隐私，不要冒失地索要对方地址、电话，也不要旁若无人地嬉笑打闹。与他人交谈时，要注意分寸，不要自以为是、夸夸其谈。当他人兴致不高或准备休息时，应马上结束谈话。

（3）用餐

去餐车用餐时，如果人数过多，应耐心排队等候。在用餐时，应节省时间，不要大吃大喝，猜拳行令。用餐完毕应立刻离开，不要赖着不走，借以休息、聊天。

（4）休息

在座位上休息时，不要东倒西歪，不要卧倒在座位上；不要靠在他人身上，或把鞋脱掉，脚放到对面的座位上。

在卧铺车厢里，旅客需要脱掉鞋子休息，如果双脚不干净，空气中就会弥漫着脚臭味，影响其他乘客休息。因此，旅客应提前为乘坐火车时脱鞋做好准备，如换上干净的袜子和鞋子。

4. 讲究卫生

乘客应避免在车厢内吸烟，如果要吸烟可到两车厢接口处去吸。在公用茶几上，不要过多堆放自己的食物。吃剩的东西应放在垃圾袋里，不要扔到过道上或投出窗外。

5. 有序下车

下车时，乘客要有序下车，不要争先恐后。遇到别人拿不动行李时，应援之以手。他人帮助了自己，要多加感谢。

（四）乘坐轮船的礼仪

在乘船时，乘客应自觉遵守乘船礼仪并注意以下细节：

1. 安全有序登船

乘船时不得随意携带易爆品、易燃品、易腐蚀物品、枪支弹药、腐烂性物品、家畜动物以及其他一些违禁品。登船时应积极配合有关人员对人体和行李进行安全检查。

上下船时，应按先后次序排队，不要拥挤、插队。与长者、女士、孩子一起时，应请他们走在前面，或者以手相扶，必要时应给予照顾和帮助。在上下船时应注意安全，走跳板或小船时，不要乱蹦乱跳，要小心翼翼。

乘船时应对号入座；若自己买的是不对号的散席船票，就要听从船员的指挥、安排，不要任意挪动或选择地方。

2. 安全进行室外活动

在轮船上进行室外活动时，处处以安全为重，切勿心存侥幸心理，去不安全的地方，如轮机舱、救生艇及桅杆之上。如果海上风浪比较大，船会晃动得比较厉害，为了安全起见，尽量不要一个人在甲板上徘徊。不要擅自下水游泳。

3. 讲究卫生

应自觉遵守公共卫生，不要随地吐痰，不要乱扔废物。与他人同住一个客舱时，不要吸烟。若自己周围的人晕船、生病，应给予力所能及的帮助，而不应对其另眼看待或有意躲开。

4. 紧急事件

乘船旅途中，如果发生了难以预料的天灾人祸，要听从指挥，尽心尽力地先救助他人，不要惊慌失措、不择路或是夺路而逃、跳水逃走。

（五）乘坐飞机的礼仪

在乘坐飞机时，乘客必须要认真遵守乘机礼仪。具体来讲，应注意以下几个方面：

1. 提前候机

一般来说，乘坐国内航班应提前 90 分钟到达机场，乘坐国际航班应提前 120 分钟到达，以便办理登机手续。在办理手续时，要耐心等待，听从工作人员的指导。

2. 礼貌登机

登机前要自觉排队检票。进入机舱时，当空中小姐站在机舱的门口迎送，并热情问候乘客时，乘客应向她们点头致意或问好。登机后应对号入座。

3. 遵守规则

乘客应严格遵守飞机上的一切规章制度，听从乘务员的建议。登机坐下来后就应把安全带系好，等待起飞。如厕，要尽量在飞机起飞、降落之前完毕。每个座椅后背部有一个供后面乘客使用的小桌，除用餐时外，不宜长时间放下。需要放低座椅靠背休息时，应礼貌询问后面的乘客是否方便。在机舱内说话声音不可过高，尤其是其他乘客闭目养神或阅读书报时，不要喧哗。

此外，对乘务员要礼貌，空姐送来食物、礼品时，应按自己的需要取用，不要以为是不付费的东西，就多食多饮，这样显得很没礼貌。

4. 讲究卫生

不要在机上吸烟或者乱吐东西。呕吐时，务必要使用专用的清洁袋。使用盥洗室，要维护卫生，不要把里面弄得一塌糊涂，不顾及其他人的需要。

三、驾车礼仪

在现代生活中，汽车越来越成为我们生活中密不可分的一部分。在驾车时，每个驾驶者都应该重视和遵守驾驶礼仪，做到文明驾车。驾驶者在驾车时需要注意以下几个方面：

（一）正确使用喇叭

汽车喇叭是司机驾驶时使用较频繁的设备，不同的喇叭打法代表不同的意思：

（1）一声短“嘀”表示打招呼，有“谢谢！”“你好！”“我先走了！”的意思，用于别人在路口礼让你、在停车场里看到熟人、门口的保安给你敬礼等场合。

（2）两声短“嘀嘀”，表示提醒他人“注意，有车来了”。

（3）一短一长“嘀、嘀——”表示紧急提醒别人，“看着点！靠边！危险！”

（4）一声长“嘀——”表示催促别人让路或大呼“挡着路了，危险！”

司机在驾车时应该正确地使用汽车喇叭，不要不分场合、习惯和频繁地使用汽车喇叭而使人们反感；也不要在应该使用汽车喇叭时却不用，结果引发交通事故。

（二）合理使用灯光

汽车上有夜行照明灯、夜行示宽灯、转向灯、刹车灯、紧急信号灯、雾灯等，各种灯光具有不同的用途，使用很讲究，它的使用直接关系到行车的安全。

- **夜行照明灯**：又称“大灯”。大灯有远光灯、近光灯两种形式。在市区有路灯的道路上应用近光灯，在无路灯道路或高速公路行驶时开远光灯。会车时，应关闭远光灯换成近光灯。
- **夜行示宽灯**：又称“小灯”。此灯是用来在夜幕降临时、视线不明时显示车身宽度和长度的，以保证晚上行驶的安全。

- 转向灯：此灯是最常用的信号灯，当车辆需要转向时开启。要注意的是，开启转向灯的时间应在距转弯路口 30 米至 100 米左右时，而不是已经到路口了才打开，让尾随车辆措手不及造成追尾。
- 刹车灯：此灯亮度较强，用来告知后车，前车要减速或停车。此灯如使用不当极易造成追尾事故。
- 紧急信号灯（双闪）：该灯在车辆发生故障需要临时停车等紧急情况下使用，在能见度较低的恶劣天气也应打开双闪。紧急信号灯与行车安全息息相关，要时常检查一下是否正常。
- 雾灯：它可以帮助驾驶员在雾天或者雨天能见度受天气影响较大的情况下，让其他车辆看见本车，以防止车辆碰撞事故的发生。所以，雾天驾车时司机一定要开雾灯，不能用小灯取而代之。非雾天气如果打开后雾灯，对后车司机来说会非常刺眼。

（三）遵守红绿指示灯

马路上的红绿指示灯是绝对要遵守的。如果遇到红灯，即使没有一个行人在过马路，也不能闯过去。而且，驾驶员应该在斑马线外减速，最后将车停在距离斑马线 1 米之外，而不能停在斑马线上。

（四）正确停靠

驾驶员只能在允许停车的地方停车，停车的时候应当注意其他车辆，按规矩停车，不要占用两个停车位，也不要把车停在挡住其他车辆出入的地方。如果和别的汽车一起都在找停车的地方，要采取礼让的态度，不可争抢停车位置。

任务二　公共场所礼仪

一、宾馆礼仪

在出差或旅行的时候，我们会入住一些宾馆，这时，一定要注意住宿宾馆的礼仪及相关规矩。

（一）预约的礼仪

入住宾馆前，最好提前预定宾馆，即使是临时的出差也要尽量提前预定宾馆。这样既方便自己，又利于宾馆的管理，尤其是到一些旅游城市，这一项工作就更显得必不可少，否则，可能会住不上合适的宾馆。

（二）登记入住的礼仪

在预定的时间到达目的地之后，就可以直奔预定好的宾馆。进入宾馆大堂后，首先应该到前台登记。如果随身携带了大量的行李，门童会帮助搬运行李，此时应礼貌地表示感谢。

（三）客房的礼仪

入住到客房以后，也要注意文明。不要随地吐痰，不要在墙上乱涂乱画，不要弄脏家具的表层。入住人员对待入住房间的态度和行为，可以体现出个人的人品和文化修养。

（四）对待服务员的礼仪

在与宾馆的门卫、服务员相处时，应平等对待他们，尊重其人格。出入宾馆时，门卫为自己开启大门，或向自己问好，应予以回应或表示感谢。如要求换房，应采用协商方式，进行通融，不要趾高气扬，咄咄逼人。搭乘有人服务的电梯，应清晰报出自己要去的楼层，并向服务人员致谢；不要无视对方存在，自己按钮操作。

当服务员需要进入客房打扫卫生、送开水、送报刊时，应表示欢迎，并且道谢；如不方便其进入，可事先在门外把手上悬挂“请勿打扰”的告示牌，或开启“请勿打扰”指示灯。但离开房间时，应取下此牌或关闭此灯。在走廊里遇见客房服务员，尤其是对方首先向自己打招呼，也应向对方问好。

（五）离店的礼仪

结账离店，要尽量给人留下一个完美的印象。在准备走之前，可以先给前台打个电话通告一声，如果行李很多，就可以请他们安排服务员来帮忙提行李。

别想当然地认为可以从饭店拿走毛巾、睡衣或其他属于宾馆的物品。宾馆对物品的管理非常严格，如果拿走宾馆的物品，不仅会导致令己尴尬的局面，而且到最后还要为此付款。如果想要些纪念品的话，可以到宾馆的商店或商务中心里去购买。

如果不小心弄坏了宾馆的物品，要主动声明，不要隐瞒抵赖，要勇于承担责任并加以赔付。结完账，要礼貌地致谢，并友好地与宾馆工作人员道别。

二、商场购物礼仪

购物是人们生活中极为普遍的事情，顾客在购物的过程中，应当注意自己的言行，自觉遵守有关礼仪，这样才能获得购物的满足和愉快。

（一）礼貌言谈

当需要营业员提供服务时，应礼貌客气地提出请求，不应用命令的语气说话，更不可盛气凌人。称呼营业员时，可以称呼年轻的女营业员为“小姐”或“姑娘”，称呼男营业员为“先生”，也可以统一称呼“服务员”或“营业员”。

（二）慎挑物品

购物之前，最好先确定自己所需要购买的物品，并将不同品牌的同类商品仔细观察比较后，再购买。不要在选购物品时过分挑剔，以免对营业员打扰过多，影响其他顾客购物。

由于某些原因需要调换已买好的商品，应耐心地向营业员说明原因。理由正当而遭拒绝，可向商店领导反映，不应与营业员争吵。

在超市购物，要爱护商品，对自己挑选的商品如果不中意，应当物归原处，不要随便摆放，对易碎商品则应轻拿轻放。万一不慎将商品损坏，应主动赔偿。对尚未付款的商品不要随便拆开包装。

（三）排队购物

在购物时，应按先来后到的顺序排队购物，对于老、弱、病、残及妇女儿童，应有礼让精神。在离开柜台时，对营业员所提供的服务应表示谢意。

（四）互谅互让

购物过程中，如果与营业员发生矛盾，要相互谅解、宽容。营业员发生差错时，应耐心指出，善意提醒，不可得理不饶人。

三、影剧院礼仪

到影剧院看电影、戏剧或文艺演出，是一种高尚的娱乐和美的享受，观众在观看的过程中应当遵守影剧院内的公共秩序，讲究文明礼貌。

（一）入场

观看电影、戏剧或文艺演出，都应提前到场，对号入座。若迟到，可在幕间休息时入场；没有幕间休息时，应由服务员引导悄悄入座；穿过座位时姿势要低，脚步要轻，不要影响他人观看，对起身为你让座的观众要致谢。

（二）观看

观看节目时要注意以下礼仪：

① 要摘下帽子，以免遮挡后面观众的视线。

② 坐姿要稳重，不要经常左右晃动。

③ 自觉遵守场内规则，不吃零食、不随地吐痰、保护场地卫生。

④ 观看节目时保持安静，不要大声谈笑、窃窃私语、附唱或以手拍击，或在演出、放映过程中解说和品评。

⑤ 在观看中应关闭手机。

⑥ 在节目演出、影片放映过程中，不应随便退场，不得已须中途退场时应慢步轻声，并尽可能在幕间休息时退出。

⑦ 演出的节目不对口味或演员表演出现失误，应给予谅解，不应喝倒彩、吹口哨、起哄或做出其他有辱人格的举动。

⑧ 看电影时如中途断片，应耐心等待，不要随意走动、喧哗。

（三）退场

对每位演员的演出都应报以热烈的掌声，不能厚此薄彼。全部节目演出完毕，应向演员热烈鼓掌表示谢意，等待演员谢幕后再行退场。在离去过程中，应按顺序退场，不得拥挤，更不得多停留，以免造成踩踏事故。

四、舞会礼仪

（一）会前准备

参加舞会时，应进行适度的化妆。女士化妆的重点是面部和发型。妆面可比上班时的妆稍浓一些，但也要讲究美观、自然。男士化妆的重点是美发和护肤。头发要梳整齐，面部要保持干净。

参加舞会的服装要整洁、大方。男士应着西装，女士应选择华丽大方、色彩稍鲜艳的服装。男士不能穿短裤、背心、拖鞋和凉鞋，女士不可以赤腿、光脚、穿凉鞋。

参加舞会前不要吃葱、蒜等带有异味的食品，不可喝烈性酒。

（二）邀请舞伴礼仪

在舞会上邀请舞伴时，一般由男士邀请女士。在关系很好、很熟的情况下，也可以女士邀请男士。在邀请别人跳舞时，应注意以下几点：

① 男士邀请女士跳舞时，男士应主动走至女士面前，含笑致意，然后彬彬有礼地邀请："我可以请你跳舞吗？"或"能否有幸请你跳个舞？"等。

② 在正式舞会上，同性不可邀请同性，因为同性之人不可共舞，尤其是有外宾参加的舞会。在西方人看来，同性共舞有同性恋的嫌疑。

③ 舞会上，一般讲究第一支舞曲和最后一支舞曲要和自己同来的舞伴共舞。从第二支曲子开始，就需要交换舞伴去扩大自己的交际面，舞会上，一对舞伴也只宜共舞一支舞曲。

④ 邀请舞伴跳舞时，邀请者的姿态要自然、大方，举止要文明、有礼，最好不要叼着香烟请人跳舞，这样会影响舞会的良好气氛，也会遭到女士的拒绝。

⑤ 特殊情况下，如果是女士邀请男士，男士一般不得拒绝。

（三）拒绝的礼仪

在舞会上女士一般不宜对邀请表示拒绝。如果出于某种原因，不想接受他人的邀请，就要注意使用委婉的语气说出，以免伤害对方的自尊心。常用的托辞有："对不起，这首舞曲我不大会跳"，"对不起，我累了，想休息一下"，"对不起，我有舞伴了"。而女士一旦拒绝某位男士的邀请，这曲舞就不要再接受另一位男士的邀请了。

（四）跳舞过程礼仪

1．讲究规矩

跳舞时，注意上场、下场的规矩，给舞伴应有的尊重。上场时，男士应主动跟在女士身后，让对方来选择跳舞地点。下场时，男士应将女士送回其原来的地方，待女士坐下后，男士应说声"谢谢，再会"，然后方可离开。

2．舞姿端正

跳舞时，双方舞姿的具体要求如下：

① 姿态要端庄、大方，整个身体应始终保持平、正、直、稳，掌握好重心，身体不要摇晃。

② 双方之间不宜相距过近，应保持一定距离。跳舞时，男女双方都不要目不转睛地凝望对方，也不要表情不自然。

③ 男士不可把女士的手捏得太紧，不可把整个手掌全贴在女士的腰上。不要在旋转时把女士拖来扯去。

④ 女士不要把双手套在男士的脖子上，也不把头部主动俯靠在对方的肩上。

五、观赛礼仪

体育场是进行体育锻炼和体育比赛的场所。在体育场观看比赛，应遵循以下礼仪：

（一）按序入场

观看体育比赛时尽量提前或准时入场，并在入口处主动出示票证配合工作人员检验。进场后对号入座。如果比赛已开始，应就地入座，待中间休息时再寻找自己的座位。

（二）遵守秩序

观看比赛时，应自觉遵守赛场秩序。文明宣泄情绪，为运动员加油助威的标语、口号，内容应健康。对本方的运动员和另一方运动员都应加油助威，对精彩表演都应掌声鼓励。切忌起哄、吹口哨、怪声尖叫、喝倒彩、扔东西。

拍照不要使用闪光灯，因为闪烁的灯光会分散运动员的注意力，甚至可能造成运动员比赛失误或者受伤。此外，近距离观看某些项目的比赛，如射击、羽毛球、网球、短跑等，要将手机关闭或调成振动。

（三）讲究卫生

观看比赛时，要自觉维护体育场内的卫生，不随地吐痰，不乱扔果皮、瓜子壳等废弃物，不要乱踩座位，不可翻越栏杆，不能在室内体育馆吸烟。

（四）礼貌退场

比赛中，若要提前退场，应在不打扰他人的情况下尽快离开。比赛结束时，应向双方运动员鼓掌致意。退场时，应按座位顺序退场，向最近的出口缓行或顺着人流行进。

六、医院礼仪

医院是救死扶伤的地方，也是一个特殊的公共场所。人们去医院看病，要讲究就诊礼仪；去病房看望病人时，则应注重看望病人的礼仪。

（一）就诊礼仪

1. 遵守规定

去医院就诊时，要自觉遵守医院的规定，如不在医院内吸烟，不随地吐痰乱丢垃圾，不高声大叫、哭闹，不争抢插队，应按先后次序就诊等。

2. 自觉回避

如果患上了感冒或其他流行性传染病，就诊时要自觉戴上口罩，打喷嚏或者咳嗽的时候也要回避他人。

3. 切勿围观

病人在接受诊治时，其他人不应围观，这样容易妨碍医生就诊，而且别人的病情也属于个人隐私。

4. 尊重医生

如果对医生的诊断有怀疑，可以委婉礼貌地向医生说明原因，请医生再作考虑。如果认为医生对疾病做了不当处理，应认真询问处理依据，不可纠集亲友聚众闹事，而应通过法律的途径来解决问题。

（二）探望礼仪

探望、慰问病人是人之常情，也是一种礼节。探望病人时做到有礼有节，才能对病人的康复有好处。在看望病人时需要注意以下几个方面：

1. 时机恰当

探望病人应选好时间，应在医院允许的探视时间内进行。不要在病人刚住进医院或刚做完手术便去探望，以免影响病人的治疗和休息，通常在下午4点左右去医院探望病人比较适宜。

2. 礼品合适

探望病人时，可根据病人所患疾病及其病情，携带合适的礼品。如一束香味淡雅的鲜花或一些适合病人食用的水果、营养品等。

3. 话题轻松

探病者去医院探望病人时，表情宜轻松、自然、乐观，神态不要过于沉重，更不要在病人面前落泪，以免给病人造成精神压力。

探病者见到病人后，应先问候一句："今天好些了吧？"或"今天精神好多了吧？"然后再具体询问病人的病情和治疗情况。与病人交谈时应轻声细语，说些宽慰与鼓励的话，使病人增加战胜疾病的勇气。

4. 适时告辞

探病者在病房逗留时间不可太长，一般以10分钟左右为宜，时间过长会影响病人的休息。告辞时，应该问一下病人是否有什么需要帮助办理的事情，并嘱咐病人安心休养。

七、公园游玩礼仪

在游园时，应讲究社会公德，遵守有关游园礼仪，注意以下细节：

（一）遵守规定

1. 拍照取景的规定

在公园景点拍照时，应遵守规定，不让拍照的不能强行拍照；拍照时不能践踏草坪、攀折树枝、不要攀爬雕塑作品等；在拍照时应相互谦让，不能争抢，也不要妨碍他人、影响交通。

2. 爱护公物的规定

在游园时，对公共设施和树木花草应爱护，不应随意在树木、雕塑、建筑上攀高，乱摸，乱碰，肆意践踏破坏。对文物古迹应倍加爱惜，不应乱写、乱刻、乱画。对园林里放养的珍禽异兽，不应进行喂食、抓捕、恐吓。

（二）讲究卫生

游园时应自觉保护环境卫生，不应随地吐痰，不乱扔果皮、纸屑、烟蒂、塑料袋、包装盆等。不准随地大、小便，对自己所带的儿童，也应教育并使其大、小便进卫生间。

（三）礼让他人

在公园进行练歌、唱戏、跳舞等活动时，应尽量避免干扰他人。公园和其他一些旅游景点所设置的长椅长凳，乃供游人作短暂休息之用，不可一个人长时占用。

（四）注意安全

游园时应特别注意安全。坐船游玩时，不应肆意打斗追逐，以防翻船落水；不应只身独闯危险地段；不应在公园里从事攀岩、跳岩等比较危险的运动。在拍照、摄像或观看动物时，应留神足下、头脑清醒，防止发生意外的事故。吸烟者、野餐者、野炊者，需特别注意防火。进餐时应注意饮食卫生，特别是应当避免生食各种食物，防止食物中毒。

案例分析

众所周知，对号入座是出行中最基本的规则。“霸座”行为侵占了别人的权利，扰乱了公共秩序，是不道德、不文明的行为。

在乘坐火车时，要礼貌候车，爱护候车室的公共设施，保持候车室内的卫生。在进入车厢后，要对号入座。如果有人提前坐在自己的位置上，要态度友好地请人让座。上车后，应将携带的物品放到行李架上。在与邻座交谈时，不要打听对方隐私，不要冒失地索要对方地址、电话等。在下车时，要有序下车，不要争先恐后。当别人需要帮助时，应援之以手。若他人帮助了自己，要多加感谢。

项目总结

本项目主要介绍了日常生活中的出行礼仪和公共场所礼仪。出行礼仪主要介绍了行路礼仪、乘坐公共交通工具礼仪和驾车礼仪。出行礼仪的基本要求是遵守交通规则、注意安全、走路文明、礼让他人。公共场所礼仪主要介绍了宾馆礼仪、商场购物礼仪、影剧院礼仪、舞会礼仪、观赛礼仪、医院礼仪和公园游玩礼仪。在不同的公共场所和公共社交场合，应遵守相应的礼仪规范，以表现出自身的礼貌修养程度，使人际间的交往更加和谐。

出行礼仪和公共场所礼仪是大学生走入社会必须要掌握的礼仪规范，它能提升大学生处理公共关系的能力，能够在处理公共关系或人际交往中实现双赢。

课后习题

一、填空题

1．在道路上行走时应在________侧通行。

2．四人或多人行走时，不应________同行，最好前后________并行。

3．上下楼梯时，应当________行走，左侧留给有急事的人快速通过。

4．与客人共乘电梯，进入有人管理的电梯，应主动________；进入无人管理的电梯时，主人应当________，以便为客人控制电梯。

5．一般来说，乘坐国内航班应提前________分钟到达机场，乘坐国际航班应提前________分钟到达，以便办理登机手续。

6．在市区有路灯的道路上用________，在无路灯道路或高速公路行驶时开________。会车时，应关闭________换成________。

二、不定项选择题

1．在公共汽车、地铁、火车、飞机上或剧院、宴会等公共场所，朋友或熟人间说话应该（　　）。

A．随心所欲　　B．高谈阔论
C．轻声细语　　D．大声说话

2．进入无人管理的电梯时应比客人（　　）。

A．同时进　　B．先进　　C．后进

3．在商场、机场或娱乐场所乘自动扶梯时，要自觉站在（　　）。

A．右侧　　B．左侧　　C．中间　　D．随意

4．上下楼梯或在楼道行走时应（　　）。

A．靠右侧行走　　B．靠左侧行走
C．走中间　　D．随意

5．在医院探望病人的时间应控制在（　　）。

A．10 分钟　　B．1 小时
C．半小时　　D．2 小时

6．客人来访时，我们要为客人打开房门。当房门向外开时，下面说法正确的是（　　）。

A．客人先进　　B．我们先进　　C．同时进门

7．领舞者与伴舞者之间应该有（　　）左右的距离。

A．20 厘米　　B．25 厘米
C．30 厘米　　D．35 厘米

8．关于跳舞的说法中正确的是（　　）。

A．跳舞者的舞姿要端庄、大方和活泼

B．跳舞动作要协调舒展，和谐默契

C．跳舞时女方不可挂在、扑在对方身上

D．男方用右手扶住女方腰肢时，应用右手手掌心贴女方腰部

9．在商场购物时，下面哪些行为是不文明的（　　）。

A．排队付款

B．穿着睡衣

C．向营业员询问后不致谢

10．驾驶机动车时，下列哪些行为不符合礼仪要求（　　）。

A．抢道、抢行、斗气

B．来回穿插、别车

C．在没有明确禁鸣喇叭的区域可以长时间按喇叭

D．夜间会车时使用近光灯

实训题

实训一：入住宾馆礼仪训练

1．实训目标

通过实训使学生了解入住宾馆的主要程序以及相关注意事项，能够较熟练、得体地入住宾馆。

2．实训背景

小刘是某公司的营销经理，他将和同事小王去深圳出差，宾馆已经预定好了。请同学们分角色模拟他们入住宾馆的场景。

3．实训步骤

（1）将全班同学分成若干小组，每 4 人一组，分别扮演小刘、小王、宾馆前台和接待员。

（2）模拟前台登记、入住和离开宾馆的情景。

（3）一组模拟时，其他组观摩并指出问题。

（4）老师进行点评。

4．实训检测

学生、老师可以根据表 4-1 的内容对实训成果进行评分。

表 4-1　实训成果检测表

考核内容		分值	自评分	老师评分	实得分
前台登记	礼貌用语、语气温和	25			
入住宾馆	能按照接待员的指示入住预定客房，并遵守入住礼仪	25			
离开宾馆	礼貌用语，注重礼仪规范	25			
综合评价	表演过程紧凑，言行举止大方得体	25			

实训二：讨论公共场所的不文明行为

1．实训目标

通过实训使同学懂得公共礼仪在公共场所活动中的重要性，掌握不同公共场所礼仪的基本内容和基本要求。

2．实训内容

请学生们回忆一下自己在公共场所遇到的不文明行为，并提出自己对这些现象的看法，在课堂上开展讨论或进行辩论。

3．实训步骤

（1）老师引出讨论的话题。

（2）全班学生各抒己见进行讨论，老师指导学生对他人的观点进行评价。

（3）课堂讨论结束后，由老师进行点评。

4．实训检测

老师可以根据表 4-2 的内容对实训成果进行评价。

表 4-2　实训成果检测表

评价标准	评价等级	备注
优秀	非常积极地参与课程讨论，主动思考，观点新颖，准确理解和掌握了公共礼仪的基本内容和基本要求	
良好	较积极地参与课程讨论，在老师的引导下，能够思考相关问题，并发表自己的见解，较好地掌握了公共礼仪的基本内容和基本要求	
合格	能够参与课程讨论，基本掌握了公共礼仪的基本内容和基本要求	

项目五

校园礼仪

学习目标

- 掌握课堂礼仪和办公室的礼仪
- 熟悉宿舍礼仪、同学间借用钱物的礼仪和异性交往的礼仪
- 掌握图书馆礼仪、食堂礼仪、大会或典礼礼仪

引　子

校园礼仪是在校学生的行为规范，是约束学生行为的准则。学习和遵守校园礼仪对于提高学生的个人素质修养、构建和谐校园、展示学校形象、净化社会风气、促进整个民族的文明，都将具有重要意义。本项目主要介绍了校园礼仪中与教师交往的礼仪、与同学交往的礼仪和校园公共场所礼仪。

案例导入——大学课堂掠影

场景一：某日清晨，上课铃声刚刚响过，一位同学左手拿着煎饼，右手拿着油条，疾步走进教室，准备在课堂上吃早餐。而此时，在教室一角，另一位同学拿着包子吃得正香。教室里弥漫着一股包子味、煎饼味、油条味……

场景二：某节课上，全班同学正在认真听讲，突然，一人推开前门走入教室，顺手一关门，门"砰"的一声。只见那同学，慢悠悠地寻找合适的位置，却不知他已严重影响了课堂秩序，因为此时已经上课近十分钟了。

课堂不文明现象之吃东西

场景三：某班正在上课，突然，教室中响起了"喂，有电话了，喂，有电话了"手机铃声，搞怪的铃声立即惹得同学们哄堂大笑。

场景四：在夏季的课堂上，我们常常能发现一些同学穿着背心、短裤加上一双拖鞋，心安理得地坐在讲台下。他们认为，"穿衣服是我自己的事儿，不会妨碍别人"。

场景五：课堂上，老师正用幻灯片进行讲解，内容丰富，形式多样，但这种方式并没有吸引学生，台下的学生各做各的事情，有的同学睡觉，有的同学看杂志，有的同学玩电脑……

问题：

请运用所学知识分析上述学生的行为是否恰当？

任务一　与教师交往的礼仪

一、课堂礼仪

课堂是教师对学生传授知识的场所。而遵守课堂礼仪是学生最基本的礼貌，它有助于促进教师与学生的沟通，提高教学质量。

（一）上课前的礼仪

1. 做好课前准备

（1）仪容着装准备

学生进入教室要保持仪容整洁、大方，男同学不要胡子拉碴、发型怪异；女同学不要穿奇装异服。夏天不能穿背心、拖鞋到教室。

（2）上课材料准备

学生上课前应带好上课所需要的书籍、笔记本和其他文具进入教室，做好上课准备。这既是尊重别人，也是尊重整个班级的表现，所有的学生都不能因为个人的准备工作尚未做好而影响整个班级的上课。

2. 提前进入教室

上课前 2 分钟，学生必须进入教室，做好准备工作，静候老师的到来，这是对老师的尊重和礼貌。如果在铃声响过多时才进教室，或是在老师已经开始讲课时才气喘吁吁地跑来，这不仅是自己的失礼，而且还干扰和打断了老师的讲课。

3. 入座礼让同学

上课前，同学之间应该相互礼让，对视力差的同学在座位上应给予照顾，不应争先恐后的争抢座位。

4. 礼貌问候老师

当老师走向讲台时，班长应喊“起立”，全体同学要迅速起立，向老师行注目礼或问好，等老师答礼后方可坐下。

（二）迟到时的礼仪

学生如果由于特殊原因而迟到了，要特别注意举止的文明和礼仪的周到，注意做到以下几点：

① 学生应该在教室门口先停下脚步喊“报告”。如果教室门关着，就应先轻轻敲门，在得到老师的允许后才能进入教室。

② 当老师询问到迟到的原因时，要实事求是地报告给老师。如果受到老师的批评，应诚恳地承认错误，接受批评。得到老师的谅解和允许后，方可入座。如果老师误会了，一般不要当场解释、争辩，更不能当众反驳、顶撞，而应该等到课后，平心静气地当面向老师解释清楚，也可以写书面材料交给老师，或在事后寻找合适的时机加以说明，消除误会。

③ 在走向自己的座位时，速度要快，脚步要轻，动作幅度要小，应尽量减少对课堂秩序的干扰。

一般来说，老师上课应该准时，不应迟到。但在生活中也会遇到一些特殊情况，而不能准时到达教室。此时，老师必须在正式上课前向学生做出歉意性的解释或说明，以求得学生的谅解。

（三）课堂中的礼仪

1. 精神饱满

在课堂上，要注意力集中，认真听老师讲解，做好笔记。不要心不在焉，打哈欠、打瞌睡；不要和同学说悄悄话或看其他书报；更不要玩手机或者玩游戏。关掉所有的通信工具。无论如何请不要在课上接听电话。即使手机铃声再好听、再个性化、再值得炫耀，也一定不要让它突然在课堂上响起。

2. 言行得体

当老师提问时，应该先举手，待老师点到名字时才可站起来回答。不能坐在座位上就七嘴八舌地发言，或在老师未点到自己名字时就抢先发言，也不能随意打断他人的发言。发言时，身体要立正，态度要落落大方，声音要清晰响亮。同学发言出错时，忌哄笑挖苦。若回答不出老师所提的问题，也要先站起来，再用抱歉的语调向老师解释清楚。

如果听课中遇到问题，应先举手示意，待老师同意后，才可以发问。提问的时候，态度要谦虚，若与老师的观点不同，可以用征询语气委婉说出自己想法，谦虚地与老师探讨。

（四）下课时的礼仪

下课铃响时，若老师还未宣布下课，学生应继续安心听讲，等待老师宣布。不要忙着收拾书本，或把桌子弄得乒乓作响或离开教室，这是对老师的不尊重。

课间休息的时候，应主动为老师擦黑板，但别忘了先征求老师的意见。

二、办公室礼仪

（一）出入办公室的礼仪

办公室是老师工作和休息的地方，同学有事进出办公室要有礼貌，应当注意以下礼仪规范：

① 学生进老师办公室一定要敲门或喊“报告”，得到允许时方可进入。如果见到老师正在休息，自己并没有紧急的事，就不要打扰老师。

② 进入办公室后轻关门，看到其他老师应问好。

③ 老师请学生坐下，学生才可以坐下并致谢。

④ 如果找的老师不在，应礼貌地询问一下办公室的其他老师，可根据情况说明自己的姓名或所在班级，有什么事，何时再联系等，之后道谢再走。

⑤ 在办公室里，不能乱动桌上的材料物品。老师办公桌上或抽屉里都放满了教科书、参考书、备课本、作业本、考试卷等，被翻乱后，教学工作就会受到影响。

⑥ 事情办完，立即离开办公室并礼貌与老师告别。例如，说“谢谢老师，再见!”若老师起立目送，应请老师坐下；若老师举步相送，应请老师留步。

⑦ 在老师办公室里说话要小声，出入要注意不发出声响，尽量不影响其他老师的正常工作。离开办公室时，轻轻地把门关上。

（二）与教师交谈的礼仪

与老师交谈时需要注意以下礼仪：

① 与老师交谈要直截了当意思要明确；而不要含含糊糊、转弯抹角。

② 与老师交谈时，距离适中，一般为 1.5 米左右，太近和太远都是不礼貌的。

③ 不要随便打断老师谈话，如果有急事需要先离开，应向老师打招呼表示歉意。

④ 当不赞成老师的观点时，不要直接顶撞，更不要反问和质问老师，应婉转地表示自己的看法。如可说“这个问题值得我考虑一下，不过我认为似乎……”等。

任务二　与同学交往的礼仪

一、宿舍礼仪

宿舍是大学生共同生活的场所，学生除了上课和就餐，其他的时间大都是在宿舍里。所以在这里生活得怎样，直接影响同学之间的人际关系状况及学习状况。宿舍是学生共同的家，也是反映学生精神文明和礼仪修养的一个窗口，一定要格外重视。具体来说，学生在宿舍中要注意如下几个方面的礼仪：

（一）宿舍生活

1. 遵守纪律

住集体宿舍要遵守宿舍纪律，如在学习、用餐、起床、就寝、熄灯等方面，都应自觉遵守学校规定的时间和宿舍的规章制度。按时起床，按时熄灯就寝。需早起时要向室友们打招呼，起床时要动作轻柔，尽量不出声响，并尽快离开宿舍。如果因事迟归，要努力把惊扰程度减到最小。

2. 言谈文明

学生在宿舍里待人要谦恭和气，谈吐要文明有礼，而不要出言不逊、粗话连篇。有的同学在宿舍里稍遇到不满意的事情，就说脏话，辱骂他人，这样容易激化学生之间的矛盾，导致冲突发生。因此，学生在宿舍里要坚持使用文明礼貌的语言，这样同学之间才能相处得更加融洽。

3. 注重私密

在集体生活中，每位同学都要尊重别人的隐私权：不要随便使用同学的用具，不要翻看同学的笔记、书籍和物品，更不能将同学的东西据为已有；不能翻看同学的日记，不能私拆、私藏同学信件；不可打探同学的隐私；同学有亲友来访，谈一些私事时，其他同学要适当回避，决不要在一旁偷听，更不要插嘴询问。

4. 互谅互让

在日常生活中，难免会发生一些矛盾和不愉快的事情，大家要克制自己，在日常生活中，宽以待人，互相谅解。即使是原则问题，也应心平气和地说明道理。当别人发生争吵时，不要袖手旁观，更不能火上浇油，应耐心劝解，帮助解决矛盾，搞好团结。

5. 友爱互助

当同学生病时，最需要同宿舍同学的关心和照顾。这时要主动关心，热情相助，如陪同看病、上食堂买饭、打开水等，尽可能帮助病人处理一些力所能及的事情。同时，要保持宿舍的安静，并给病人以精神安慰，促使他尽快恢复健康。另外，遇到同学在生活上、经济上发生困难请求帮助时，要尽量帮助，缓解一时之急。

6. 相互信任

在宿舍里，东西丢失了，不要无依据的猜测，以免影响同学之间的关系。产生隔阂时，应主动交流，进行沟通，减少误会。

（二）宿舍卫生

住集体宿舍要注意清洁卫生，自觉搞好个人卫生。衣服被褥要勤洗，早上起床后铺位要打扫干净，被褥要铺叠整齐，洗漱用具、衣服鞋袜要放好。在搞好个人卫生的同时，还要自觉遵守值日制度，主动搞好宿舍卫生，保持宿舍内没有杂物、纸屑，门窗洁净，桌凳及公用物品摆放整齐，如图 5-1 所示。

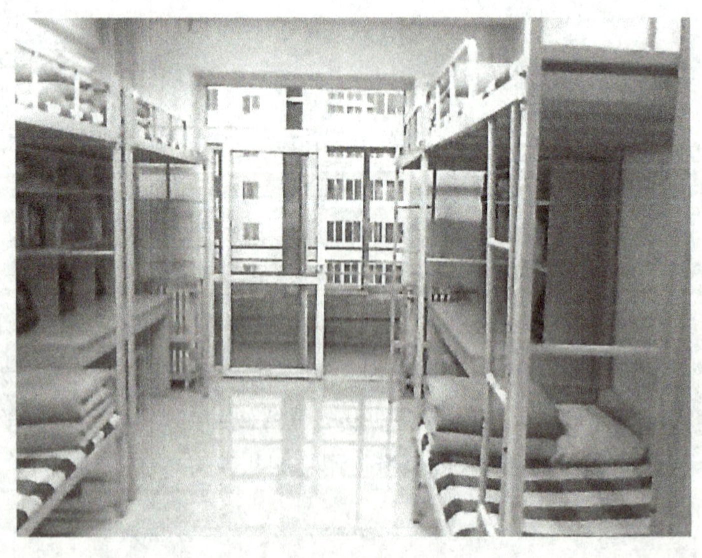

图 5-1　整洁的宿舍

【经典实例】

一屋不扫何以扫天下

东汉时期，有个叫陈蕃的人，他年轻的时候很想干一番大事业，立志要“扫除天下”。可是他又很懒，从来都不肯动手把家里的环境打扫干净。当时就有人批评他说：“一屋不扫，何以扫天下?”意思是说：屋里的卫生都懒得打扫的人，怎能治理天下?

这则故事警示后人立大志者要从修身做起，从小事做起，不要光说大话、空话，不干实事。同样，作为一名大学生也应该从小事做起，从宿舍的卫生做起，养成良好的个人卫生习惯，提高大学生的文明修养。

（三）宿舍安全

注意公共安全，严禁私安、私接电源和使用超功率灯泡、电烙铁、电炉、热得快、电热水器等。任何时候都严禁在宿舍炒菜做饭。当宿舍内的电气设施出现故障时，不要自行处理，应及时报修。

（四）宿舍串门和接待

通常在有同学相邀，或在得到该寝室其他同学允许时，才可以串门。进门应主动向其他同学打招呼，并且只能坐在邀请你的同学的铺位上，不能随处乱坐，更不能乱用别人物品，乱翻动别人东西。讲话声要轻，时间要短，不能坐得太久，以免影响其他同学的正常作息。

二、同学间借用钱、物的礼仪

在日常生活中，同学之间可能有相互借钱、借物等物质上的往来，但切忌马虎，每一项都应记得清楚明白，即使是小的款项，也应记在备忘录上，以提醒自己及时归还，以免遗忘，引起误会。具体来说，应注意以下几点：

（一）不轻易借钱或贵重物品

日常生活中常用的物品，自己要备齐。假如自己暂时没有，需要向同学借用，要向物主说明情况，待允许后再用。使用时要爱惜物品，用后要及时归还，并向物主致谢，请物主验收。物主不在房间时，不要自行拿用。如果自己有急用，而且与物主关系密切，可向在场的其他人打招呼，并说明借用物品的数量及完好程度，用后再向物主解释并致歉意。

借用别人东西时要注意：与物主不太熟悉的，不要去借；贵重物品不要去借；物主心爱的东西不要去借。否则，会使物主为难，这也是不礼貌的表现。

（二）不能及时归还时应说明情况

所借用的钱、物应及时归还，如果不能及时归还，应每隔一段时间向对方说明一下情况，并承诺下次归还的日期。也可以先归还一部分，总之，“好借好还，再借不难”。在物质利益方面无论是有意或者无意地占对方的便宜，都会在对方的心理上引起不快，从而降低自己在对方心目中的人格。

三、异性交往礼仪

在大学校园里，男女同学相处一定要十分注意礼仪修养，双方之间的交往要积极健康地进行，这不仅有利于提高大学生人际交往能力，而且对于稳定学校教学、教育秩序、活跃气氛、避免意外事故的发生，都有积极的意义。

（一）互尊互助

男女同学之间的交往应平等相处、相互尊重、相互学习、相互帮助。男同学应尊重和照顾女同学。例如，从事体力劳动和打扫卫生时，男生应多照顾女生；上下车时，应让女生先上、先坐；遇到脏、累、苦、重和危险的工作时，男生要积极主动地去做。而女同学则一定要自尊、自爱、自重，不要将男同学的帮助和照顾看作是理所当然的。甚至连一些自己该做的事情也懒得动手，等着男同学来做，这是不对的。男生、女生应该分工合作，互帮互助，这样男女同学的交往才能更加融洽。

（二）把握分寸

异性同学交往，不可在阴暗、偏僻的场所，而应在公共场所；不可在晚上单独交往；到异性宿舍，应得到准许，且不应停留过长时间，免得引起别人议论。

男女异性交往本身有一种自然的吸引力，因此，若男女同学交往距离太近，且身体相互接触，人的性器官会感受刺激而产生条件反射，出现性冲动，甚至越轨行为。因此，男女学生接触，应注意保持一定距离，这也是一种礼貌。

遵循这些原则就能使男女异性同学之间的交往保持文明、积极的氛围，并能避免一些不当行为的出现。

任务三　校园公共场所礼仪

一、图书馆礼仪

学校图书馆拥有着成千上万的馆藏，它是一个知识的海洋，又是一个科学的殿堂。学生们进入图书馆以后，在丰富学生们知识的同时，也能有效地历练其礼仪修养。在图书馆里讲究礼貌公德，体现出一个人的文化知识素养。

（一）保持安静

在图书馆走动时脚步要轻，避免将桌椅弄出声响；阅读时不要出声；遇见同学或熟人，轻轻点头或挥手示意即可，尽可能少说话，更不能高声谈笑、大声喧哗。手机等通信工具要关掉或调至振动状态，如需通话，应到阅览室外，并随身带好贵重物品，如图 5-2 所示。

图 5-2 保持安静

（二）不抢占座位

进入图书阅览室，自己找个座位就行，不应为别人占座位。如果临时走开，回来时发现自己的座位被他人占据，此时不妨轻声商量，互相谅解。要知道图书馆作为公共场所，有空位人皆可坐。

（三）逐册取阅

对开架图书应逐册取阅，不要同时占有多本，这样可以让更多的同学查阅到想要的资料，如图 5-3 所示。阅读后应立即放回原处，以免影响其他人阅读。离馆时，要把书刊放回原处，不能随便放在桌子上。自己的纸笔要记着带走，废弃的纸张应自觉扔到馆内的垃圾篓或带到馆外扔到垃圾箱内，自觉把桌椅复归到原位。借出阅读的图书读完后要及时归还，热门书更应速看速还。

图 5-3 逐册取阅

（四）爱护书籍

看书以前，最好能洗一洗手，以保持书的整洁。看书时，不要在书上圈点、批注、折角或作各种标记，更不能把自己认为有用的资料、图片撕下来，这些行为都是很不礼貌的。现在多数图书馆已提供了复印服务，如果确实需要某种资料的话，可征得工作人员同意后，到指定处复印。

二、食堂礼仪

学校食堂是师生共同就餐的场所，这里就餐人数多，就餐时间集中，工作人员往往比较繁忙，因此大学生应注意就餐礼仪。

（一）遵守秩序

按规定时间就餐，遵守秩序，互相礼让，自觉按先后次序排队购买饭菜，不要硬挤或插队，更不应打闹、起哄或出现其他不文明行为。工作人员繁忙时，要耐心等待，不要敲柜台、餐具，或挥舞手臂，也不要“师傅、师傅”地叫个不停，更不能隔柜台伸手拉工作人员的衣袖、衣角。轮到自己打饭时，要客气地讲话。打饭后，应礼貌地说声“谢谢”。

（二）礼貌入座

买好饭菜后，自己寻找空座位入座，不要争抢座位。如果餐桌上已有先到的同学，应先礼貌地问一声：“请问，这里可以坐吗？”在得到肯定的答复后才可坐下。入座时，抽出座椅的动作要轻，不要乱拉乱拖，乒乓作响。

（三）互谅互让

同学在端菜的时候，要小心避让，不要弄撒了饭菜。如果同学之间不小心碰撞，把饭菜撒到别的同学身上，要礼貌地说声“对不起”。如果别的同学不小心将饭菜弄到自己身上，也不要大动肝火不饶人。

（四）文明进餐

大学生就餐时应注意动作优雅，具体应做到以下几点：

- **动作文雅**：用餐的动作要文雅，夹菜时不要碰到邻座，不要把盘里的菜拨到桌上，不要把汤打翻。
- **咀嚼文雅**：食物送入嘴中应该闭口咀嚼，要把咀嚼食物的声音限制在最低程度内。当咀嚼较坚硬的食物时，要特别注意，若不闭口就会发出较大的咀嚼声，不仅显得吃相不雅，还会影响别人进食的情绪。
- **喝汤文雅**：如果汤菜太热，可以用汤匙在碗里慢慢搅动，但不要用嘴对着汤吹，既不礼貌也不文雅。

- **吐刺文雅：**用餐过程中，有些东西需要吐出来，如吃鱼吐刺，应用筷子从口中取出，放在自己前面的桌面上或专用的容器里，而不能低下头，嘴对着桌子直接吐出。
- **吃相文雅：**每次送进口中的食物量要适当。如果每次都将过量的食物填入口中，以致把两腮胀得鼓鼓的，不仅不利于消化，而且吃相也十分不雅。

（五）节约粮食

进餐时应注意节约粮食，例如馒头不小心掉在地上，应捡起，不要因碍于面子而一脚踢开，以显示自己多么“高贵”。所购买的饭菜，以吃饱为度，不要超量购买，以免吃不完造成浪费。

（六）讲究卫生

不要把饭菜撒到桌面上。如有骨、刺及无法吃的其他东西，不要随地乱吐，可暂时放到一边或吐到食堂准备的其他盛具里。吃完饭，应将自己桌面的垃圾收拾起来，连同吃剩的汤、饭、菜倒进指定的泔水桶里，而不能倒入洗手池里。

使用公用消毒餐具的，餐毕应自觉将餐具送至指定的回收处，不得私自带走，也不要遗弃在餐桌上，影响他人进餐。

（七）尊重工作人员

食堂工作人员用辛勤的劳动为我们提供就餐服务，理应受到尊重。因此，不要当着他们的面抱怨饭菜不好，服务不周。如果饭菜确实有质量问题，可以以平和婉转的语气向当班经理提出意见或建议。

（八）礼貌退席

和师长、同学及熟悉的人一起吃饭，先吃完时要说“大家慢慢吃”。如果同桌的人不认识，可不必说什么。离开的时候，注意动作要轻便，不要妨碍他人。走出食堂后，步态要正常，不要一边剔牙一边走，尽量控制一下饱嗝，否则有失体面。

三、大会或典礼礼仪

学校会定期或不定期的举办一些活动，如表彰大会、开学典礼、毕业典礼、校庆典礼等。由于参加的人数众多，又是正规场合，因此要格外注意大会或典礼的礼仪，保持良好秩序。

（一）准时到场

学生应衣着整洁、仪表大方，准时有序地进入会场，不要拖拖拉拉。入场时，不要勾肩搭背、大声谈笑、东张西望或寻人打招呼。入场后要在指定地点入座，如事先没有指定座位，也要听从会议组织者的安排，迅速就座。

（二）举止文明

大会或典礼期间，不要随意进出，不要交头接耳、看报章杂志、吃零食、打瞌睡，更不能接听手机或收发短信，应认真聆听大会发言，必要时给予掌声。无特殊原因，不要提前离场。当发言人走上讲台或者讲到精彩之处时，都应热烈鼓掌。而在发言结束时，则应给与长时间的掌声，以表示对发言人的谢意。

（三）礼貌退场

大会结束，应安静有序地退场，挪动座椅时动作要轻，不要发出刺耳的声音。学生应该意识到，这么多人同时退场，要遵守礼让的原则。而此时也最能体现出每个同学及班级的文明礼仪水平和道德修养。

案例分析

本案中，学生的行为是不恰当的。第一，学生应该在上课前2分钟就进入教室，静候老师的到来，而不能在铃声响过多时才进教室，或是在老师已经开始讲课时，才气喘吁吁地跑来。第二，学生如果由于特殊原因迟到了，应该在教室门口先停下脚步喊“报告”。如果教室门关着，就应先轻轻敲门，在得到老师的允许后才能进入教室。而不能不管不顾地直接闯入教室。第三，在课堂上应该遵守课堂秩序，不能随便吃东西，不能玩手机或者玩游戏。关掉所有的通信工具，不能让手机铃声突然在课堂上响起。第四，学生进入教室要保持仪容整洁、大方。夏天不能穿背心、拖鞋到教室。第五，在课堂上，要注意力集中，认真听老师讲解。不要心不在焉，打瞌睡，看其他书报，或者玩游戏。

本案中，学生上课迟到、吃早点、不注意着装、上课不认真听讲、打瞌睡、玩电脑、没关闭通信工具都是不符合课堂礼仪的表现。

项目总结

本项目主要介绍了校园礼仪的相关知识，包括与教师交往的礼仪、与同学交往的礼仪和校园公共场所礼仪。

与教师交往的礼仪重点介绍了课堂礼仪和学生出入办公室的礼仪。这些礼仪规范有助于促进教师与学生的沟通，提高老师的教学质量。

与同学交往的礼仪重点介绍了宿舍礼仪，同学间借用钱、物的礼仪和异性交往礼仪，注重同学之间的礼仪是维系良好同学关系的基本要求。

校园公共场所礼仪重点介绍了图书馆礼仪、食堂礼仪、大会或典礼礼仪。遵守校园公共场所礼仪，才能使公共场所的活动得以正常进行。

课后习题

一、填空题

1. 上课前__________分钟，学生必须进入教室，做好准备工作，静候老师的到来。
2. 学生如果由于特殊原因而迟到了，应该__________，得到老师允许后方可进入。
3. 如果听课中遇到问题，应先__________，待老师同意后，才可以发问。
4. 与老师交谈时，距离适中，一般为__________米左右，太近和太远都是不礼貌的。

二、不定项选择题

1. 未经（　　）同意不要随便动用他人物品，也不要随便翻阅别人的书籍、作业、日记。

   A．老师　　B．本人　　C．家长

2. 在图书馆和阅览室阅览完毕后，应（　　）。

   A．随便放　　B．放回原处　　C．放在桌子上

3. 师生交往的礼仪是不可少的。下列做法不妥的是（　　）。

   A．见到老师主动问好

   B．进老师的办公室先敲门

   C．跟老师关系好，从背后突然拍打老师

   D．不同的场合选择不同的交往策略

4. 有关课堂礼仪，下面说法正确的有（　　）。

   A．上课迟到或进办公室喊“报告”，经允许后方可入室

   B．课堂上不要和同学说悄悄话或看其他书报

C．上课前应将手机调成振动

D．老师提问时，应该先举手，待老师点到你的名字时才可站起来回答

5．作为参加会议者应注意以下哪些礼仪（　　）。

A．准时到会

B．注意倾听别人发言，并在适当时候用鼓掌表示感谢或鼓励

C．不喧哗、不交头接耳

D．有事需要离开，应向有关人员说明并轻轻离开

6．在下列（　　）场合应关闭手机，不准使用。

A．考场　　B．乘坐飞机　　C．食堂　　D．图书馆

实训题

实训：讨论同学间的相处之道

1．实训资料

小丽是某高校女生，她和宿舍里的同学关系处得不好。有一天晚上熄灯后，小丽在用台灯看书，一位室友提醒她早点睡，明天还要上课，小丽就熄了灯。第二天早上，这个室友起得很早，小丽认为她是在报复她，就提醒她说话小声点，结果两人吵了起来。这件事小丽并不觉得自己有错。最近，小丽有幸入党，由于她是宿舍里唯一一个入党的，有的舍友对其产生了嫉妒心理。宿舍里的矛盾影响到了她的心理健康，她认为自己做人很失败，与人相处都相处不好，更不用说其他的事了。

2．实训要求

（1）请同学们围绕上面的故事展开讨论，你认为影响宿舍同学之间关系的因素有哪些？如果你是小丽，该怎么做才能和大家相处融洽。

（2）请同学们说一说，在与同学相处时遇到的其他问题，这些问题你是怎么处理的。

3．实训检测

老师可以根据表 5-1 的内容对实训成果进行评价。

表 5-1　实训成果检测表

评价标准	评价等级	备注
优秀	非常积极地参与课程讨论，主动思考，踊跃发言，能灵活运用与同学交往的礼仪处理同学间的矛盾	
良好	较积极地参与课程讨论，在老师的引导下，能够思考相关问题，并发表自己的见解，较好地掌握了与同学交往的礼仪	
合格	能够参与课程讨论，基本掌握了与同学交往的礼仪	

项目六

会议与仪式礼仪

学习目标

- 了解会议的要素、会议组织礼仪和与会者礼仪
- 掌握大型会议和小型会议的座次礼仪
- 能够按照礼仪要求参加、策划、组织各种商务会议
- 熟悉签字仪式、开业仪式和剪彩仪式的相关礼仪
- 掌握签字仪式、开业仪式和剪彩仪式的筹备工作和基本程序
- 能够按照礼仪要求参加、策划、组织签字仪式、开业仪式和剪彩仪式

引　子

各种会议和仪式是商务、公关活动中的重要组成部分，而这些会议和仪式又有其特定的程序和仪式规范要遵循，因此，了解和掌握这些礼仪规范，对于商务人员组织、参加各种会议和仪式是十分必要的。本项目主要介绍了会议礼仪、签字仪式礼仪、开业仪式礼仪和剪彩仪式礼仪。

案例导入——一场不愉快的签字仪式

A 公司经过长期的谈判，终于同 B 公司谈妥了一笔大生意，双方决定为此举行一个签字仪式。

签字仪式由 A 公司负责安排。为了表示对 B 公司的重视与尊重，A 公司的工作人员精心布置了签字厅，并以在室内面向大门的视角为基准，将 A 公司的签字桌安排在右侧，将 B 公司的签字桌安排在左侧。

然而，在签字仪式正式举行的那一天，B 公司工作人员见到签字厅的布置后恼火不已，并拒绝进入签字厅，准备取消与 A 公司的合作。最后这场风波经过调解平息了。

问题：

B 公司为什么想取消与 A 公司的合作？

任务一　会议礼仪

会议是指人们为了解决某个共同的问题或出于不同的目的聚集在一起进行讨论、交流的活动。会议礼仪是指会议召开前、会议过程中、会议结束后应遵守的礼节和仪式。在学习会议礼仪之前，我们有必要先了解一下会议的要素。

一、会议的要素

一般来说，会议的要素包括与会者、主持人、议题、名称、时间和地点六个部分。

（一）与会者

与会者是指参加会议的正式成员（不包括会场上的服务人员），是有权了解会情、提出意见、表明态度、作出决定的人（如公司股东），或能够提供信息、促进会议深化讨论的人（如重要嘉宾、群体代表等）。

（二）主持人

主持人是指对会议的正常进行起着引导作用的人，其往往也是会议的组织者或召集者。

主持人通常由有相当地位、威望的人或有经验、懂行的人担任。具体而言，主持人可以分为以下两种：① 当然的主持人，即按商务组织的章程或者法律法规的规定确定主持人，如法律规定董事长为公司董事会的主持人；② 临时的主持人，即由与会者推选或协商产生的主持人，如多个商务组织开联席会议时，由这些组织选举或协商产生主持人。

（三）议题

议题是指会议所要讨论的课题或所要解决的问题。议题通常由会议组织者指定或经调查研究后提出。

（四）名称

会议应当有一个恰当、确切的名称。会议的名称应能够显示会议的内容、性质、参加对象、主办单位或组织、时间、届次、地点或地区、范围、规模等。

（五）时间

会议的时间通常具有以下三种含义：① 会议召开的时间；② 会议需要的时间；③ 每次会议的时间限度。

会议召开的时间通常由会议组织者根据工作需要、与会者参与的可能性、天气等因素来确定。会议需要的时间可长可短，少则几分钟、几十分钟，多则几天、十几天，但一般都应尽可能地缩短。每次会议的时间限度一般不超过一小时，否则，应安排会间休息时间。

（六）地点

地点是指会议召开的地区和会场的具体地址。会议地点的选择通常受经济、文化、交通、地区特征、环境、会场设施等因素的影响。

例如，受经济、文化、交通因素影响，国际性或全国性会议的地点通常选在北京、上海、广州等城市；受地区特征因素的影响，专业性会议的地点通常选在富有专业特征的地区；受会场设施因素的影响，小型或经常性会议的地点通常选在会议室。

二、会议组织礼仪

会议的组织工作是非常复杂的，在会前准备、会中组织和会后收尾阶段都各有不同的要求，举办方要想会议举办得圆满成功，就必须确保上述每个环节都万无一失，确保细节到位。

（一）会前准备

举行会议之前，会议组织者应当做好以下准备工作：

1. 确定会议议题和名称

首先，举办方应提出恰当的会议议题。在此阶段，筹备人员应充分征求各方意见，全面了解需要通过会议解决的事项，根据事情的性质、领导的意图及事情的轻重缓急，来列出议题，并及时报有关领导审定。然后，举办方根据议题确定会议的名称。例如，某公司以新产品、新技术的出现为议题，准备召开新闻发布会，并确定会议的名称为“××公司新产品信息发布会”。

2. 成立会务组

会议议题和名称一旦确定，就应成立专门的会务组，由其负责落实会议的具体工作事项，如联络责任人、协调各方关系等。大型会议中，通常还应分别成立秘书组、保卫组、接待组、文娱组等，以便全面筹备会议事务，保证会议井然有序地进行。

提　示

根据规模大小或出席人数的多少，会议一般可分为小型会议、中型会议和大型会议。小型会议的出席人数少则几人，多则几十人，一般不超过 100 人；中型会议的出席人数一般为 100～1 000 人之间；大型会议的出席人数一般在 1 000 人以上。

3. 确定与会人员名单

根据会议的内容、性质和任务，科学地确定出与会人员名单。确定名单时，应当剔除一切与会议无关的人员。这样做的目的在于保证整个会议气氛不被搅乱，以便取得理想的会议效果。

4. 确定会议地点

根据会议的性质和规模确定会议召开的地点。其中，会议所在地区应交通便利、气候宜人，会议具体场所应环境幽雅、宽敞明亮。

5. 安排会议议程和日程

会议议程是指对会议活动的总体顺序安排。例如，大中型会议的议程一般安排如下：开幕式；领导和来宾致辞；领导作报告；分组讨论；大会发言；参观或其他活动；会议总结；宣读决议；闭幕式。

会议日程是指根据会议议程对各项会议活动所作出的日期安排，凡是会期满 1 天的会议都应制定会议日程。

会议组织者安排会议议程和日程时，应保证关键人物有时间出席会议，并尽可能保证其他与会者有时间参与会议。同时，应尽量将重要的议题和关键人物的活动安排在前面。

知识链接

某经济论坛年会日程安排

上午　主持人：田某

8:00～9:00	与会代表报到、登记
9:00～9:15	大会致辞（致辞人：贺某）
9:15～10:05	主题演讲：经济防腐败治理与发展（演讲人：Daniel）
10:05～10:55	主题演讲：中国经济的现状与展望（演讲人：彭某）
10:55～11:10	茶歇

11:10～11:50	会议报告：预防经济发展中的腐败和行政腐败的策略（报告人：魏某）
11:50～12:00	讨论
下午　主持人：王某	
13:30～14:10	会议报告：中国企业对全球贸易的影响（报告人：李某）
14:10～14:20	讨论
14:20～15:00	会议报告：横向问责与腐败控制（报告人：江某）
15:00～15:10	讨论
15:10～15:25	茶歇
15:25～16:05	会议报告：商业社会的作用（报告人：苏某）
16:05～16:55	讨论
17:00～17:30	总结评论
17:30	会议结束

6．拟发会议通知

会议组织者应提前向与会者下发会议通知。会议通知可以采取书面、口头、电话、邮件等方式，但大中型会议或比较正式的会议一般应采用书面形式。

书面通知应包括以下内容：① 会议名称；② 会议主题和内容；③ 会期（会议起止时间）及报到时间；④ 会议地点；⑤ 会议的出席对象；⑥ 与会要求，即与会者应携带的材料、应支付的费用、应准备的生活用品等；⑦ 主办单位、联系人姓名及其电话等。

发放书面通知时，应当设法保证其及时到达（至少应提前一天到达）与会者手中，以便其早作准备。

7．准备会议材料

妥善准备会议上所用的各种文件材料，如会议议程和日程表、开幕词、主题报告、领导讲话稿、其他发言材料、闭幕词等。有的文件应在与会人员报到时发放，如会议议程和日程表。

8．准备会场设备和会议用品

购买或租用各种会场设备，如音像设备、多媒体设备、照明设备、通风设备、空调设备等。同时，准备相应数量的会议用品，如本册、签到簿、笔、文件夹、座位签、姓名卡、饮料、杯子、印有会议标志的纪念品等。

9．布置会场

将会议所需的各种设备和用品摆放到会场的相应位置，并对设备进行调试检查。此外，还应在会场的显眼位置悬挂标语、横幅、旗帜或会标，并在会场周围设置路标、张贴海报、摆放鲜花、插放彩旗等。对于全场的桌椅、座次的安排要根据会议规模来设置，讲究礼宾次序。

（1）大型会议的座次礼仪

大型会议的与会人数众多，所以会场上通常应分设主席台和群众席。

① 主席台的座次

按照国际惯例，主席团的座次排列应符合以下规则：以主席台面向群众席的视角为基准，前排尊于后排，中间尊于两侧，右侧尊于左侧，如图 6-1 所示。国内政务性会议往往是左侧尊于右侧。安排好主席台座次后，应按照座次顺序在就座者身前的桌上摆好写有入座者姓名的桌签，以便主席团成员按序入座。

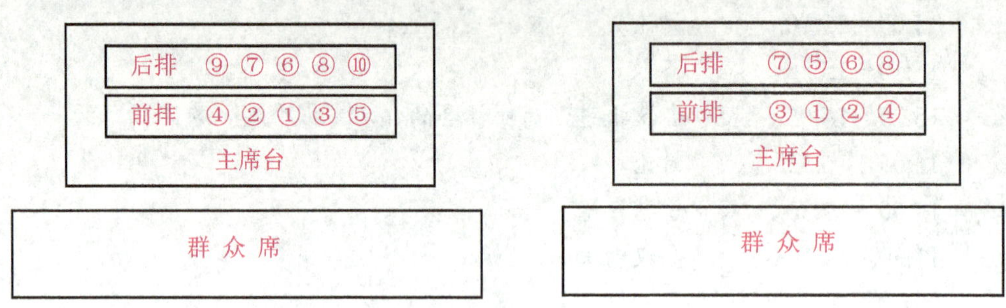

图 6-1 主席台的座次排列

② 群众席的座次

群众席可以根据需要自由择座，也可以按照单位或组织指定区域统一就座。常见的群众席的座次安排如图 6-2 所示。

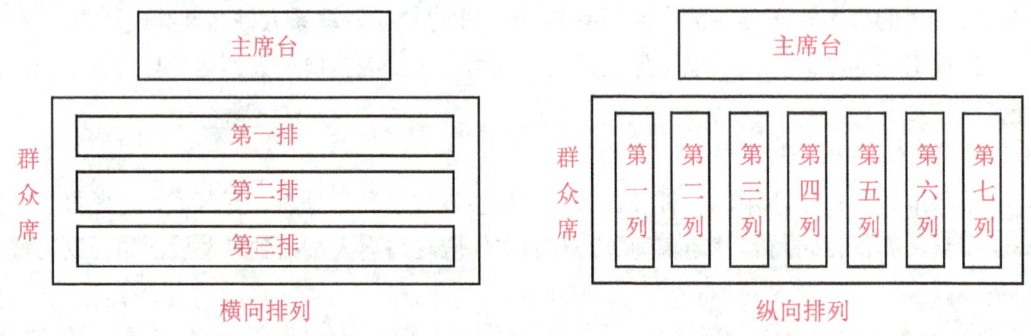

图 6-2 群众席座次

通常，横向排列座次时，前排座位尊于后排；纵向排列座次时，中列的座位尊于两侧。

（2）小型会议的座次礼仪

小型会议的与会人数较少，全体与会者通常同桌而坐。因此，会议组织者可采用以下两种方式安排会议的尊卑座次。

① 无主客之分的座次排列

若与会者中没有客人，则直接在面对会议室正门的位置上，按照中间为尊、右座尊于左座的原则安排座次，如图 6-3 左图所示。若会议桌斜对着会议室正门，则可以在远离会议室正门的一侧依次设座，如图 6-3 右图所示。

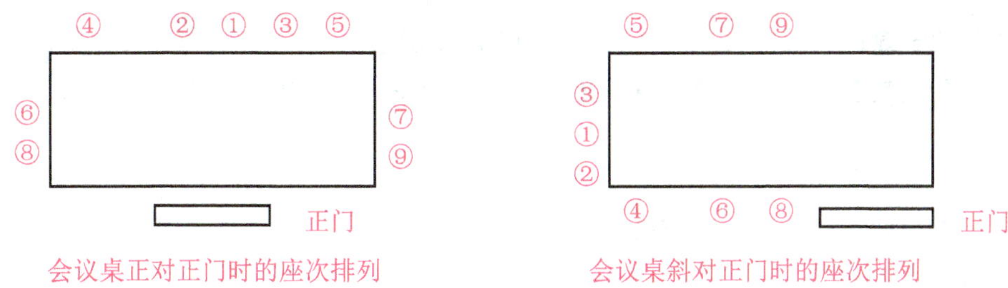

会议桌正对正门时的座次排列　　会议桌斜对正门时的座次排列

图 6-3　无主客之分的会议座次

② 有主客之分的座次

若与会者中有客人，一般分两侧就座，客人一方坐在会议桌比较靠里的一边，而主人一方则相对而坐。如图 6-4 所示。

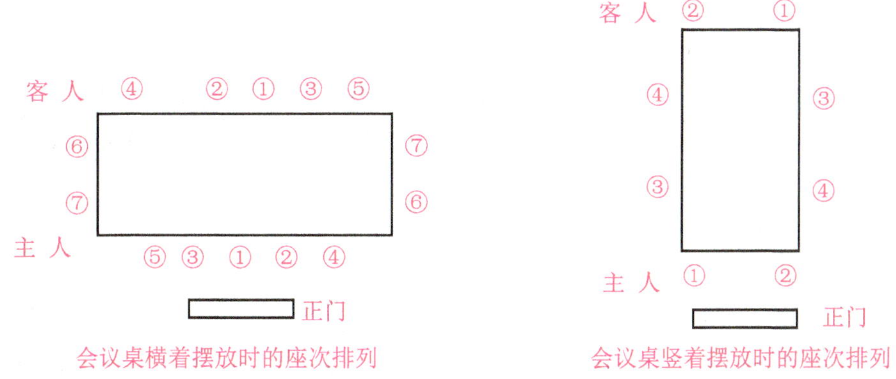

会议桌横着摆放时的座次排列　　会议桌竖着摆放时的座次排列

图 6-4　有主客之分的会议座次

（二）会中组织

会议举行期间，会议组织者应做好以下工作：

1. 做好接待工作

安排专员做好会场内外的接待工作，主要包括迎接、引导和陪同与会者等。对于贵宾，往往还需重点照顾。

2. 组织签到

组织与会者签到，并及时、准确地统计到会人数，从而据此安排会议工作（有些会议只有在到会人数达到一定数量时才能召开）。

3. 做好现场记录

安排专员对会议进行现场记录，具体方式包括手写记录、电脑录入、录音、录像等。可以只选用一种方式进行记录，也可以采用多种方式交叉进行。采用手写记录或电脑录入的方式记录会议时，应当准确、完整地写明会议名称、会议时间、会议地点、出席人数、讨论事项、发言内容、临时决议、最终表决等内容。

4. 做好会间服务

为与会者提供一切力所能及且符合礼仪规范的服务，具体包括为与会者安排工作餐、住宿、茶会或文娱活动，以及提供安全保卫、医疗卫生、便民咨询等。

（三）会后收尾

会议结束后，会议组织者应做好以下收尾工作：

1. 整理会议资料

对会议相关的一切图文、声像材料进行收集、整理，并对相应材料进行汇总、归档、回收或销毁，然后及时形成会议纪要或会议决议。

2. 馈赠礼品或组织摄影

对于公司内部会议以外的会议，会议组织者可向与会者赠送具有会议主办方特色的礼品，并可组织与会者摄影留念，以加强业务联系、促进商务往来。

3. 协助与会者返程

对于外来的与会者，会议组织者应提供一切力所能及的帮助协助其返程，如为其联络或提供交通工具、替其订购返程机票或车票、帮助托运行李、安排专人为其送行等。

三、与会者礼仪

（一）主持人礼仪

各种会议的主持人，一般由具有一定职位的人来担任，其礼仪表现对会议能否取得圆满成功有着重要影响。因此，主持人要特别注意以下事项：

1. 熟悉议程

主持人在拿到主持任务后，要认真研究所主持的会议，弄清会议的目的、主题、会议的发言者及发言题目、用时等相关情况，从而熟悉会议议程，把握会议走向，预测会议效果，并据此设计出主持人的串联词，为主持工作做充分的准备。

2. 仪态端正

主持人应衣着整洁、大方庄重，走上主席台应步态稳健有力、精神饱满。如果站立主持，应双腿并拢、腰背挺直。持稿时，右手持稿子的底中部，左手五指并拢自然下垂；双手持稿时，应与胸齐高。坐着主持时，应坐正挺直，双臂前伸，双手轻按于桌沿。在主持会议的过程中，切忌出现搔头、揉眼、抖腿等不雅动作。

3. 言谈得体

主持会议时，应当口齿清楚、发音准确，并简明扼要地表述会议事项。在会议进行过程中，不可与会场上的人员寒暄、闲谈。

4. 控制会场

① 主持人应按既定的顺序推动会议活动的进展，不得随意变动议程顺序，同时，严格把握会议的起止时间，不随意拖延或提前。

② 引导与会者积极讨论或发言，当讨论、发言的内容偏离会议主题，或者讨论、发言的时间超出限定范围时，应当给予礼貌地提醒。

③ 就发言内容进行提问并作恰如其分的评价，同时对发言人表示礼节性的肯定或感谢。

④ 根据会议性质适当地调节会议气氛（或庄重、或热烈等），以实现会议的预期效果。

⑤ 安排会间休息时间，并明确休息时间的具体长度。

⑥ 在会议结束前，对会议情况作简单的总结，并宣读会议达成的决议。

⑦ 会议结束时，对为会议提供了帮助的人和协助组织会议的工作人员表示感谢。

（二）发言者礼仪

1. 发言准备

大会发言者在发言之前，要做好以下两项准工作：一是准备发言稿。在准备发言稿时，要了解会议的主题、听众的思想状况、文化程度、职业特点和心理需求。发言稿要观点明确、中心突出，主张合理、层次清楚，逻辑缜密、以理服人。二是修饰仪表。在发言之前，发言人一定要抽出时间，对其个人仪表进行修饰，如头发要梳理整齐，着装要干净、整洁大方。

2. 发言礼仪

发言者分为正式发言人和自由发言人两种。前者一般是领导报告，后者一般是讨论发言。正式发言人和自由发言人应分别遵守以下礼仪规则：

（1）正式发言人的礼仪

- 走上主席台时，应步态自然，并体现出自信的风度。
- 走上主席台后，首先应面向群众席，扫视全场，与在座的听众进行目光交流，然后诚恳、恭敬地向听众鞠躬或点头致意，稍后便可开始发言。
- 发言时，应口齿清晰、发音准确，简明扼要地表述发言内容，若是书面发言，则还应时而抬头扫视会场，切勿旁若无人地低头念稿。
- 发言完毕，应向听众表示谢意，然后退下主席台回到原座位。

（2）自由发言人的礼仪

- 注意发言顺序，遵守发言秩序，不可争抢发言。
- 发言时，应口齿清晰、观点鲜明、内容简短。
- 与他人有分歧时，应态度平和，以理服人。

无论是正式发言人还是自由发言人，对于主持人或其他与会者就发言内容所进行的提问，都应礼貌作答，对于不能回答的问题，应机智而礼貌地说明理由；对于提问人的批评或建议，应当认真听取，即便批评或建议是不恰当的，也不应失态。

（三）会议参加者礼仪

参加会议是一件严肃的事情。参加会议的人员无论是以单位还是个人的名义出席会议，都要注意自己的言行举止，做到稳中端庄，遵时守纪，合乎礼仪规范。

- 衣着整洁、仪表大方、按时到会，并按会议组织者安排的座次入座。
- 保持会场安静，做到关闭手机或将手机调为静音，不拨打或接听手机，不大声喧哗，不交头接耳等。
- 保持得体的仪态，切勿做出不雅行为，如打哈欠、伸懒腰、打瞌睡、掏耳挖鼻、挠头打嗝等。
- 会议进行时，不要随意走动或出入。若确实需要暂离座位，则应轻手轻脚地进行，尽量减少对发言者和其他与会者的影响；若需要长时间离席或提前退场，则应向会议组织者说明理由并表示歉意，在征得同意后方可离开。
- 他人发言时，应认真倾听，并用笔、纸记下与自己工作相关的内容。
- 当他人发言结束时，应向发言者致以热烈的掌声，以表赞赏和感谢。

【经典实例】

研讨会上的“明星”

长荣公司被邀请参加一个研讨会，这次研讨会将有很多商界知名人士及新闻界人士参加。长荣公司的老总特别安排他很器重的助理小杨作为公司代表去参加。

会议当天，小杨睡过了头，等他赶到现场时，会议已经进行了 20 分钟。他急急忙忙地推开会议室大门，不小心碰倒了会议室门口的花盆，花盆倒地发出一声脆响，这让他一下子成了会场上的焦点。刚坐下不久，小杨的手机铃声响起，肃静的会场上播放起了摇篮曲！这次，小杨简直成了研讨会上的“明星”。

研讨会结束后，长荣公司老总就让小杨另谋高就了。

问题：长荣公司老总让小杨另谋高就的原因是什么？

小杨是代表长荣公司出席研讨会的，他的个人形象代表着长荣公司的形象，他赴会迟到、打破花盆和会场不关闭手机铃声的行为，都是不符合商务会议礼仪的，这些行为令长荣公司的商务形象在会场上众多商界知名人士和新闻界人士的面前受损。由此可知，长荣公司的老总一定对助理小杨深感失望，最终让小杨另谋高就了。

任务二　仪式礼仪

仪式是指在特定场合举行的、具有专门程序、规范化的活动。在商务活动中，常见的仪式包括签字仪式、开业仪式和剪彩仪式。

一、签字仪式礼仪

签字仪式是指业务双方或多方经过会谈、协商，形成了某项协议或合同，由各方代表在有关协议上签字并交还相关文本的仪式。签字仪式礼仪是指各方人员在举行签字仪式时应遵守的礼仪程序和规范。

（一）签字仪式的准备

1. 准备待签文本

按照商业惯例，在谈判或洽谈结束后，签约各方应指定专人按照达成的协议，做好待签文本的定稿、翻译、校对、印刷、装订、盖章等一系列工作。文本一旦签字就具有法律效力，因此，待签文本的准备一定要严谨、慎重。

在准备过程中，双方要共同审定合同中的各项具体条款及其表述，并核对与合同相关的附件、批文、证明等材料的真实性、完整性和准确性，最终使合同文本定稿。若对上述文本存在争议，则各方应再次谈判或商议，直到达成一致意见。有几方签字，就要准备几份文本，还可以同时为各方提供一份副本。

签署涉外合同时，通常按照国际惯例确定文本的语言文字，具体情况有如下两种：① 双边签约的签字文本应同时使用双方法定的官方语言文字撰写，必要时还可以使用国际通行的第三方文字，如英文、法文等；② 多边签约的签字文本应使用经各方协商确定的语言文字撰写。

待签文本应用大八开规格的高档白纸印刷并装订成册，再配以高档材料的封皮，以示郑重。

2. 确定出席人员

在举行签字仪式之前，签约各方应预先确定好各自参加签字仪式的人员，并相互通报。尤其是出席签字仪式的客方，要先将己方的出席人员名单提前告知主方，以便主方安排。

通常，签约各方应预先确定的人员包括主签人、助签人和陪同人员。

（1）主签人

主签人是签字仪式上的主要角色，其可由各签约方参与谈判或洽谈的主谈人担任，也可由各方更高级别的领导人担任。需要注意的是，双方主签人的身份应大体相当。

（2）助签人

助签人是指在签字仪式过程中帮助主签人翻揭待签文本、指明签字之处的人。助签人必须了解签约各方的谈判或洽谈过程，清楚待签文本的整理、起草和制作情况，并非常熟悉助签业务。

（3）陪同人员

出席签字仪式的陪同人员，主要是参加谈判的全体人员，人数以相等为宜。

3．选择签字场地

签字场地即正式举行签字仪式的场地，其通常应根据参加签字仪式的人员人数和合同内容的重要程度来确定。签字场地可以选在庄重严肃、宽敞明亮的专用的签字大厅进行，也可以选在客方所住的宾馆、饭店或主方的会客厅、洽谈室进行。签字场地的选择应当由签约各方共同协商确定，任何一方自行决定后再通知其他各方的行为都属于失礼行为。

4．布置签字厅

签字厅的布置通常由主方负责操办。布置签字厅的总原则是：庄重、整洁。一般在签字厅内设置一张长方形桌作为签字桌，桌面上铺着深色台呢。签署双边合同时，桌后并列摆放两把椅子，供双方签字人就座。签署多边合同时，一般摆放一把椅子，各方签字人轮流就座，也可以为各方签字人各提供一把椅子。桌子上事先摆放好待签文本、签字笔、吸墨器等文具，涉外签字仪式还要在签字桌上分别挂双方国旗。

（二）签字仪式的座次礼仪

座次礼仪是各方最为在意的，双边合同的座次，一般由主方代为安排。主方安排时，应以国际礼宾序列，注意以右为尊、为上，即将客方主签人安排在签字桌右侧就座（以室内面向正门的视角为基准），主方主签人在左侧就座，各自的助签人在其外侧助签，双方的随席人员分别站在己方主签人的座位后面，并按照职位高低、由中间向两侧依次排开。具体布置如图 6-5 所示。

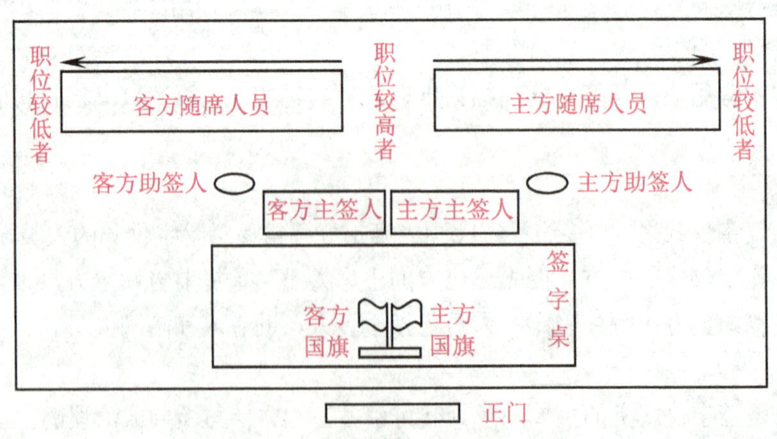

图 6-5　签字场所布置

（三）签字仪式的基本程序

1．仪式开始

签约各方的全体出席人员进入签字厅，按照礼仪顺序在指定的座位入座。

2．签署文本

开始签字时，助签人应站在相应位置协助翻揭文本并指明签字之处，如图 6-6 所示。由主签人在已方保存的文本上签字，然后由助签人员合上文本，在签字人的身后相互交换文本，双方主签人员分别在对方保存的文本上签字。这样做，轮流使各方有机会居一次首位，以示平等，在礼仪上叫作“轮换制”。

图 6-6　正式签署文本

3．交换文本

各方签字人员起立，相互交换文本并握手致意。此时，全场出席人员应热烈地鼓掌，以表祝贺，如图 6-7 所示。

图 6-7　交换签署完毕的文本

4．举杯庆贺

签约各方的相关人员，尤其是各方主签人应接过一杯由礼宾小姐端上来的香槟酒，与他方的主签人及相关人员一一碰杯并当场饮用，然后高举（以齐于眼部为宜）酒杯示意，相互道贺。这是国际上通用的用以增添仪式喜庆色彩的做法。

5．退场

签字仪式结束后，主方应先请签约各方的最高领导人退场，然后请客方人员退场，最后主方人员退场。整个仪式所用的时间以半小时为宜。

二、开业仪式礼仪

开业仪式是商业性组织为庆祝成立或开张，经过精心策划并按照一定程序而举行的一种庆祝仪式活动，目的是传播企业信息，宣传企业形象。开业仪式礼仪是指在举办和参加开业仪式的过程中所应遵守的礼仪规范。

（一）开业仪式的准备

筹备开业仪式时，对于舆论宣传、来宾邀请、接待服务、场地布置、礼品准备、程序拟定等工作需要事先做好认真安排。

1．舆论宣传

在开业仪式正式举行的前3～5天，开业单位应向社会各界宣传开业仪式的举办时间、举办地点、企业的经营范围和特色、开业之际对顾客的优惠情况等，以吸引社会各界人士的关注，争取被认可和接受。

舆论宣传的方式主要有以下几种：① 在单位建筑物周围设置醒目的条幅、广告语、宣传画等进行宣传；② 向公众散发广告单页进行宣传；③ 利用报纸、杂志及网络等媒介进行传播；④ 运用广播、电视等媒体进行传播。

2．来宾邀请

开业仪式影响力的大小实际上取决于来宾身份的高低和数量的多少，因此，开业单位应在力所能及的情况下，力争多邀请一些来宾参加仪式。

（1）邀请的人员

一般而言，应当邀请的人员有如下几种：

- 上级领导：即工商、税务等直接管辖部门的领导人、上级主管部门的领导人等，以提升开业仪式的档次，并便于今后获取支持。
- 社会名流：即社会各界的名人，以借助其名气提高开业单位的知名度和美誉度。
- 合作伙伴：即同行业人士、潜在或预期的客户，以加强沟通、促进合作。
- 媒体记者：即各报社、杂志社、电视台、广播电台等媒体的记者，以借助他们的评价和宣传来加深社会对开业单位的了解和认识。

- 社会公众：即与开业单位居于同一区域或者对开业单位有影响的组织和个人，如社区负责人等，通过他们加强企业与本地区的联系，希望更多的人关心、支持企业的发展。
- 单位员工：即开业单位的工作人员，成功的开业庆典活动，可增强他们的自信心、凝聚力、自豪感和归属感。

（2）邀请的方式

邀请来宾时，可以采取电话、传真、发邀请函等方式进行。为了表明诚意与尊重，通常应采取发邀请函的方式进行，对于重要嘉宾，应派专人将邀请函送到被邀请者手中。

【经典实例】

邀请函的书写格式

××先生（女士）：

兹定于×月×日（星期×）×时在××处举行××开业仪式。敬请光临，谢谢。

×××公司

××××年××月××日

（3）邀请的时间

邀请工作应至少提前一周完成，以便被邀请者早做安排。

3. 接待服务

在举行开业仪式的现场，一定要有专人负责来宾的接待工作，一般由年轻、精干、身材和相貌较好的男女青年承担，主要负责来宾的迎送、引导、陪同、招待等。在接待贵宾时，须由本单位的主要负责人亲自出面。

搞好接待服务工作，可以使来宾感受到主人真挚的尊重和敬意，会给来宾留下深刻的印象。因此，在举办开业仪式前要认真安排，并对接待人员进行系统培训。

4. 场地布置

开业仪式一般在商场、单位的门口举行。为了烘托出热烈、隆重、喜庆的气氛，可在现场悬挂“××商场开业仪式”或“××公司隆重开业”的横幅，两侧布置一些来宾的贺匾、花篮，会场周围还可张灯结彩，悬挂彩灯、气球等，如图 6-8 所示。此外，来宾签到簿、本单位的宣传材料、待客的饮料等应提前准备好。对于仪式要用的音响、照明设备等也要事先认真检查、调试，以确保开业仪式的顺利进行。

需要注意的是，开业仪式的现场不能妨碍交通，音响设备的调试以不制造噪音为宜，不能为了烘托气氛而热闹过了头，否则会影响开业仪式的效果，甚至破坏企业的社会形象。

图 6-8　场地布置

5. 礼品准备

仪式举行前，应事先准备一些礼品，以便赠给届时参加仪式的来宾。所赠礼品应突出宣传性、价值性和实用性。

- **宣传性：** 即礼品应具有开业单位的鲜明特色。通常，可采取在礼品及其包装上印刷开业单位的标志、产品图案、广告用语、开业日期的方式来增加礼品的宣传性。
- **价值性：** 即礼品应具有纪念意义，能使受赠者对其倍加珍惜。
- **实用性：** 即礼品应具有实际使用价值，为受赠者带来生活或工作上的便利。

6. 程序拟定

为使开业仪式顺利进行，在筹备之时，必须要认真拟定具体的程序，并选定好称职的仪式主持人。拟定典礼程序应坚持以下两条原则：

- 时间宜短不宜长。一般来说，应以 1 个小时为宜。
- 程序宜少不宜多。

【经典实例】

开业仪式方案

——长远大酒店开业庆典

庆典时间：2014 年 3 月 6 日上午 10 点

地点：长远大酒店

名称：长远大酒店开业庆典剪彩仪式

简介：长远大酒店于 3 月 6 日在酒店所在地隆重举行开业剪彩仪式，届时会有许多商业人士、新闻媒体及市政府领导出席。在剪彩仪式结束之后，我们将邀请来宾参观长远大酒店，使大家了解酒店在饮食、娱乐、住宿等方面的配套设施、服务功能和服务特色。同时，酒店准备了丰盛的午宴款待各位嘉宾，届时请各位尽情享用。

活动安排：

9:00～9:30	礼仪小姐迎宾。
9:30～9:40	主持人宣布开业仪式正式开始，首先介绍主办方活动宗旨，接下来介绍与会嘉宾。
9:40～9:45	主持人邀请酒店负责人王总经理上台致辞。
9:45～9:50	主持人邀请市政府领导上台致辞。
9:50～10:10	主持人邀请嘉宾剪彩。
10:10～11:00	主持人宣布剪彩仪式结束，邀请嘉宾参观长远大酒店。
11:00～12:30	在长远大酒店设宴，请嘉宾共进午餐。

（二）开业仪式的程序

一般情况下，开业仪式程序由以下几项组成：

1. 迎宾

礼仪小姐就位在会场门口迎接来宾，待来宾签到后，引导来宾就座。

2. 典礼开始

主持人宣布开业仪式正式开始，全体起立，鸣放鞭炮，奏乐。宣读重要来宾名单。

3. 致贺词

由上级领导或来宾代表致贺词，主要表达对开业单位的祝贺，并寄予厚望。

4. 致答谢词

由本单位负责人致答谢词，其主要内容是向来宾及祝贺单位表示感谢，并简要介绍本单位的经营特色和经营目标等。

5. 揭幕或剪彩

揭幕就是由本单位负责人和上级领导或嘉宾揭去盖在牌匾上的红布。揭幕的具体做法如下：揭幕人走到红幕前，双手接过幕布彩索，目视幕布，然后双手拉启彩索，使被幕布蒙住的牌匾或纪念碑显露出来，如图 6-9 所示。揭幕后，在场人员应鼓掌，同时奏乐。

图 6-9　揭幕

剪彩就是在仪式上由剪彩人员剪断彩带。彩带通常是用红绸制作的，剪彩前应事先准备好剪刀、托盘和彩带。剪彩时，由礼仪小姐拉好彩带，端好托盘，剪彩者用剪刀将彩带上的花朵剪下，放在托盘内，如图 6-10 所示。这时，场内应以掌声表示祝贺。

图 6-10 剪彩

6. 参观

如有必要，可以引导来宾参观，介绍本企业的主要设施、特色商品及经营策略等。

7. 迎接首批顾客

可以采取让利销售或赠送纪念品的方式吸引顾客，也可以选择一些有代表性的消费者参加座谈，虚心听取消费者的意见，拉近与消费者的距离。

以上程序可视具体情况有所增减，无须生搬硬套。总之，开业仪式的整个过程要紧凑、简洁高效，避免时间过长、内容杂乱，使来宾产生不快。

三、剪彩仪式礼仪

剪彩仪式是指开业单位邀请专人使用剪刀剪断被称为“彩”的红色缎带，以示开业的庆祝活动。剪彩仪式是开业仪式中的一项重要环节，因其具有特定的规范，故在此对剪彩仪式的准备和基本礼仪做单独的讲述。

【经典实例】

剪彩仪式的起源

据说，剪彩最早起源于美国。20 世纪初，美国一家大百货商店将要开业。店主为了阻止闻讯后蜂拥而至的顾客在正式营业前闯入店内抢购促销商品，便随便找来一条布带子拴在门框上。谁曾料到这项临时性的措施竟然更加激发了挤在店门之外的人们的好奇心，促使他们更想早一点进入店内，对即将出售的商品先睹为快。

正当店门之外的人们有些迫不及待的时候，店主的小女儿牵着一条小狗突然从店里跑出来，小狗将拴在店门上的布带子碰落在地。人们误以为这是该店为了开张志喜所搞的“新把戏”，于是立即一拥而入，大肆抢购。让店主转怒为喜的是，他的这家小店在开业之日的生意居然红火得令人难以置信。

不久，当老板的第一家分公司又要开业时，想起第一次开业时的盛况，便如法炮制。这次是老板有意让小女儿把布带碰断，果然财运又很好。

于是，人们都效仿此法。后来，人们用彩带取代了颜色单一的布带，并用剪刀剪断，执行人由小女孩变成年轻的姑娘，后来又由当地官员或社会名流所替代，人们还给这种做法正式取名为“剪彩”。时至今日，剪彩已风靡了全世界，成为商务公关、开业庆祝的一种重要仪式，并约定俗成地形成了一整套礼仪规范和要求。

（一）剪彩仪式的准备

剪彩仪式的筹备工作主要包括确定剪彩人员和准备剪彩用具。

1．确定剪彩人员

剪彩仪式举行前，举办单位应认真选择并确定剪彩人员，主要包括剪彩者和助剪者。

（1）剪彩者

剪彩者即剪彩仪式上持剪刀剪彩的人，其身份地位的高低与剪彩仪式档次的高低有着密切联系。他们通常由举办单位的上级领导、合作伙伴、社会名流、员工代表或客户代表担任。

根据惯例，剪彩者可以是 1 人，也可以是数人，但一般不多于 5 人。在确定剪彩者时，必须尊重被邀请剪彩人的意见，切勿勉强；若需邀请数人担任剪彩者，则还应分别告知每位剪彩者届时他将与何人同担此任，否则，是有失礼仪的。

必要时，可在剪彩仪式举行前，将剪彩者集中在一起，告知其有关的注意事项并稍加排练。

（2）助剪者

即在剪彩仪式上为来宾和剪彩者提供服务的礼仪小姐，具体又可分为迎宾者、引导者、拉彩者、捧花者和托盘者，其各自的助剪任务如下：

- 迎宾者：负责在仪式现场迎送宾客。
- 引导者：负责在剪彩时带领剪彩者登场或退场。
- 拉彩者：负责在剪彩时展开或拉直红色缎带。
- 捧花者：负责在剪彩时手托花团。
- 托盘者：负责为剪彩者提供剪刀、手套等剪彩用品。

一般情况下，迎宾者为数人；引导者为 1 人；捧花者的人数与花团的个数一致；拉彩者通常由捧花者兼任；托盘者可为 1 人，也可与剪彩者的人数一致。

助剪者通常由仪式举办单位的女职员担任。举办单位在确定助剪者时，应选择年轻健康、相貌端庄、身材颀长、气质高雅、反应敏捷、机智灵活的人员。必要时，可以向礼仪公司临时聘请礼仪小姐来担任助剪者。

2. 准备剪彩用具

剪彩用具是指剪彩仪式上所需使用的特殊用具，具体包括红色缎带、新剪刀、白色薄纱手套、托盘和红色地毯。

（1）红色缎带

红色缎带即剪彩仪式中的“彩”。按照传统的做法，红色缎带应由一整匹未曾使用过的绸缎，在中间结成数朵花团而成如图 6-11 所示；按照目前的做法，红色缎带也可为一条长度为 2 m 左右的细窄的绸缎。

（2）新剪刀

新剪刀是剪彩者正式剪彩时所用的剪刀。它必须崭新、锋利而顺手，如图 6-12 所示，且其数量应与剪彩者的人数一致。仪式举办单位在准备新剪刀时一定要逐一检查剪刀是否开刃及好不好用，以免剪彩者届时不能一举成功地剪断红色缎带而一再补刀。

图 6-11　红色缎带

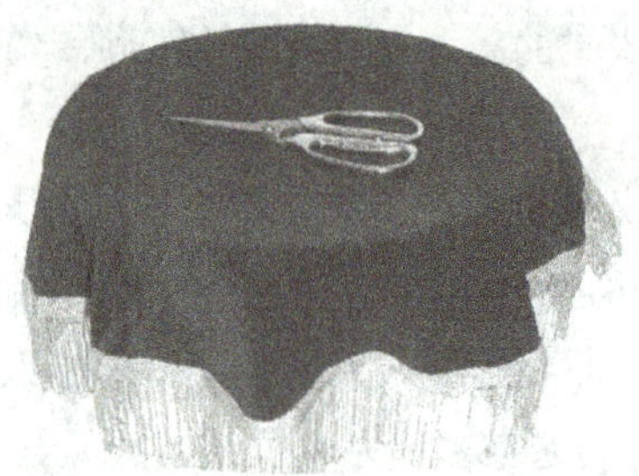

图 6-12　新剪刀

【经典实例】

永远要多准备一把剪刀

某大酒店准备举办开业庆典，一位受邀为酒店开业剪彩的市领导因为要到外地开会不能参加剪彩活动。酒店负责人为了表示对该领导的尊重，再三邀请希望其能挤出时间参加剪彩。后来，该领导的会议因故取消了，他在剪彩仪式开始前 2 分钟赶到了现场。然而，筹备剪彩工具的人员没有给他准备剪刀。此时，剪彩嘉宾已经上场了，慌乱间只见一位有经验的礼仪人员从自己的工作袋里拿出一把新剪刀，问题得以解决了。

分析： 该案例告诉我们，仪式的准备工作讲究缜密，凡事都要做到有备无患。

（3）白色薄纱手套

为了显示郑重，最好为每位剪彩者准备一副白色薄纱手套，如图 6-13 所示。该手套应崭新平整、洁白无瑕、大小合适、数量充足。当然，有时也可不准备白色薄纱手套。

（4）托盘

托盘是托在礼仪小姐手中，用于盛放新剪刀和白色薄纱手套的盘子。该托盘通常为崭新、洁净的银色不锈钢制品，如图 6-14 所示，在使用时可铺上红色绒布或绸布，以示正规。

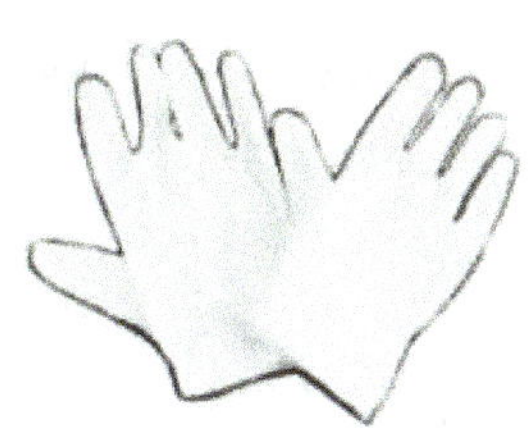

图 6-13　白色薄纱手套

图 6-14　托盘

（5）红色地毯

为了营造喜庆的气氛、提升剪彩仪式的档次，可以在剪彩现场铺设红色地毯。地毯应铺设在剪彩者正式剪彩时所站立之处，其宽度应为 1 m 以上，长度则可视剪彩者人数的多少而定。

（二）剪彩仪式的程序

剪彩既可以是开业仪式中的一项具体程序，也可以独立出来，由其自身的一系列程序所组成。而独立的剪彩仪式，通常应包含以下六项基本的程序：

① 入场、奏乐，请来宾就座。

② 主持人宣布仪式正式开始，现场可燃放鞭炮，全体到场者热烈鼓掌。主持人宣读主要来宾名单。

③ 奏国歌。此刻需全场起立。必要时，亦可随之演奏本单位标志性歌曲。

④ 进行发言。发言者依次应为东道主单位的代表、上级主管部门的代表、地方政府代表、合作单位的代表等。

⑤ 进行剪彩。在剪彩前，主持人应向全体到场者介绍剪彩者。剪彩时，全体应热烈鼓掌，必要时还可奏乐或放鞭炮。

⑥ 进行参观。剪彩之后，主人应陪同来宾参观，并详细介绍情况。仪式至此宣告结束。随后，东道主单位可向来宾赠送纪念品，并可设宴款待来宾。

（三）剪彩人员的礼仪

① 当主持人宣布开始剪彩之后，助剪的捧花者和托盘者应立即率先登场。登场时，

通常应排成一行从仪式台的右侧（以全体到场者面向仪式台的视角为基准）进场。登场后，捧花者均双手捧 1 朵花团站成一排面向全体到场者，托盘者则站在捧花者身后约 1 m 处，并自成一行，如图 6-15 所示。

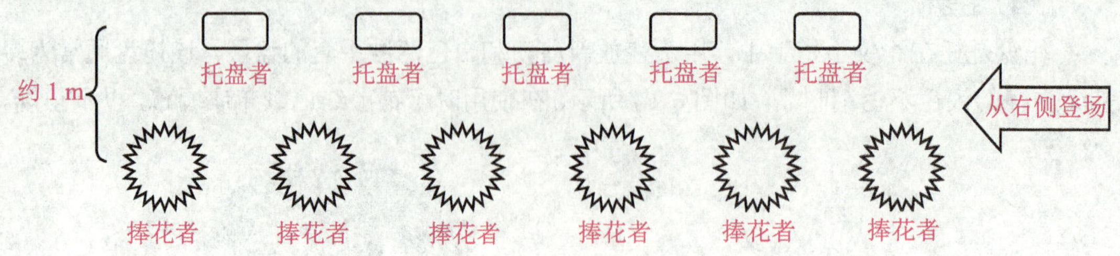

图 6-15　捧花者和托盘者的站立位置

② 剪彩者应该列队从右侧出场，主剪者要走在前面，由引导者在其左前方引导，使之各就各位。当剪彩者到达既定的位置后，托盘者应上前一步，站在剪彩者的右后侧，为他们递上剪刀、手套，剪彩者应含笑道谢。

③ 开始剪彩时，剪彩者应首先向拉彩者、捧花者示意，待其有所准备后，剪彩者即可集中精力，右手持剪刀，庄重地将红色缎带一刀剪断。若有多人同时剪彩，则各剪彩者应留意其他剪彩者的动作，以使彼此的剪彩动作协调一致，从而同时剪断红色缎带。

④ 剪彩后，剪彩者将剪刀和手套放回托盘，并举手鼓掌。之后，应依次与举办单位负责人握手道喜，并在引导者的引导下从右侧（以全体到场者面向仪式台的视角为基准）退场。

案例分析

在签字仪式上，符合礼仪的做法应是“以右为尊”。而 A 公司的工作人员违背了这一礼仪规范，将己方的签字桌安排在右侧、B 公司的签字桌安排在左侧。这一做法表现出对 B 公司的不尊重，因此 B 公司人员恼火不已。

项目总结

本项目主要介绍了会议礼仪、签字礼仪、开业礼仪与剪彩礼仪的相关知识。

会议在商务活动中占有相当重要的地位。怎样组织会议，怎样做好会议的善后工作等都有严格的礼仪规范。职场人员只有了解和懂得了这些礼仪规范，才能将各种商务会议办得更加成功。

签字礼仪、开业礼仪与剪彩礼仪是商务活动中较常见的仪式礼仪。不同的商务仪式有不同的程序要求，对商务人员的言行举止也有不同的要求，学习和了解这些仪式礼仪，对成功举办和得体参加各种仪式活动具有重要意义。

课后习题

一、填空题

1. 会议的要素包括__________、__________、__________、__________、__________和__________。

2. 举办签字仪式前，需确定的出席人员主要包括__________、__________和__________。

3. 举办剪彩仪式前，需要准备的剪彩用具包括__________、__________、__________、__________和__________。

4. 剪彩仪式上的剪彩者可以是__________人，也可以是__________，但一般不多于__________人。

二、不定项选择题

1. 下列选项中，（　　）不属于会议前的准备工作。

A. 成立会务组　　B. 安排会议议程和日程

C. 做好现场记录　　D. 拟发会议通知

2. 按照国际惯例，在大型会议中，主席团的座次排列规则是（　　）。

A. 以主席台面向群众席的视角为基准，前排尊于后排、中间尊于两侧、右侧尊于左侧

B. 以主席台面向群众席的视角为基准，后排尊于前排、中间尊于两侧、右侧尊于左侧

C. 以群众席面向主席台的视角为基准，前排尊于后排、中间尊于两侧、左侧尊于右侧

D. 以群众席面向主席台的视角为基准，后排尊于前排、两侧尊于中间、左侧尊于右侧

3. 下列行为符合主持人礼仪的是（　　）。

A. 在会议进行过程中，与会场上的人员寒暄、闲谈

B. 呵斥发言时间超过限定范围的发言人

C. 就发言内容进行提问并作恰如其分的评价

D. 会议进行过程中，不安排会间休息时间

4. 下列选项关于签字仪式的基本程序，说法正确的是（　　）。

A. 仪式开始－交换文本－签署文本－合影留念－退场

B. 仪式开始－交换文本－签署文本－举杯庆贺－退场

C. 仪式开始－签署文本－举杯庆贺－交换文本－退场

D. 仪式开始－签署文本－交换文本－举杯庆贺－退场

5. 下列关于剪彩仪式的过程礼仪，说法正确的是（　　）。

A. 主持人宣布剪彩后，助剪的捧花者和托盘者应立即率先登场

B. 助剪的引导者应行走在剪彩者的左前方，引导其从仪式台的右侧（以全体到场者面向仪式台的视角为基准）登场

C. 若有多人同时剪彩，则各剪彩者应留意让主剪者先剪断红色缎带

D. 待剪彩者退场后，捧花者和托盘者方可列队从右侧（以全体到场者面向仪式台的视角为基准）退场

实训题

实训一：模拟签字仪式礼仪

1. 实训目标

通过实训使学生熟悉签字工作的主要内容及注意事项，能够合乎礼仪地举办一场签字仪式。

2. 实训内容

天美意公司和天乐公司将举行签字仪式，请同学们按照签字仪式的礼仪要求，模拟两公司的签字情景。

3. 任务提示

将全班同学分成若干组，分角色扮演主持人、主签人、助签人、领导人、各方随员若干及礼仪小姐若干。模拟时可按以下步骤进行：

① 礼仪小姐把来宾带到相应位置。

② 双方领导人进入会场，并就座。

③ 主持人宣布签字仪式开始。

④ 双方主签人共同进入会场，相互致意握手，一起入座。

⑤ 双方助签人员，分立在各自主签人外侧，其余人员排列站立在各自一方代表身后。

⑥ 助签人员协助主签人打开文本，指出签字位置，双方代表各在己方的文本上签字，然后由助签人员互相交换，主签人再在对方文本上签字。

⑦ 签字完毕后。双方应同时起立，交换文本，并相互握手。

⑧ 主持人宣布合作成功（鼓掌）（礼仪小姐呈上贺酒，双方代表举杯祝贺）。

⑨ 主持人宣布签字仪式结束。双方领导退场，客方退场，主方退场。

4. 实训检测

学生、老师可以根据表 6-1 的内容对实训成果进行评分。

表 6-1　实训成果检测表

考核内容		分值	自评分	老师评分	实得分
现场布置	布置好签字厅	10			
	准备好相关文件、物品	10			
	签字厅座次安排得当	15			
流程设计	按要求设计流程	15			
	内容完整	10			
	衔接流畅	10			
角色扮演	举止得体	10			
	发言清晰	10			
	表情自然	10			

实训二：模拟剪彩仪式

1. 实训目标

通过实训使学生熟悉剪彩工作的主要内容，注意仪式进行中组织分工协调的重要性，掌握仪式进行过程中的每一步骤。

2. 实训内容

模拟企业开业剪彩仪式的情景。将班级学生分成若干小组，小组成员分角色扮演主持人、剪彩者、发言人、拉彩者、托盘者等，模拟剪彩仪式的整个程序。

3. 实训提示

剪彩道具：红线绳、新剪刀、白色薄纱手套、托盘等。

剪彩场地：教室。

模拟时可按以下步骤进行：

① 参加开业仪式的领导、嘉宾由礼仪小姐引领就位。

② 主持人宣布剪彩仪式开始（鼓掌）。

③ 主持人介绍参加开业仪式的领导、嘉宾（鼓掌）。

④ 请企业总经理致辞。

⑤ 请上级领导致贺词。

⑥ 请嘉宾代表致贺词。

⑦ 主持人宣布剪彩。

⑧ 剪彩人员在礼仪小姐的引领下登台剪彩。

⑨ 领导剪开红绸，宣告企业隆重开业（放音乐、鼓掌）。

⑩ 剪彩完毕后，请上级领导、嘉宾代表参观企业。

4. 实训要求

（1）学生按照实训步骤完成实训内容，以小组为单位分别完成练习过程。

（2）老师对学生练习过程中出现的错误及时进行纠正。

5. 实训检测

学生、老师可以根据表 6-2 的内容对实训成果进行评分。

表 6-2　实训成果检测表

考核内容		分值	自评分	老师评分	实得分
筹备工作	布置好场地	10			
	准备好剪彩工具	10			
	剪彩者的位次安排得当	15			
流程设计	按要求设计流程	15			
	内容完整	10			
	衔接流畅	10			
角色扮演	举止得体	10			
	动作规范	10			
	表情自然	10			

项目七

宴请礼仪

学习目标

- 了解宴请种类与形式，掌握宴会准备礼仪、进行时礼仪与赴宴礼仪
- 掌握中餐的桌次、座次礼仪，上菜礼仪，餐具的使用和就餐礼仪
- 熟悉西式宴请的座次礼仪，掌握西餐的上菜礼仪，餐具的摆放、使用礼仪和就餐礼仪

引　子

在社会交往中，宴请是最常见的交际活动，它可以加强双方之间的沟通，增进双方之间的感情。在宴请中，人们是通过一定的礼仪规范来表达对他人的尊重的，所以，无论是宴请活动的组织者还是参与者，都应该对宴请礼仪有所了解，以便给交往对象留下良好的印象。本项目主要介绍了宴请礼仪，具体包括宴请的基本礼仪、中式宴请礼仪、西式宴请礼仪和自助餐礼仪。

案例导入——西餐的学问

张明是新鸿贸易公司的业务经理，有一次代表公司出席B公司的周年庆典。庆典活动结束后，B公司的总经理杰克邀请几位重要宾客到当地最好的星级饭店吃西餐。

用餐前，张明为了在显示自己在餐饮方面很讲究，就用餐盘上一块“很精致的布”仔细地擦了擦自己的刀叉。杰克看到这一幕后，先是一愣，随后马上叫来服务员，让其立即为张明更换一套餐具。在使用更换的餐具用餐前，张明又拿起那块“很精致的布”将刀叉擦了一遍，并迅速使用刀叉切割起盘里的菜肴来。杰克便没再说什么，只是脸上有种不悦的神情，但张明并没注意到这一点。

在用刀叉切割菜肴时，张明总是使刀叉和餐盘碰出声响，显得费劲又辛苦。用餐结束后，张明感觉很酣畅，觉得总算没给公司丢脸，便用那块“很精致的布”擦了把脸上的汗，并随手将其挂在椅背上。事后经人提醒，张明才意识到当天在西餐桌上出了丑，顿时感到无地自容。

问题：

张明在西餐桌上有哪些失礼的行为？

任务一　宴请的基本礼仪

宴请是一种重要的社交活动，是人们在交往中表示欢迎、庆祝、答谢、饯行等以增进友谊和融洽气氛的重要手段。做好宴请的各项工作，遵循宴请的礼仪规范，能促进双方之间的交往，增进双方之间的友情。

一、宴请的种类与形式

常见的宴请形式有宴会、冷餐会、酒会、茶会和工作餐。

（一）宴会

宴会是指正规、庄重的宴请活动，有国宴、正式宴会、便宴和家宴四种。

① 国宴是规格最高的宴会，盛大隆重，礼仪严格。

② 正式宴会在规格和标准上都低于国宴，通常是政府和团体有关部门为欢迎应邀来访的宾客，或来访的宾客答谢主人而举行的宴会。

③ 便宴指非正式宴会，常见的是午宴、晚宴，也有个别情况下的早宴。宴会形式简便，不明确排列席位，对菜肴的数量、上菜程序、餐具的使用等都没有严格的礼仪要求。

④ 家宴是指在家中以私人名义举行的宴请仪式，气氛轻松，不讲究严格的礼仪。

（二）冷餐会

冷餐会又称自助餐，是一种由客人自行挑选、自取自食的就餐形式。这种形式的特点是：方便灵活、不排列席位，不设固定的座位。常用于一般场面较大、宴请人数众多的正式活动。

自助餐上应供应的菜肴大致包括冷菜、汤、热菜、点心、甜品、水果及酒水等几大类型，为了满足就餐者的不同口味，应当尽可能地使食物在品种上丰富多彩。为方便就餐者进行选择，同一类型的食物应被集中在一处摆放。冷餐会一般安排在中午12点到下午2点，或者下午5点到7点。

（三）酒会

酒会是以酒水为主招待客人的一种宴请形式。酒会提供的酒品除一些中外名酒、地方名酒、特色酒外，还有许多用酒和软饮料调制而成的鸡尾酒，所以酒会有时也称为鸡尾酒会。酒会上还应略备一些小吃，如三明治、面包、热香肠、炸薯片等供客人食用。酒会一般不设桌椅，仅置小桌或茶几，以便客人随意走动。

（四）茶会

茶会是以茶会友的一种简便的招待形式。茶会通常在较为宽敞的厅堂、会客室举行。内设沙发、座椅、茶几，以供与会者就座品茶。茶会以茶品为主，对茶叶和茶具的选择颇为讲究。茶叶要品牌知名、质量上乘，茶具要高雅、卫生，一般采用陶瓷制作的茶杯和茶壶，而不宜用玻璃杯和热水瓶。可略备点心和风味小吃，但要便于食用。

（五）工作餐

工作餐是现代交往常用的一种非正式宴请形式，主要是利用进餐的时间，围绕工作中的问题，边吃边谈，讨论交流。通常在中午举行，一般不请家人和与工作无关的人加入。

二、宴会准备礼仪

宴请是一种重要的社交活动，作为主人的一方应在宴请前做好以下准备工作：

（一）确定宴请目的

在宴请他人之前，首先应确定宴请目的。宴请的目的可以是表示欢迎、欢送、答谢某个人或单位，也可以是表示庆祝、纪念某个节日或活动。

（二）确定宴请的对象

根据宴请目的，事先确定宴请哪些人、宴请多少人，以及被宴请人的姓名、国籍、职务、称呼、习惯、爱好等，并列出详细的宴请清单，以便确定宴请的规格、形式及主陪人等。

（三）确定宴请的形式

根据宴请目的和对象，确定宴请的举办形式。一般来说，设宴目的隆重、宴请范围广泛，应以正式的、高规格的宴会形式为主；日常交往、友好联谊、人数较多的，以冷餐会形式或酒会形式更适合；群众性节日活动，以茶会形式居多。

【经典实例】

宴请不应铺张、浪费

某投资商计划到一个贫困县投资一个农业项目。县长为了表示谢意，举行了盛大晚宴招待投资商，菜品全部上的是山珍海味，政府班子成员全部作陪。晚宴结束后，投资商悄然离去。

分析：不合时宜、超标准的宴请规格给投资商留下了铺张、浪费的印象，宴请形式要根据活动的目的来选择，只有有助于达到商业目的的形式才是最合适的形式。

（四）确定宴请的时间

根据主客双方的具体情况确定宴请的时间。宴请的时间应避开重大节假日和双方的禁忌日，并应便于主客双方的出席。例如，对信仰基督教的人不要选十三号，更不要选十三号星期五；伊斯兰教在斋月内白天禁食，宴请应在日落后举行。选择宴会日期，应与客方的主宾协商确定，否则是极其失礼的。

（五）确定宴请的地点

根据宴请规格和形式事先确定宴请的地点。一般而言，宴请的地点应交通便利、环境幽雅、服务周全，宴请的场所应能容纳出席宴会的全体人员。

【经典实例】

宴请地点的选择

某生物制药企业听说某市环境状况特别优越，于是计划到该市创办一家制药企业。在宴请该企业负责人的宴会上，该负责人惊奇地发现，酒店居然设置有两名工作人员专门进行拍打蚊蝇的工作，结果，该合作没有实现。

分析：小细节往往能反映最真实的情况，宴请一定要选择合适的地点。

（六）确定菜谱

根据宴请的形式，以及被宴请宾客的年龄、性别、风俗习惯、健康状况、喜好和禁忌等确定宴请的菜谱。菜谱中的菜肴应赏心悦目、富有特色并搭配合理。

（七）邀请宾客

一切具体工作都准备就绪之后，便可向宾客发出邀请。邀请的方式分为口头邀请（如口头告知或电话邀请）和书面邀请。通常，邀请宾客出席宴会应采取书面邀请方式，其具体形式为发送请柬。

请柬的内容应包括邀请人的姓名或单位名称、被邀请人的姓名及称呼、宴请的形式、地点、时间，以及出席宴请的着装要求或提示等，必要时还应注明被邀请人的座次号。

请柬应提前 1～2 周，甚至 1 个月发出，特别重要的客人必须委派专人送达。请柬发出后，还应及时落实出席情况，以便安排或调整座位。

【经典实例】

某公司给合作伙伴寄发了一份请柬，邀请合作伙伴的董事长参加一个重要的商业宴会，结果董事长没有参加宴会。

分析：请柬发出后一定要确认，特别重要的宴请最好采取亲自送上门的方式。

（八）安排席位

正式宴请一般均排桌次和位次，由于中餐与西餐对席位的排列有不同的要求，因此，席位的排列应遵循各自的礼仪规范。详细的排列方法见本项目的任务二、任务三。

三、宴会进行时的礼仪

宴会进行时的礼仪分为迎接宾客、引领入席、准时开宴、致辞发言、席间用餐和席毕送客。

1. 迎接宾客

宴会开始前，主人应站在宴会大厅门口恭候宾客，其他陪同人员则应到门外列队迎宾。客人到达后，主人应迎上前去热情握手，相互问候，对来宾表示欢迎，不要疏忽冷落了任何一位客人。

2. 引领入席

宾客到达后，主人应引导宾客按一定顺序入席。通常，应先引导主宾、女宾入席，再引导其他宾客入席。

3. 准时开宴

按约定的时间准时开宴，是宴请礼仪的基本要求。主办人必须提前到达，否则视同失礼。主办人不能因为个别客人未到场，就将开席时间推迟很久。如果主宾因特殊原因，不能及时赶到，主办人应尽快联系，采取相应的办法调整，并向已入座的客人说明情况，表示歉意。推迟开席的时间宜控制在10～15分钟以内，最迟不应超过30分钟，否则会让人觉得宴会的组织工作不力，影响宴会效果。

4. 致辞发言

一般情况下，主人应在宴会开席前致辞，并邀主要宾客讲话。致辞或讲话期间，现场全体人员应保持安静，认真聆听。

5. 席间用餐

主人应努力使宴会气氛融洽，要不时地找话题与客人进行交谈，还要注意主宾用餐时的喜好，掌握用餐的速度。

6. 席毕送客

宴会结束后，主宾告辞，主人送至门口、热情话别，并与其他客人一一握手话别，表示欢送之意。

四、赴宴礼仪

参加宴会的人员在赴宴过程中应注意以下礼仪规范，以体现出良好的气质风度和高深的礼仪修养。

1. 及时回复

接到宴会的邀请后，应尽快明确地表明自己是否出席，以便主人掌握出席人数。接受邀请后，不要随意变动，确有意外不能前往，要提前解释，并深致歉意。主宾如果不能如期赴宴，最好亲自登门致歉。

2. 注重仪表

出席比较正式的宴会都应提前适度修饰自己的仪表。男士要修整须发，女士要美容化妆。无论男女，都要换好既符合自己在宴请场合的身份又突出自身气质的衣服。另外，对皮鞋和袜子的搭配协调也要给予足够的重视，因为宴会上这些细节常常被人关注。

3. 准时赴宴

赴宴者应按宴请的时间、地点及其他要求准时出席。既不要迟到，又不要过早抵达。到场太早，主人尚未做好接待准备，容易给主人添麻烦；过迟，则会使宴会受到影响，不仅会给主人带来不便，还会使其他宾客感到不悦。

4. 按位落座

在宴会厅，要按服务员的指引和主人的安排就座，注意自己的姿态，既不过于拘谨，也不散漫随便。同桌如有长者和女士，应主动帮扶他们。

5. 文雅进餐

取菜时，遇到自己爱吃的，不要盛得过多；不喜欢的，也不要一点不吃。正式宴会上，表示厌恶某种食物或某一道菜是不礼貌的。

吃东西要文雅，要闭嘴咀嚼，不要出声，咀嚼时不要张嘴说话。喝汤时要避免发出“呼噜”的声音。

在互相碰杯时，酒杯杯沿比对方略低以示尊敬，并目视对方致贺词。

在宴会上最好不要边喝酒边吸烟。不要用手指或筷子剔牙，剔牙时要用餐巾或手将嘴部遮住。

6. 宴后致谢

宴会未结束而自己已吃好，一般不可中途离席。等主人示意宴会结束，起身离席后，客人才可依次离席。离开前应向主人道谢，如“谢谢您的款待”“您真是太好客了”“菜肴丰盛极了”，并向其他客人告别，再握手告辞。如果客人有事要提前离席，则应向主人及同席的客人致歉。

任务二　中式宴请礼仪

在我国，具有传统风格的中式宴请是最常见的宴请形式，其礼仪规范的涵盖内容相当广泛，主要包括桌次和座次礼仪、上菜礼仪、餐具使用礼仪和就餐礼仪等。

一、中式宴请的桌次和座次礼仪

在中式宴请中，桌次和座次的排列顺序体现着主人给予宾客的礼遇规格，二者都是宴请礼仪的重要内容。

（一）桌次礼仪

中餐宴会一般采用圆桌，视参加人数多少设一桌或多桌，多桌分主桌和辅桌。在排列圆桌的时候，大致会遇到以下两种情况：

1. 两桌的小型宴会

当宴请现场只有两张餐桌时，两张桌既可以横排，也可以竖排。两桌横排时，桌次以右为尊，以左为卑（以从室内面向宴会厅正门的视角为基准），如图 7-1 所示。

两桌竖排时，桌次以距离正门远的位置为上，以距离正门近的位置为下，如图 7-2 所示。

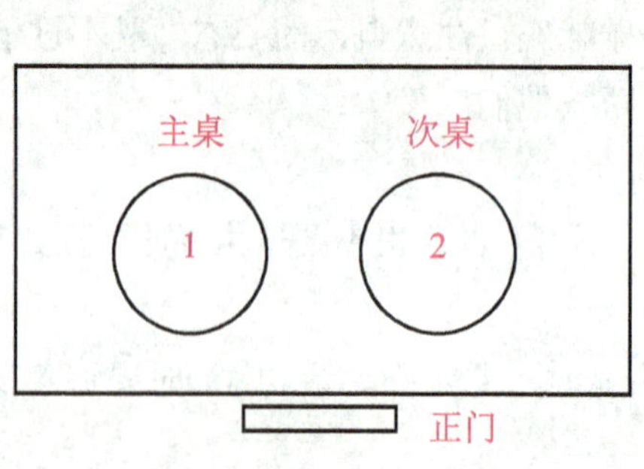

图 7-1　横排桌次

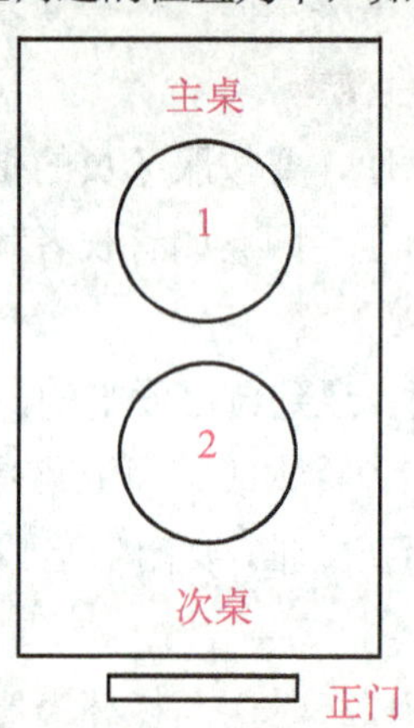

图 7-2　竖排桌次

2. 三桌或三桌以上的宴会

三桌或三桌以上的宴会也叫多桌宴会，其排列方法除了要注意遵守两桌排列的规则外，还应考虑距离主桌的距离，即距离主桌越近，桌次越高；距离主桌越远，桌次越低，如图 7-3 至图 7-5 所示。

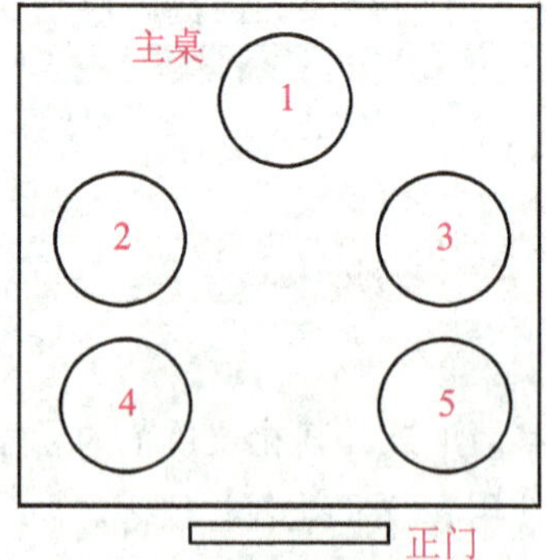

图 7-3　5 张餐桌的桌次排列

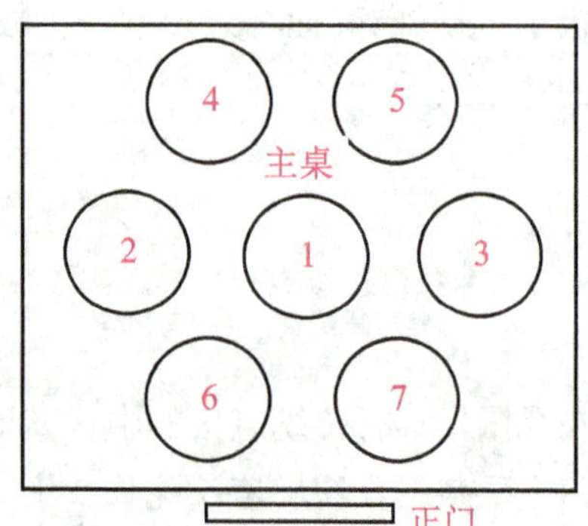

图 7-4　7 张餐桌的桌次排列

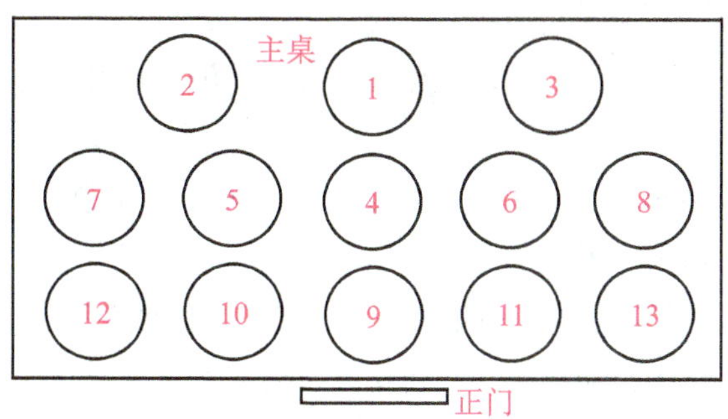

图 7-5　13 张餐桌的桌次排列

（二）座次礼仪

在中式宴请中，座次的排列一般遵循以下原则：

- **面门为尊：** 即在每一张餐桌上，以面对宴会厅正门的中间座位为尊位。
- **右尊左卑：** 即在每一张餐桌上，以面向宴会厅正门的视角或该桌主人座位的朝向为基准，右侧的座位尊于左侧的座位。
- **近尊远卑：** 即在每张餐桌上，距离该桌主人较近的座位尊于较远的座位。

具体来说，每张餐桌位次的安排可分为以下两种情况：

1. 每桌一个主位的排列方法

当每张餐桌上只有一个主位时，座次排列规则如下：

① 主人的位置确定在面门居中的主位上。

② 第一主宾在主人右边就座，第二主宾在主人左侧就座。然后按先右后左的顺序依次排列其他座位。

③ 按照右座尊于左座的原则，在宾位之间依次排列主方其他陪同人员的位置，并做到主客相间。

每桌一个主位的座次排列如图 7-6 所示。

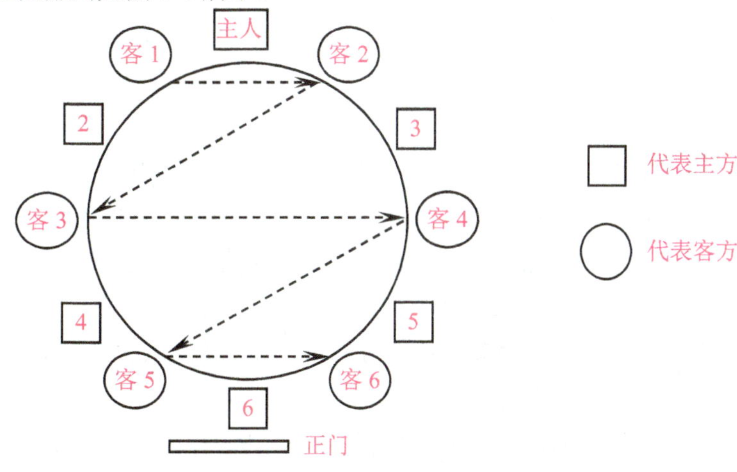

图 7-6　单主位情况下的座次排列

2. 每桌两个主位的排列方法

如果双方夫妇共同出席，以男主人为第一主人，女主人为第二主人。座次的排列规则如下：

① 将第一主人（或男主人）的位置确定在面门居中的主位上，第二主人（或女主人）的位置确定在第一主人的正对面；

② 将第一主人（或男主人）右侧和左侧的第一个位置分别确定为第一主宾位和第三主宾位，第二主人右侧和左侧的第一个位置分别确定为第二主宾位和第四主宾位；

③ 按照右座尊于左座的原则，在宾位之间依对角线顺序安排主方其他陪同人员的位置，并做到主客相间。

该情况下的座次排列如图 7-7 所示。

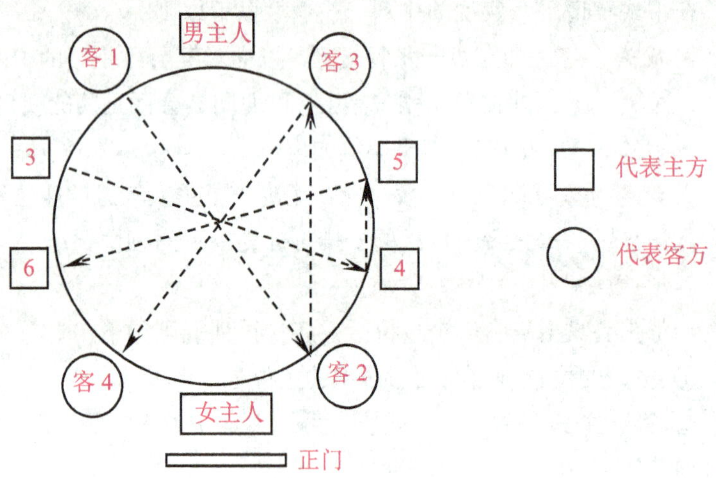

图 7-7　双主位情况下的座次排列

二、中餐上菜礼仪

（一）上菜的顺序

在中式宴请中，上菜应讲究一定的顺序。其一般顺序如下：

① 冷盘。即凉菜，通常是四种或四种以上菜品组成的大拼盘。

② 热炒。即现炒的菜肴，通常有四盘，但通常会被省略。

③ 主菜。又称大菜或大件，通常有四、六或八等偶数道，一般不超过十二道。这些菜肴（如全乳猪、烤羊腿等）是采用不同的食材，配以各种调味品，用各种烹调法制作而成的，是能表现出宴席特色的菜品。

④ 汤。分为甜汤和咸汤，通常与点心相搭配，即若上咸点心，则上咸汤，若上甜点

心，则上甜汤。

⑤ 点心。宴会上一般不供应米饭，而是以糕、饼、包子、饺子等点心代替。

⑥ 果盘。即各种水果的拼盘，是正餐后的一道清口菜，意在爽口、去油腻。

（二）上菜时的注意事项

- 向多张餐桌上菜时，应保证向各桌同时上菜，且第一道菜宜在开席前 5 分钟端上。
- 每上一道菜，都应将其移至第一主人和第一主宾的面前。
- 上菜和撤盘应分别从就餐者的左侧和右侧进行，但应避免在第一主人或第一主宾的身边操作。
- 上菜节奏应根据宾客的要求和进餐速度进行灵活把握，以防菜品堆积或空盘、空台的现象。

三、中餐餐具的使用礼仪

中餐的餐具主要有筷子、勺子、碗、碟、杯子和辅助餐具等，用餐人员在使用这些餐具时应当遵循以下基本礼仪。

（一）筷子的使用

- 用餐时，一定要将筷子的两端对齐，切忌出现一长一短的情况。
- 夹菜时，筷子上不能残留着食物，更不能舔食残留食物或把筷子含在嘴里；不能举着筷子犹豫不决地在菜盘上巡探，也不能用筷子在菜盘里翻找挑拣或一次性夹过多的菜；夹菜途中，不能让菜汁一路滴落；若遇到其他客人夹菜，则应注意避让。

- 在用餐过程中进行交谈时，应暂时放下筷子，而不能举着筷子在餐桌上挥舞，或者拿着筷子像要迫不及待地去夹菜。
- 不能把筷子放在碗上，否则有祭奠或上香之嫌。
- 不能用筷子敲打碗、盘或茶杯。

（二）勺子的使用

勺子的主要作用是舀取菜肴或汤汁，在使用勺子时应遵循以下礼仪规范：

- 用勺子取食时不可取得过满，以免菜肴或汤汁溢出来弄脏餐桌或衣服；舀取食物后，应在原处停留片刻，待菜汁不再往下流时再取回来享用。
- 若取用的食物过烫，则应先将食物放到碗里，待其稍凉后再吃，而不能用勺子在食物中舀来荡去，也不能用嘴来回吹取回的食物。

- 食用勺子里的食物时，不要将勺子和食物全部塞入口中，或者反复吮吸、舔食勺子。
- 暂时不用勺子时，应将其放在自己的碟子上，而不可放在餐桌上或插在食物中。

（三）碗、碟的使用

碗主要用于盛放食物，碟主要用于暂放从菜盘里取回的菜肴，二者的功能大致相同。在使用碗、碟时应注意以下礼仪规范：

- 不要用双手端起碗来进食；进食时，应以筷子、勺子从碗内取食，不能直接用手取用，更不能直接用嘴吸食或把食物往嘴里倒；不能舔食碗内的剩余食物。
- 不要一次性取过多的食物堆放在碟子里，否则，不同的食物容易相互串味，且极不美观。
- 不要将残渣、骨、刺吐在地上或桌上，而应用筷子将其夹取并轻放到碟子前端，但不要让其与碟内尚未食用的菜肴混在一起；如果碟子满了，可示意服务员更换一个。

（四）杯子的使用

杯子有酒杯和水杯之分，酒杯用于盛酒，水杯用于盛放清水、果汁、可乐等饮料，二者应分开使用。此外，应当注意的是，不要倒扣杯子，不能将喝入口中的酒或饮料再吐回杯中。

（五）湿巾的使用

用餐前，每位用餐者面前的盘子里通常会备有一块湿巾。该湿巾只用来擦手，擦完后应放回盘子，由服务员拿走。有时，在用餐结束前，服务员会再端上一块湿巾，该湿巾只能用来擦嘴，而不能用来擦脸或擦汗。

（六）水盂的使用

水盂通常为铜盆、大瓷碗或水晶玻璃缸，用于盛放清水，供用餐者在用手取食之前洗手。水盂中常漂有玫瑰花瓣或柠檬片，切勿误当饮料饮用，否则将招致笑话。

在水盂里洗手时的礼貌做法如下：先轮流沾湿两手的指尖，然后轻轻涮洗双手，切勿乱甩、乱抖。洗完后将手置于餐桌之下用餐巾或湿巾擦干。

（七）牙签的使用

使用牙签时应当注意以下事项：① 用餐时，尽量不要当众剔牙；② 非剔不可时，应用一只手掩住口部进行；③ 剔出的东西不要当众观赏或再次入口，更不要随手乱弹；④ 不要长时间叼着牙签，更不要用剔过牙的牙签扎取食物。

四、中餐就餐礼仪

在中式宴请就餐时，宾客应当注意以下几个礼仪细节：

① 进餐时，应等主人邀请、主宾动筷时再拿筷。

② 用餐过程中，应尽量取离自己较近的菜肴。取菜要适量，不要过量夹取符合自己口味的菜。

③ 进餐时，应小口进食，动作优雅，不要大口狂塞，也不要发出任何声音。若发出不由自主的声音（如打嗝、打喷嚏、肠鸣等）时，则应向同桌的客人表示歉意。

④ 进餐的过程中，应适时地和左右两侧的就餐者交谈。交谈时，应注意选择愉快的话题。但应注意，口内有食物时，应当避免说话，他人在咀嚼食物时，则应避免与其交谈。

⑤ 进餐时，不要当众修饰仪容，如梳理头发、补妆等。若确有必要，则应去化妆间或洗手间进行。

⑥ 宾客应等主人用餐结束后才可离席。离席时，应向主人表示感谢，并顺手将椅子放回原处。

五、饮酒礼仪

（一）斟酒

主人为了表示对来宾的敬重、友好，会亲自为其斟酒。主人斟酒时要注意以下三点：① 白酒与啤酒均可斟满，而其他洋酒则无此讲究。② 斟酒应做到对在座的就餐者一视同仁，而不可挑拣着进行。③ 斟酒可以按照先职位高者、后职位低者或先年长者、后年少者进行，也可以从自己所坐之处依顺时针方向进行。

客人在侍者为其斟酒时，要向侍者道谢，但不必拿起酒杯。但在主人亲自来斟酒时，则必须端起酒杯致谢；必要时，还须起身站立或欠身点头致意。

（二）敬酒

敬酒也就是祝酒，是指在正式宴会上，由男主人向来宾提议，提出某个事由而饮酒。在饮酒时，通常要讲一些祝愿、祝福类的话，甚至主人和主宾还要发表一篇专门的祝酒词。祝酒词内容越短越好。敬酒可以随时在饮酒的过程中进行，频频举杯祝酒会使现场氛围热烈而欢快。

一般来说，敬酒者应该把自己的酒喝干，这样才能表达自己的诚意。如果对方的酒量不错，可以提议干杯，若对方酒量尚浅，则不必勉强对方喝干，可以说“我干了，你随意”，更不能勉强长者。

（三）拒酒

在宴请过程中，不会喝酒或不打算喝酒的人，可以婉言谢绝他人的劝酒。例如，说明自己不能饮酒的客观原因，或主动以其他饮料代酒。

谢绝饮酒时，不能在他人为自己斟酒时又躲又藏、乱推酒瓶、倒扣酒杯或将自己杯中的酒偷偷倒掉，更不能把自己喝了一点的酒倒入别人杯中。

任务三　西式宴请礼仪

在社交活动中，为了照顾外国客人的饮食习惯，有时也用西餐来招待客人。西餐是欧美地区菜点的统称，十分讲究礼仪。因此，我们有必要学习相应的西餐礼仪知识，具体包括西式宴请的桌次和座次礼仪、上菜礼仪、餐具的使用礼仪和就餐礼仪。

一、西式宴请的座次礼仪

西餐与中餐的座次排列既有许多相同之处，也有许多不同之处。西餐宴会席位排列主要是座次问题。除了非常盛大的宴会，一般不涉及桌次。

（一）座次排列的原则

西餐座次排列的总体原则是：女士优先、以右为尊、面门为上、近高远低、交叉排列。

1. 女士优先

在西餐礼仪里，女士处处受尊重，尤其是安排家宴时，一般女主人为第一主人，在主位就座；而男主人为第二主人，在第二主人的位置上就座。

2. 以右为尊

以右为尊是基本原则。就某一具体位置而言，右侧要高于左侧之位。例如，在排列西餐席位时，应安排男主宾坐在女主人右侧，安排女主宾坐在男主人右侧。

3. 面门为上

在餐厅内，以餐厅门作为参照物时，面对餐厅正门的位子要高于背对餐厅正门的位子。

4. 近高远低

西餐桌上席位的尊卑，是根据其距离主位的远近决定的。距离主位近的位置要高于距离主位远的位置。

5. 交叉排列

西餐排列席位时，男女应当交叉排列，熟人和生人也应当交叉排列。一个就餐者的对面和两侧往往是异性或不熟悉的人，这样可以广交朋友。

（二）座次的排列

西餐的餐桌一般是用长桌或方桌，因此，座次的排列方法主要分长桌和方桌两种。

1．长桌的座次排列

使用长桌时，有两种排位方法。一种是男女主人在长桌的中央相对而坐，如图 7-8 所示。第二种是男女分别坐在长桌的两端，如图 7-9 所示。

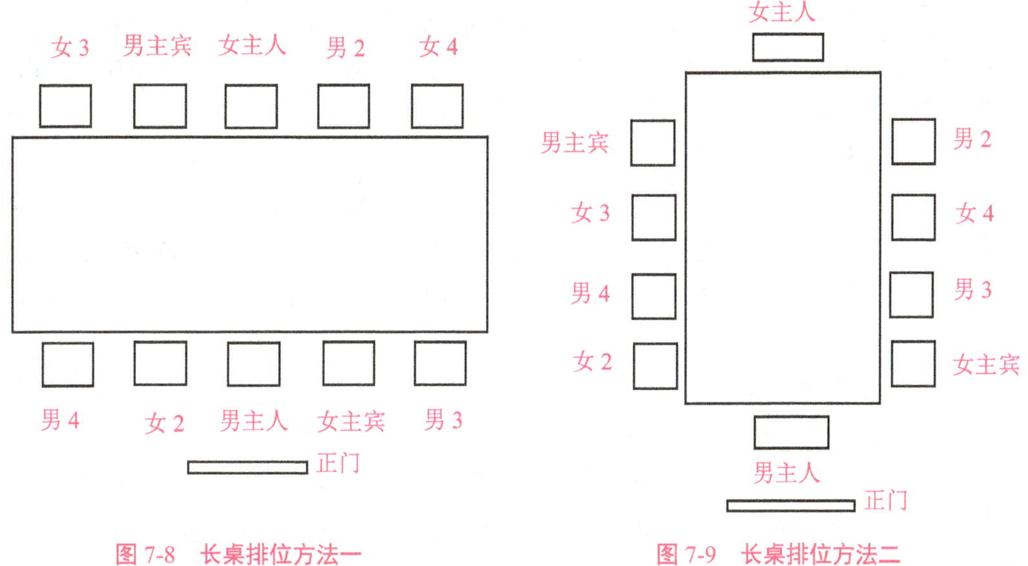

图 7-8　长桌排位方法一

图 7-9　长桌排位方法二

2．方桌的座次排列

方桌的排列方法是：就座于餐桌四面的人数应相等，一般情况下，一桌共坐 8 人，两侧各坐两人的情况比较多见。男、女主人与男、女主宾对面而坐，所有人均各自与自己的恋人或配偶坐成斜对角，如图 7-10 所示。

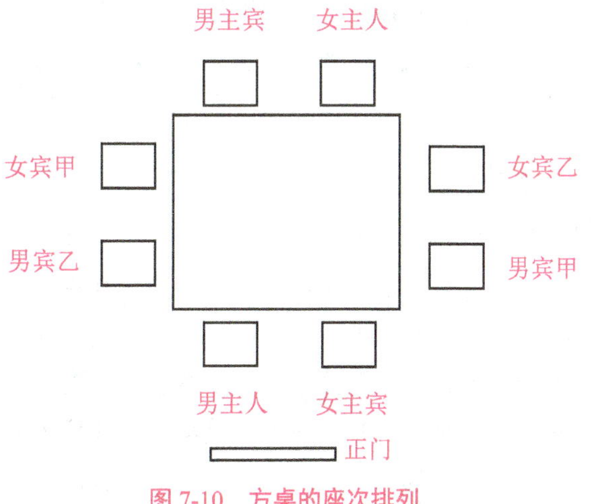

图 7-10　方桌的座次排列

二、西餐上菜礼仪

西餐的上菜礼仪主要是指上菜的顺序。一般情况下，西式宴请中的上菜顺序如下：

① 头盘。也称开胃菜，有冷头盘和热头盘之分，常见的品种有鹅肝酱、鱼子酱、熏鲑鱼等，其味道以咸、酸为主，通常品精量少。

② 汤。即西餐的第二道菜，常见的有海鲜汤、蘑菇汤、牛尾清汤、葱头汤等。

③ 副菜。即水产类、蛋类、面包类、酥盒类菜肴的统称，因其鲜嫩易消化，所以放在主菜之前。其中，吃鱼类菜肴时，讲究使用专用的调味汁，如鞑靼汁、荷兰汁、酒店汁、白奶油汁、大主教汁、美国汁和水手鱼汁等。

④ 主菜。即各种肉、禽类菜肴。肉类菜肴的原料主要是牛、羊、猪等各个部位的肉，其中最有代表性的是牛排。肉类菜肴配用的调味汁主要有黑胡椒汁、浓烧洋葱汁、蘑菇汁等。禽类菜肴的原料主要是鸡、鸭、鹅或用兔和鹿肉等野味，常采用煮、炸、烤、焖等方法制作。禽类菜肴配用的调味汁主要有咖喱汁、奶油汁等。

⑤ 沙拉。即蔬菜类菜肴，可与主菜同时上桌，也可在主菜后上桌。沙拉一般由生菜、西红柿、黄瓜、芦笋等制作而成，其调味汁主要有醋油汁、乳酪沙拉汁等。

⑥ 甜品。即在主菜之后食用的小点心，如布丁、饼干、冰淇淋、奶酪、水果等。

⑦ 热饮。即咖啡或茶，二者选其一。饮咖啡时一般应加糖和淡奶油；饮茶时一般应加香桃片和糖。

三、西餐餐具的摆放和使用礼仪

西餐餐具一般包括刀、叉、匙、盘、杯和餐巾。其中，刀分为肉刀、鱼刀、甜点刀、黄油刀等，叉分为肉叉、鱼叉、甜点叉、沙拉叉等，匙分为汤匙、甜品匙、茶匙或咖啡匙等，盘分为垫盘（用于切割或盛放食物的盘）和甜点盘，杯分为红葡萄酒杯、白葡萄酒杯和水杯。

（一）西餐餐具的摆放礼仪

西餐餐具的种类和数量较多，摆放的位置也十分讲究。通常，每套餐具的摆法如下：

垫盘放在餐位的正中间。垫盘的正中心放叠好餐巾，其左侧纵向放叉，叉齿向上，右侧纵向放刀和汤匙，刀刃朝向垫盘，匙心向上；叉的左侧纵向放甜点盘和黄油刀，刀刃朝向垫盘；垫盘的正前方横向放甜品匙和甜点叉，匙柄朝右，叉柄朝左；垫盘的右前方斜向放 3 只杯子，通常，杯子从右到左依次为白葡萄酒杯、红葡萄酒杯和水杯（有时也为香槟酒杯、葡萄酒杯和水杯）。整套餐具的摆放应如图 7-11 所示。

图 7-11　西餐餐具的摆放

（二）西餐餐具的使用礼仪

用刀、叉进餐是西餐的重要特征之一。除此之外，西餐的主要餐具还有餐匙、餐巾和杯子，用法也有特殊之处。至于西餐桌上的盘、碟、水盂、牙签等餐具，其基本用法同中餐相似，可参照之。

1. 刀叉的使用

① 使用刀叉时，应从外侧向内侧取用，左手拿叉，叉齿向下，右手拿刀，刀刃向下。切割食物时，拿叉按住食物，用刀切成小块，被切成小块的食物应刚好适合一次性放入口中，如图 7-12 所示。在切割食物时，要双肘下沉，不要左右开弓，更不要弄出声响。

图 7-12　刀叉使用

② 在进餐途中需要休息时，可使叉在左、刀在右，叉齿向下，刀刃向内，二者呈“八”字形摆在餐盘中央，以表示此菜尚未用完，如图 7-13 所示。就餐完毕，可将刀叉平行放在餐盘的同一侧，如图 7-14 所示。这时，即使盘里还有东西，服务员也会明白你已经用完餐了，会在适当的时候把盘子收走。

图 7-13 八字形摆放刀叉

图 7-14 刀叉并排

③ 在进餐途中的任何时候，都不要将刀或叉的一端放在盘上，另一端放在桌上。

2. 餐匙的使用

西餐中的餐匙主要指汤匙、甜品匙或茶匙，汤匙、甜品匙、茶匙分别用于饮汤、取甜品、搅拌茶或咖啡，三者不可混用，不可用汤匙和甜品匙舀取其他任何主食或菜肴，也不可用茶匙舀取茶水或咖啡。

3. 餐巾的使用

用餐前，通常应将餐巾打开，沿对角线折成三角形状或平行对折成长方形，平铺在双腿上，并将折口朝外，以便拿起来擦拭嘴巴，如图 7-15 所示。切勿将餐巾围在脖子上、掖在裤腰上或放在其他地方。不能用餐巾擦汗、擦脸或擦鼻涕，更不能用其擦拭餐具或餐桌。

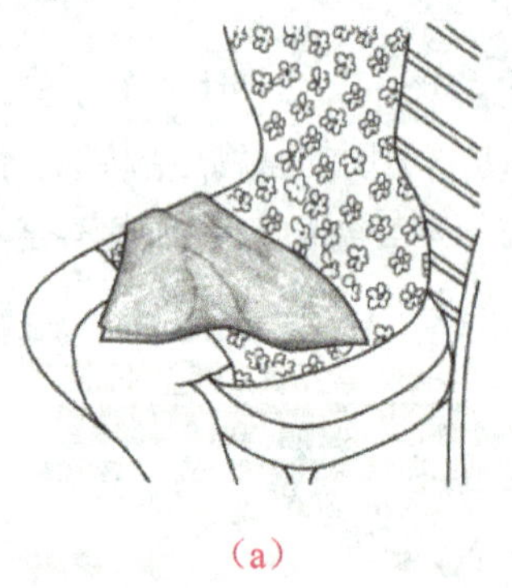

(a)

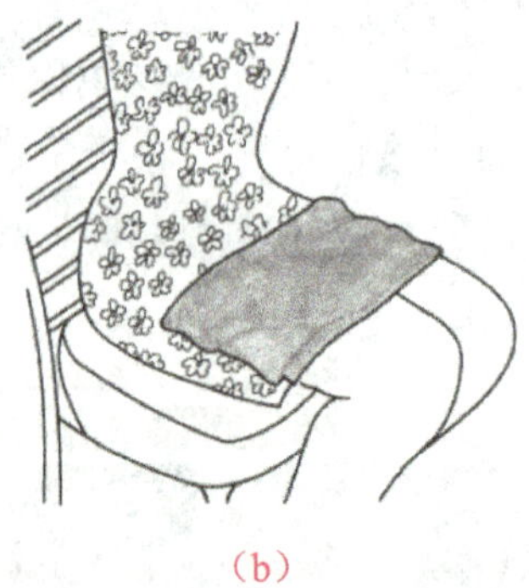

(b)

图 7-15 餐巾的折叠样式

用餐期间暂时离席时，应将餐巾放在自己的座位上，以示稍后会继续用餐，如图 7-16 所示，切勿把餐巾揉成一团挂在椅背上或放在餐桌上。用餐结束后，则可将餐巾放在餐桌上，以示停止用餐，如图 7-17 所示。

4. 杯子的使用

西餐中的 3 只杯子用于盛装不同的饮品，可从外侧向内侧依次使用，也可以跟随女主人的选择来使用。在使用高脚的葡萄酒杯品酒时，应手持杯柱部分饮酒，而不能用手捧住杯腹，以免手温破坏酒的口感。

女士在使用酒杯时，不能在杯口上留下口红印，否则是有失礼仪的。

图 7-16 暂时离席

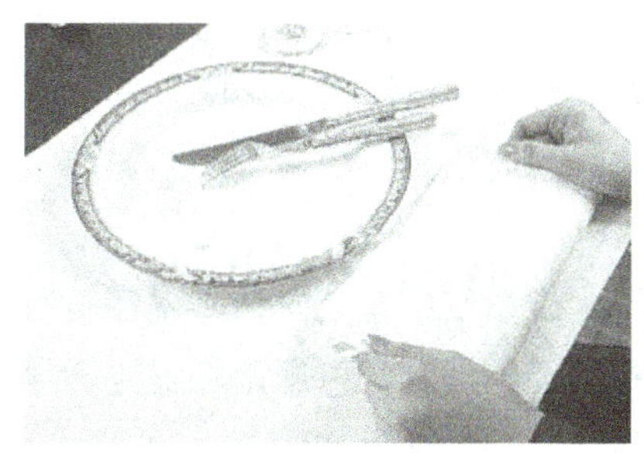

图 7-17 停止用餐

四、西餐就餐礼仪

在吃西餐时，应当注意就餐礼仪，具体包括餐前的交流、入座的顺序、进食的方法和用餐时的举止。

（一）餐前的交流

在进餐之前，应尽可能与周围的人相互问候、介绍和交流，以联络感情或认识新朋友，切勿沉默不语。

（二）入座的顺序

当主人邀请入座时，在场的人员应按礼仪顺序入座。一般情况下入座顺序为：女士、职位高者、长辈先入座，男士、职位低者、晚辈后入座。当女士入座时，男士通常应走上前去将她们的坐椅稍向后搬，待其将要坐下时，再将椅子稍向前推。

（三）进食的方法

西餐菜肴和中餐菜肴的吃法有较大差异，下面简要介绍常见的西餐菜肴的吃法。

1. 肉类的吃法

西餐中的肉类一般都是大块的（如羊排、牛排、猪排等），吃肉时，应使用叉将肉按住，用刀从肉的左侧开始，将其切成小块，边切边吃。切肉的时候不宜发出声响，也不宜一次性将肉全部切成小块，以免肉汁过早流出而影响口感。

2. 鱼类的吃法

吃全鱼时，宜先使用刀叉将鱼的头、尾、鳍切除，再吃鱼肉。吃鱼肉时，应从左到右边切边吃，切勿翻动鱼身。吃完鱼肉的上层后，用刀叉剔掉鱼骨，再吃下层。若口中有鱼骨或鱼刺，则可用手从合拢的唇间取出放在盘中。

西餐中的鱼肉通常还配有柠檬和调味酱。吃鱼肉时，可用刀轻压或用手轻捏柠檬切片，使柠檬汁渗入鱼肉，同时，还可根据需要取用餐盘外侧的调味酱。

3．汤的喝法

喝汤时，必须用汤匙舀起来喝，其正确姿势为：左手扶住盘沿，右手持汤匙由汤盘内侧向外侧将汤舀起送到嘴边，身体略微前倾，将汤喝入。喝汤时不可发出声响，也不可频率过快。

如果汤太烫，则应待其自然降温后再喝，切勿用嘴将其吹凉。

当盘中的汤不多时，可用手将盘略微倾斜后，再用汤匙取汤饮用，切勿端盘喝汤。

4．面包的吃法

吃三明治和烤面包时，可用左手拿面包，用右手把其撕成小块、涂上奶油后再吃。吃硬面包时，则可先用刀将其切成两半，再用手撕成小块来吃。无论是哪种面包，都不可拿着一整块咬着吃，也不可用其蘸汤吃。

5．酒的喝法

在西餐中喝酒时，应先轻轻摇动酒杯，闻一闻酒的醇香，然后倾斜酒杯小口地轻轻喝，切勿吸着喝或者一饮而尽，如图 7-18 所示。喝酒时，应避免边喝边透过酒杯看人、边吃东西边喝酒或者拿着酒杯边说话边喝酒。

图 7-18　酒的喝法

若要举杯庆祝，应由男主人提议，而不可由客人提议。喝酒干杯时，即使不喝，也应该将杯口在唇上碰一碰，以示敬意。与他人碰杯时，应当目视对方；与多人碰杯时，可以举杯示意，也可以与之一一碰杯，但应避免交叉碰杯。

敬酒时，可按照先职位高者后职位低者的顺序进行，也可按照顺时针的方向先近后远地进行。为他人斟酒时，应遵守“酒倒八分满”的原则；当他人为自己斟酒时，若不能再喝，则可用手稍盖酒杯，以表谢绝。宾主双方均应量力而行，不要劝酒。

6．水果的吃法

吃苹果、梨之类的水果甜点时，应先用刀将其切成 4～6 片，然后去皮与核，再用叉子取食，而不要拿起整只用嘴咬着吃。吃香蕉时，应先将其剥皮后放在盘中，用刀切成片，再用叉一块一块地取食，而不要整根拿着吃。

7. 咖啡的喝法

喝咖啡时，应先往咖啡杯里加入少许糖和牛奶。加砂糖时，可用咖啡匙舀取后直接加入杯中；加方糖时，则应先用糖夹将方糖夹到咖啡碟面向自己的一侧，再用咖啡匙把方糖放入杯中。在加入糖和牛奶之后，应先用咖啡匙搅匀咖啡，然后将咖啡匙放在碟子的左边，再用食指和大拇指端起咖啡杯饮用，如图 7-19 所示。需要注意的是，不要让咖啡匙留在杯子里时就饮用咖啡，也不要用咖啡匙舀起咖啡饮用。喝完咖啡后，勺子应放在托盘里，如图 7-20 所示。

图 7-19 咖啡喝法

图 7-20 勺子的摆放

（四）用餐时的举止

吃西餐时，应坐姿端正，不可伸腿或跷起二郎腿，也不可将胳膊肘放到餐桌上，更不可频频晃动身体，如图 7-21 所示。用餐时，不能把刀叉伸进嘴里，也不能拿着刀叉挥舞或做手势。在用餐的过程中，可以与周围的人相互交谈，但不可大声喧哗，也不可抽烟。

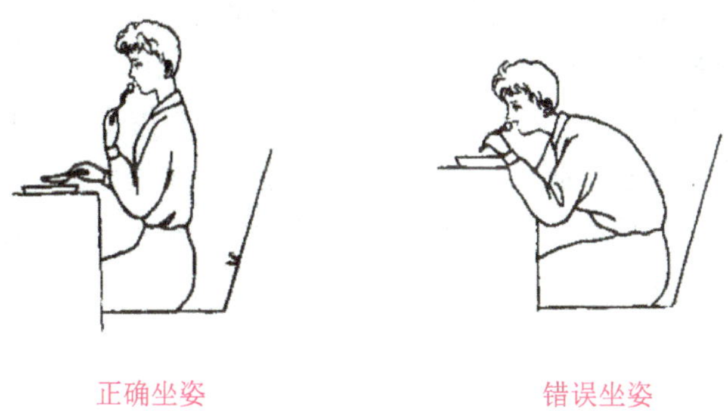

正确坐姿　　错误坐姿

图 7-21 吃西餐的举止

任务四 自助餐会礼仪

自助餐会又称冷餐会，是指不预备正餐，而只准备些冷食和适量的热菜，由就餐者在既定的范围内自己动手选用菜肴，然后或坐或立，自由用餐的非正式宴会。自助餐会礼仪是指安排或享用自助餐的过程中所需遵守的礼仪规范。

一、安排自助餐会的礼仪

安排自助餐会的礼仪是指主办方在筹办自助餐会时的礼仪规范。筹办自助餐会一般包括安排就餐时间、安排就餐地点、准备食物和招待客人 4 个方面。

（一）安排就餐时间

按照惯例，自助餐会通常被安排在各种正式的商务活动之后，作为正式商务活动的附属环节。自助餐会主办方可根据正式商务活动的时间来灵活安排自助餐会就餐时间，但通常不安排在晚间。

（二）安排就餐地点

自助餐会的就餐地点不必像正式宴会那样，只要能容下全部就餐人员，又能为就餐人员提供足够的交际空间即可。通常，自助餐会的就餐地点可选在主办方所拥有的大型餐厅、露天花园、小型广场之内，也可外租、外借类似的场地，如专营性的自助餐店、星级酒店等。

在安排就餐地点时，应注意以下 3 方面事项：

- 提供足够的活动空间。自助餐会的就餐地点除了具有摆放菜肴的区域外，还应具有一块面积足够大的用餐区域，该区域应能容下所有的就餐者，且不显得拥挤或狭小。
- 提供足够的桌椅。尽管自助餐会提倡就餐者自由走动、立而不坐，但不少就餐者仍期望在就餐期间能有一个歇脚之处。因此，就餐地点应提供一定数量的餐桌与座椅，供就餐者使用。若就餐地点在室外，则还应提供适量的遮阳伞。
- 环境宜人。就餐地点应洁净卫生、温湿度适宜、明亮舒适，而不可散发异味、过冷或过热、空气不畅或者黑暗拥挤，否则会影响就餐者的食欲及其对自助餐会的整体评价。

（三）准备食物

一般而言，自助餐的食物应以冷食为主，品种应丰富多样。具体而言，自助餐的食物可以包括冷菜、汤、热菜、甜品、茶点、酒水、水果等多种类型。

主办方在准备自助餐食物时，应根据就餐者的喜好、习惯等具体情况在食物品种安排上有所侧重，如使食物以甜品为主、以茶点为主或者以酒水为主，并酌情安排一些时令菜肴或特色菜肴等。准备食物时，务必根据就餐者的人数提供足量的食物，保证食物干净卫生，并注意热菜、热饮的保温问题。

（四）招待客人

自助餐会正式举办时，主办方应热情周到地招待客人，具体应做到以下 3 个方面：

1. 照顾好主宾

在自助餐会上，主人必须照顾好主宾，如为其拿取餐具或饮料、陪同其就餐、与其进行适当地交流等。但同时应注意给主宾留一些自由活动的时间，不要时刻伴随其左右。

2. 充当引见者

就餐期间，主人应尽可能地为彼此不相识的客人创造一些相识的机会，并积极地为其牵线搭桥，充当引见人。

3. 安排服务员

在小型的自助餐会上，主人往往可以兼任服务员。但在大型的自助餐会上，主人应当为客人安排足够数量的服务员，以便为众多就餐的客人提供便利的服务。

二、享用自助餐的礼仪

享用自助餐的礼仪，主要是指以就餐者的身份参加自助餐会时所需遵循的礼仪规范，其内容主要涉及以下几个方面：

（一）按序取食

若用餐的人较多，则必须自觉地排队取食，切忌乱挤、乱抢或插队。取食时，应使用公用的餐具将食物装入食盘内，不要用自己的餐具或直接用手取食。取食后迅速离去，不要在众多食物面前犹豫不决或者在取食时挑挑拣拣让身后的就餐人员久等。

在取用菜肴前，一定要事先了解一下菜品情况，然后可按照冷菜、汤、热菜、点心、甜品和水果的先后顺序，有所选择地取用。

（二）少取多次

在自助餐会上，食物的品种和数量是保证供应的，就餐者可以自由取用自己喜爱的食物。但是，在自助餐上浪费食物是绝对不允许的。因此，就餐者在取用食物时，应量力而行，做到每次少取，吃完再取，切忌一次性取出大量的食物，再因力不从心而导致食物的浪费。

【经典实例】

周小姐的尴尬

周小姐是恒利公司的业务代表，一次，她代表公司去参加一个商社的周年庆典活动。正式的庆典活动结束后，这个商社邀请全体来宾享用自助餐。

周小姐在此之前没参加过正规的自助餐会，用餐开始后，她发现其他用餐者都表现得非常随意，便也模仿别人随意起来。令周小姐开心的是，很多自助餐食物都是自己平日爱吃的。于是，她便毫不客气地将自己喜爱的各种食物盛上了满满一盘。当时，她心想，这东西虽然好吃，但也不便三番两次地跑来盛，否则旁人可能会嘲笑自己没见过世面，再说，好吃的东西如果不多盛一些，过一会儿可能就没有了。

令周小姐尴尬的是，当她端着盛满了美食的盘子从餐台边离去时，发现周围的人居然都用异样的眼神盯着自己，同时还听见有人小声地说："胃口真好!"

事后一经打听，周小姐才知道，自己当时的所作所为是有违自助餐礼仪的。

（三）积极交际

在自助餐会上，吃东西属于次要之事，与他人进行适当的交际才是主要任务。因此，每位就餐者都应当主动寻找机会，积极地参与交际活动，而不能只顾享用美食，而不与其他在场者进行任何形式的正面接触。

在自助餐上，交际的主要形式是几个人聚在一起进行交谈。创造交谈机会的具体方法有如下 3 种：① 请求主人引见；② 毛遂自荐，自己介绍自己加入陌生的交际圈；③ 寻找机会加入交际圈。

（四）避免外带

无论是由主人亲自操办的自助餐，还是专营店所经营的自助餐，都是不允许就餐人员往外带食物的。宾客在参加自助餐会时，一定要牢记这一规则，千万不要有"打包"的想法和做法，否则会贻笑大方。

（五）送回餐具

自助餐强调用餐自助，那么就餐人员除了应在取菜时自助以外，还应在用餐结束后，自觉地将餐具稍加收拾并送到指定之处，切不可使之一片狼藉。

案例分析

张明吃西餐时出现了以下几个不符合西餐礼仪的行为：

第一，他不理解"很精致的布"就是餐巾，而用"很精致的布"擦餐具，这一举动意在向宴会主办方表示"餐具不干净"或"我对你有意见"。

第二，他在使用刀叉切割食物时，使刀叉和餐盘碰出声响，而在西餐礼仪中，用刀叉切菜时不能发出声响。

第三，他将餐巾用来擦脸上的汗，并将其挂在椅背上，而在西餐礼仪中，餐巾不能用来擦汗并应放置在餐桌上。

项目总结

本项目主要介绍了宴请的基本礼仪、中式宴请礼仪、西式宴请礼仪。其中，中式宴请礼仪主要包括中式宴请的桌次和座次礼仪、中餐上菜礼仪、中餐餐具的使用礼仪、中餐就餐礼仪和饮酒礼仪；西式宴请礼仪主要包括西式宴请的座次礼仪、西餐的上菜礼仪、西餐餐具的摆放和使用礼仪以及西餐就餐礼仪。上述礼仪都包含诸多细节，我们应对其进行详细了解，并对重要的知识点进行掌握。

课后习题

一、填空题

1．宴会按规格规格划分，可分为__________、__________、__________和__________。
2．西餐宴会座位安排中，席位之远近以__________为中心。
3．使用刀、叉时，应__________持刀，__________握叉。

二、不定项选择题

1．下列不是按照宴请规格分类的宴会为（　　）。
A．国宴　　B．答谢宴会　　C．便宴　　D．家宴
2．在中式宴请中，上菜的一般顺序为（　　）。
A．冷盘－主菜－热炒－汤－点心－果盘
B．主菜－冷盘－热炒－汤－点心－果盘
C．冷盘－主菜－热炒－点心－汤－果盘
D．冷盘－热炒－主菜－汤－点心－果盘
3．下列选项关于中餐餐具的使用说法正确的是（　　）。
A．夹菜时，举着筷子在菜盘上犹豫不决地巡探
B．用勺子在食物中舀来荡去，以助食物快速降温

C．在漂有玫瑰花瓣或柠檬片的水盂里洗手

D．将用牙签剔出的东西弹在地上

4．在西式宴请中，上菜顺序一般为（　　）。

A．汤－头盘－副菜－沙拉－主菜－热饮－甜品

B．汤－头盘－主菜－副菜－沙拉－甜品－热饮

C．头盘－汤－主菜－副菜－甜品－沙拉－热饮

D．头盘－汤－副菜－主菜－沙拉－甜品－热饮

5．下列选项关于西餐餐具的使用礼仪说法错误的是（　　）。

A．用餐结束时，可使叉左刀右、叉齿向下、刀口向内，二者呈“八”字形摆在餐盘中央，以表示此菜已用完

B．用餐途中需要休息时，可将刀或叉的一端放在盘上，另一端放在桌上

C．用汤匙舀汤时，应从汤盘的中心部位向外侧舀，然后再送到嘴边饮尽

D．使用高脚的葡萄酒杯品酒时，应用手捧住杯腹

6．下列选项关于西餐就餐礼仪说法正确的是（　　）。

A．当女士入座时，男士应走上前去将她们的坐椅稍向后搬，待其将要坐下时，再将椅子稍向前推

B．吃全鱼时，宜先使用刀叉将鱼的头、尾、鳍切除，再吃鱼肉

C．当盘中的汤不多时，可用手将盘略微倾斜后，再用汤匙取汤引用，切勿端盘喝汤

D．喝酒时，应先轻轻摇动酒杯，闻一闻酒的醇香，然后一饮而尽

7．下列选项关于自助餐礼仪说法正确的是（　　）。

A．自助餐的就餐地点应环境宜人，但无需提供餐桌和座椅

B．取食时，不要在众多食物面前犹豫不决，更不要在取食时挑挑拣拣

C．取食时应注意每次多取一点，争取少取几次

D．吃自助餐时，可以尽情地享用美食，无需与其他在场者进行任何形式的正面接触

实训题

实训一：模拟中餐用餐

1．实训目的

通过实训，使学生熟悉中餐宴会的桌次和位次安排，掌握中餐餐具的使用规范，了解参加中餐宴会过程中应该遵守的礼节。

2．实训内容

（1）席位安排：10 人就餐时席位的安排

提示：安排席位时应遵循“面门为尊、右尊左卑、近尊远卑”的原则。

（2）餐具使用：掌握筷子、勺子、碗、碟、杯子、湿巾、水盂和牙签的使用

提示：注意筷子的使用禁忌，勺子握持正确，牙签使用要避人等。

（3）上菜次序

提示：上菜顺序为冷盘－热炒－主菜－汤－点心－果盘。

（4）进餐礼仪

提示：取菜要谦让，进食要文明。

3．实训方法

（1）准备好中餐用的桌子和椅子，由老师示范席位的排列，然后由学生进行演练。

（2）准备好中餐的基本餐具，由老师演示如何使用，让学生观看，并实际演练。

（3）准备简单的中餐食物，练习上菜的顺序。

4．实训检测

学生、老师可以根据表 7-1 的内容对实训成果进行评分。

表 7-1 实训成果检测表

考核项目	要求	分值	自评分	老师评分	实得分
位置安排	按要求安排席位	20			
餐具摆放	各类餐具摆放位置准确	20			
餐具使用	按规范使用餐具	20			
上菜次序	上菜顺序正确	20			
就餐过程	举止优雅、交谈适度、进食文明	20			

实训二：模拟西餐用餐

1．实训目的

通过实训，使学生了解中、西方用餐的差异和习惯，掌握西餐餐具的正确摆放和使用，熟悉西餐食物的吃法。

2．实训内容

（1）西餐的座次

提示：以女主人为主

（2）西餐餐具的摆放

提示：注意中途休息和用餐结束时，刀叉的摆放。

（3）西餐餐具的用法

提示：由外向内依次使用。

（4）切食物时的正确姿势

提示：在切割食物时，要双肘下沉，不要左右开弓，更不要弄出声响。

（5）西餐食法

提示：注意肉类、鱼类、面包、水果的吃法，以及汤和酒的喝法。

3．实训方法

（1）准备好西餐用的桌子和椅子，由老师示范席位的排列，然后由学生进行演练。

（2）准备好西餐的基本餐具，由老师演示如何摆放，让学生观看，并实际演练。

（3）准备简单的西餐食物，如面包、沙拉、汤等，练习正确的吃法。

（4）如果有条件可以举办一次西餐宴会，使同学们在享受西餐的过程中，真切感受到西餐的礼仪。

4．实训检测

学生、老师可以根据表 7-2 的内容对实训成果进行评分。

表 7-2　实训成果检测表

考核项目	要求	分值	自评分	老师评分	实得分
位置安排	按要求安排席位	15			
餐具摆放	各类餐具摆放位置准确	15			
餐具使用	按规范使用餐具	15			
切割食物	切割食物的姿势正确	15			
西餐食法	掌握了西餐进食的方法	15			
言行举止	举止优雅、交谈适度	15			
就餐过程	过程完整，流程正确	10			

项目八

职场礼仪

学习目标

- 了解求职准备的相关内容
- 掌握面试的基本礼仪与技巧，能够在面试中做到仪表大方、举止得体
- 了解办公室环境礼仪
- 掌握办公室言谈礼仪和同事关系礼仪，能够在工作中正确处理同事之间的关系

引　子

求职与面试是大学生走出校园后必须面对的第一个挑战，大学生要想在求职面试中立于不败之地，最终赢得用人单位的青睐，必须遵循一定的求职礼仪规范。大学生走上工作岗位后，还要遵循办公室礼仪，这样才能处理好办公室的各种人际关系，更好地开展各项工作。本项目介绍了职场礼仪规范，包括求职与面试礼仪、办公室礼仪。

案例导入——不善交谈的王先生

王先生是刚毕业不久的大学生，他应聘一家私营公司的营销代表。求职信已经投寄出去两个多星期了，可是一直没有得到答复，于是他鼓起勇气直接来到该公司询问。营销经理非常赏识他的这一行为，决定破例先面试他。王先生特别高兴，心情也舒畅起来，因而没有太多的顾虑。

“王先生，你为什么选择营销行业呢？”

“其实我原想找个销售计算机的工作，但至今没有找到，所以我就来到贵公司应聘了。”

“我想问的是，你是读计算机专业的，怎么会热爱营销，选择营销代表这一职位呢？”

“因为，我个人认为贵公司的发展前景是很不错的。我想多向你们这些前辈学习知识，毕竟自己还是年轻人，有的是时间和精力。你说是不是？”

“王先生，可能你今天太高兴了，有些问题你还没有说清楚。等你平静后，改天我再约你谈谈，好吗？现在请你先回去等通知！”

问题：

请结合所学知识分析王先生为什么没被该公司录取。

任务一　求职与面试礼仪

在竞争无处不在的现代社会，职场就是战场，作为一个应聘者，要想从众多的应聘者中脱颖而出，除了必须具备招聘岗位所要求的各项专业条件外，还有必要了解和掌握求职面试中的基本礼仪。

一、求职准备

俗话说，机会永远只会青睐有准备的人，求职者为了能得到向往已久的职业，应在求职前做好相关的准备。

（一）心理准备

1. 认识自己

求职者在应聘之前应对自己有一个全面的分析和认识，要知道自己的兴趣和专长，以确定自己的就业方向。如果求职者没有充分认知自己的话，求职时便会像“无头的苍蝇”，盲目乱投，大多数简历投出去后都会石沉大海，没有什么结果。

2. 要有自信

自信是求职面试必备的心理素质，是面试成功的关键。任何公司或单位都不希望自己的员工畏首畏尾、过分谦卑而担不了大事。因此，在求职应聘前，求职者一定要树立自己的信心，尽量发挥自己的优势，相信自己一定能获得成功。

【经典实例】

求职时应充满自信

一家公司通过对应聘人员多轮考核、层层筛选，最后只剩下一男一女两人。经理是个外国人，他在与这两位求职者闲聊中，随便问了三个问题。

“会打羽毛球吗？”男的说“会”。女的其实是不错的羽毛球选手，却答道：“打得不好。”“给你们一辆小轿车，有没有把握学会驾驶？”男的说：“有。”女的则说：“做得不好。”经理再问：“厨房里有的是蔬菜，你俩能不能给我做几样拿手好菜，我这人不挑剔。”男的说：“没问题。”而女的却腼腆地说：“做得不好。”

最后，公司录用了男性，淘汰了女性。公司对她的评价是：有自卑情绪，缺乏自信心，无法胜任本公司的职务。那个男的就是凭“会”“有”“没问题”这五个字轻而易举地击败了对方，取得了求职的胜利。

（二）形象准备

应聘者的外在形象是给面试官的第一印象。着装得体、仪容整洁会给人以大方、精干的好印象；反之，不修边幅、蓬头垢面则会给人以懒散、不上进的感觉。所以，应聘者在应聘前必须做好形象上的准备。

1. 男士

男士面试时，应注意以下服饰礼仪：

① 春、秋、冬季，最好穿正式的西装面试，并查看领口、袖口是否有脱线和污浊的痕迹；夏天要穿长袖衬衫，系领带，不要穿短袖衬衫或休闲衬衫。

② 西装的色调要以给人稳重感觉的深色为主，如藏青色、蓝色、黑色、深灰色等；配套的衬衫最好为白色；领带应选用丝质的，图案可以根据自己的爱好选择，最好是单色的。

③ 选择深色的袜子、黑色的皮鞋；皮带要和西装相配，一般选用黑色。

④ 不要将钢笔插在西装上衣的口袋里。

⑤ 注意脸部的清洁，胡子一定要刮干净，头发梳理整齐。

⑥ 眼镜要和自己的脸型相配，镜片要擦拭干净。

2. 女士

女士面试时，应注意以下服饰礼仪：

① 面试时的着装要简洁、大方、合体，如图 8-1、图 8-2 所示。职业套装是最简单，也是最合适的选择。衣服的质地不要太薄、太透，薄和透易给人以不踏实、不庄重的感觉。例如，春秋的套装可用花呢等较厚实的面料，夏季宜选择真丝等轻薄的面料。套装的色彩要表现出青春、典雅的格调，但不宜穿抢眼的颜色。

② 皮鞋应该以式样简单、没有过多装饰为主，后跟不宜太高，颜色和套装的颜色一致。如果你不知道如何配色，最简单的办法就是穿黑色的皮鞋。

③ 丝袜以透明的近似肤色的颜色最好，且要随时检查是否有脱线和破损的情况，最好带一双备用丝袜。

④ 佩戴饰物应注意和服装整体的搭配，最好以简单朴素为主。

⑤ 化淡妆。如果抹香水，应该用香型清新、淡雅的，头发要梳理整齐，前额刘海不要超过眉毛。

⑥ 如果习惯随身携带包，那么包不要太大，款式可以多样，颜色要和服装的颜色相搭配。

出发前，最好从头到脚再检查一遍，看看扣子、拉链是否扣好、拉好，领子、袖口是否有破损，衣服是否有褶皱，鞋子是否干净光亮。

图 8-1 求职着装（一）

图 8-2 求职着装（二）

（三）资料准备

1. 信息资料

求职者在应聘前首先要了解招聘单位的单位性质、发展规模、主要产品或经营项目、产品信誉、工作条件及福利待遇等；其次要弄清楚招聘单位的用人需求、职位信息及应聘资格等。经过充分地调查研究和分析，能真实准确地把握用人单位的第一手资料，做到有的放矢。

2. 个人简历

简历是求职的“敲门砖”，对于求职者的重要性是不言而喻的。其格式设计虽然各不相同，但一般都包括：个人基本情况介绍；个人的学历情况概述；个人的工作经历；应聘的职位及希望的待遇。

对于用人单位来说，一个招聘职位可能会吸引上百份甚至上千份的求职简历，而如何使招聘单位在这些简历中眷顾你的简历，是需要求职者在写简历时遵循一些技巧的。

① 求职简历要简明扼要。招聘单位面对上千份的求职简历。不可能对所有的简历都进行仔细的阅读。但是，内容简洁、明了、易懂的简历最不易被漏掉。

② 求职简历要突出经历，用人单位最关心的是求职者的经历，从经历来看求职者的经验、能力和发展潜力。所以，在写简历的时候，要重点写学习经历和工作经历。学习经历包括主要的学校经历和培训经历，工作经历要标明你工作过的单位、从事的主要工作。如果你的经历太多，不好一一列出，也可以把近期经历写得详细些，把初期参加工作的经历写得简略些。尤其是近期的工作经历一定不要遗漏，否则会引起用人单位的不信任。需要注意的是，写工作经历时，要把近期工作先写。

③ 求职简历要突出所应聘的职位信息。招聘主管关心主要经历的目的是为了考察求职者能否胜任工作。所以，在写自己的经历和做自我评价的时候，一定要紧紧抓住所应聘职位的要求来写。

3. 证件资料

证件资料也应提前准备，主要包括：身份证、在校期间的成绩单、英语和计算机等级证书、职业资格证书、学历证书、各种荣誉证书等。

二、面试礼仪

（一）面试前的礼仪

1. 提前到达

面试时应遵守时间，不能迟到，也不能过早地到达，一般提前 10～15 分钟到达面试地点最佳。

2. 学会等候

进入面试单位，若有前台，应直接说明来意，经指引到指定区域等候；若无前台，则可找工作人员说明来意。在询问或与他人交谈时，要使用“您好”“请问”“谢谢”等礼貌用语。

3. 举止文明

进入面试房间时，应先敲两下门，等对方说“请进”时方可进入，然后向面试官行点头礼或鞠躬礼，并向其简单地问好，再转过身轻轻地将房门关上。进屋后，不能随便落座，要等面试官请你就座时才能入座，并且应坐在面试考官指定的座位上。

（二）面试中的礼仪

在面试过程中，考生应当注意以下几点：

1. 注重仪态

（1）坐姿

应聘者入座后，不要坐满整个椅子，这样显得太放松随意，也不要只坐椅子的边，这样显得你紧张拘谨。最佳的方式是坐满椅子的 2/3，上身自然挺直，略向前倾，双膝并拢，双手自然置于其上，切忌抖腿、跷二郎腿。

（2）眼神

眼神可以传达一个人的自信，也可以表达出对对方的尊重。谈话时，求职者的目光要自然地注视着面试官，千万不要不敢正视，最好将目光集中在对方的眼睛与鼻子之间的三角形位置。每次 15 秒左右，然后自然地转向其他地方，然后间隔 30 秒左右，再转向面试官。不要躲闪或回避面试官的眼神，以给人不自信的印象。

（3）笑容

微笑是最美的语言。面试中保持自然的微笑，能够消除紧张，展现你的自信，提升你的外部形象，还会增进沟通，拉近你和面试官的距离。

2. 谈吐文雅

面试官一般较欣赏谈吐优雅、表达清晰、逻辑性强的应试者。因此，应聘者在表述时要简洁、清晰、自信、幽默。要多用敬语，如提到面试官时要用“您”，提到应聘的公司时要用“贵公司”等。

与面试官谈话时不要引起争辩；不要抢话头，不要连珠炮式的发问；不要乱开玩笑；对方谈兴正浓时，不要轻易转移话题。当让你表达意见时，可使用“我很同意你的观点”之类的话来与其沟通，还可以真诚地表达出自己的意愿，如“我真心想得到这份工作”，然后充满信心地运用恰当的语言说明自己能够胜任该职位的理由。

3. 注意聆听

要想给面试官留下好的印象，一定要仔细聆听，并适时以“对”“是”“我想是的”等作为回应。聆听是一种礼貌的表现，随意打断面试官的说话或抢着发言，会让面试官觉得你急躁、轻浮、不够稳重。

【经典实例】

你认真听了吗？

有位大学毕业生到一家编辑部去求职，主编同他谈话，开始一切都很顺利。由于对他第一印象很好，主编后来就拉家常式地谈起了自己在假期的一些经历，大学生走了神，没有认真去听。临走时，主编问他有何感想，他回答说："您的假期过得太好了，真有意思。"主编盯了他好一会儿，最后冷冷地说："太好了？我摔断了腿，整个假期都躺在医院里。"

4. 适时告辞

面试结束时，有的面试官可能用"感谢你来面谈"等辞令来结束谈话；有的面试官往往以起身来示意面试的结束。这时，你应该立即停止说话，敏锐及时地起身站好与面试官握手，表示感谢。即使你在求职无望的情况下，也应结束谈话，不应再申辩理由，强行"推销自己"。离开之前要把座椅还原，面带微笑从容地走出办公室，并有礼貌地轻轻关好门。遇到工作人员或接待人员，要主动点头致谢，并道别。

（三）面试后的礼仪

招聘单位的招聘程序并不是在你离开之后就终止的，往往要经过好几轮面试，并且还需要做最后的综合评估。因此，应聘者还应重视面试之后的礼仪，旨在加深面试单位对你的印象，提高被录用的概率。

在面试过后，应聘者可以打电话或写一封信询问面试的结果，也可以在面试之后给面试官发出一封感谢函。但无论是打电话还是写感谢函，均以表明自己的态度即可，切不可追问得过急。

任务二　办公室礼仪

办公室是现代社会最为典型的工作场所。办公室礼仪是指人们在办公室这个特定的工作场所所应具有的礼仪。它主要包括以下几个方面的内容：办公室环境礼仪、办公室言谈礼仪和同事关系礼仪。

一、办公室环境礼仪

（一）公共空间卫生

具体而言，办公室环境礼仪要注意以下几个方面的问题：

① 办公室干净整洁，窗明几净，空气流通。

② 办公设备配置和装饰造型美观、色彩和谐、赏心悦目。

③ 办公室内禁止摆放与工作无关的个人用品（如餐具、玩具和装饰品等）。

④ 及时清理办公桌及文件柜。

⑤ 爱护办公室桌椅、沙发和茶几等办公用具，保持电话机、计算机、复印机和传真机等办公设备的整洁，确保其正常运转。

⑥ 公用的笔、墨水、涂改液、便笺纸、报纸和杂志等办公用品应摆放整齐，并根据使用情况及时添加或更换。

（二）个人办公区卫生

个人办公区要保持办公桌位清洁，桌上不要堆满文件和杂物。要将各种文件或材料按照日期或根据内容装订起来放到抽屉里或资料柜中，桌子上摆放的东西越少越好；抽屉里的东西也要摆放整齐，以便拿取方便。私人的物品和其他杂物可以放到自己的柜子里。

二、办公室言谈礼仪

（一）不谈论薪水

公司里员工之间的工资往往会有所差别，老板不喜欢员工之间相互打听工资，所以发工资时老板有意不公开数额，并叮嘱不让他人知道。如果员工工资被公开，就容易引发员工之间的矛盾，而且最终会使矛头指向老板，这当然是老板不希望发生的。

如果碰上喜欢打听薪水的同事，一定不要随意透露自己的薪酬。当对方问你工资时，你可以冷处理，说："对不起，我不想谈这个问题。"

（二）不谈论私人生活

在公司里，谈论别人的私生活是极其不礼貌的，轻者给人留下口无遮拦、办事不慎重的印象，重则影响个人职业的口碑。此外，也不要轻易向同事透露自己的隐私，我们身边总有这样一些人，他们特别爱侃，个性又特别的直，喜欢和别人倾吐苦水。虽然这样的交谈能够很快拉近人与人之间的距离，使彼此之间很快变得友善、亲切起来，但心理学家调查研究后发现，事实上只有1%的人能够严守秘密。

所以，当你的生活出现个人危机，如失恋、婚变之类时，最好还是不要在办公室里随便找人倾诉；当你的工作出现危机，如工作上不顺利，对老板、同事有意见有看法时，你更不应该在办公室里向人袒露胸襟。

（三）不要人云亦云

不要跟在别人身后人云亦云，要学会发出自己的声音。老板赏识那些有自己头脑和主见的职员。如果经常只是别人说什么你也说什么的话，那么你在办公室里就很容易被忽视了，你在办公室里的地位也不会很高了。不管你在公司的职位如何，你都应该发出自己的声音，应该敢于说出自己的想法。

三、同事关系礼仪

（一）与上级的关系礼仪

1. 尊重上级

单位的领导一般具有较高的威望、资历和能力，有很强的自尊心。作为下级要经常肯定上级的领导水平，保持其主角地位，适应其工作方法，以维护领导的威望和自尊。

在工作交往中，下级对上级的尊重可以通过以下的行为方式得以体现：

① 遇到上级主动称呼问候或让路。

② 上级走进办公室时热情致意，上级走到自己办公桌前一定要起立。

③ 上下汽车、进出大门和电梯时应让上级先行。

④ 经常向领导请示、汇报工作情况，听取上级对工作的意见和指导。

⑤ 与上级交谈时认真倾听，不能顶撞上级，特别是公开场合尤其要注意。即使与上级的意见相左，也应在私下与其说明。

2. 服从安排

领导对下属有工作方面的指挥权，对领导在工作方面的安排和指挥，下级必须服从。上级布置的工作任务要坚决完成，其正确的意见和指示要坚决执行。

如果上级的指示和安排意见没有失误，即使不符合自己的想法，也要按照上级的安排去做。这不仅是工作顺利开展的重要保证，也是作为下级最基本的礼节礼貌。

3. 学会体谅

上级在工作中由于受到主观、客观条件的影响，难免会遇到各种困难，下属应该体谅上级的难处，不能轻易因为某些要求未得到满足而对领导产生不满。当领导遇到困难，下属应该主动为其排忧解难。这样既可以避免与上级产生矛盾，又能拉近与上级之间的关系。

4. 注意沟通

工作中要经常与上级进行沟通，不失时机地与上级交换意见，让上级了解你的想法。只有经常与上级沟通，上级才会更深一步地了解你、重用你。

5. 虚心接受

下级在上级批评自己时，一定要虚心接受、坦率认错、及时道歉。哪怕错误不在自己，也要心平气和地向上级说明情况。

（二）与平级的关系礼仪

1. 相互尊重

相互尊重是处理好任何一种人际关系的基础，同事关系也不例外，要友好平等地与同事相处。对待同事不仅要做到以礼相待，而且要注意不能厚此薄彼。不能在背后议论同事的隐私和损害同事的名誉，不要在上级面前诋毁攻击同事。

2. 关心同事

同事遇到职位变化、工作受阻和挫折不幸时，要能及时地给予真诚的关心和帮助，及时地伸出援助之手为同事排忧解难。这样可以增进双方之间的感情，使同事关系更加融洽。

3. 公平竞争

工作中存在竞争是不争的事实，竞争能促进工作的有效开展。但是切记：同事之间要公平竞争，不能在背后耍心眼，贬低别人抬高自己，甚至踩着别人的肩膀往上爬。

4. 宽以待人

同事之间经常相处，误会在所难免。如果是自己的失误，应主动向对方道歉，以获得对方的谅解；当对方误会自己时应主动向对方说明，不可“小肚鸡肠”，耿耿于怀。

切忌意气用事使事态复杂化，以致产生严重后果。如果问题比较严重，自己实在无法忍受，可请求上级帮助解决，必要时可诉诸法律，但绝不可凭血气之勇而蛮干。

案例分析

本案中的王先生，对于一个简单的问题回答两次竟然都偏离了面试话题，让面试官听得一头雾水，不知所以，结果没有被录取。求职者在面试时，不要光用华而不实的词汇，要切中话题，抓住实质。

项目总结

本项目主要介绍了职场礼仪规范，具体包括求职与面试礼仪、办公室礼仪。

求职与面试礼仪主要介绍了应聘前的各项准备工作和面试时应注意的礼仪规范，以帮助学生掌握求职面试的必备礼仪，从而在面试中做到仪表大方、举止得体，给面试官留下大方、干练的好印象。

办公室礼仪主要介绍了办公室环境礼仪、办公室言谈礼仪和同事关系礼仪，以帮助学生掌握办公室里的待人接物礼仪和与人相处的礼仪，从而使学生能够在今后的工作岗位中处理好办公室的各种人际关系，顺利地开展各项工作。

课后习题

一、填空题

1．__________是求职面试必备的心理素质，是面试成功的关键。

2．女士面试时，__________是最简单，也是最合适的选择。

3．求职简历的书写要__________、__________、__________。

4．面试时应遵守时间，不能迟到，也不能过早的提前到达，一般提前__________分钟到达面试地点最佳。

5．求职者的目光要自然地注视着面试官，最好将目光集中在对方的__________。

二、不定项选择题

1．职业女装的颜色应以（　　）颜色为主。

A．深色　　B．浅色

C．艳丽的颜色　　D．活泼跳跃的颜色

2．应聘者入座时，最佳的方式是（　　）。

A．坐满椅子的 2/3　　B．坐满椅子的 1/3

C．坐满椅子的 1/4　　D．随意

3．求职时，对服装的要求有（　　）。

A．符合身份　　B．善于搭配

C．遵守惯例　　D．区分场合，因场合不同而着装不同

4．求职时，女性佩戴首饰的原则是（　　）。

A．注意和服装的搭配　　B．以简单朴素为主

C．按自己的喜好搭配　　D．佩戴华丽首饰

实训题

实训：模拟面试场景

1．实训目标

通过实训使学生能够熟练掌握求职面试的基本礼仪规范。

2．实训内容

分角色模拟面试场景。

3．实训步骤

（1）将全班同学分成若干小组，每组 5～7 人，分别扮演求职者和面试官。

（2）模拟面试前的准备、面试过程和面试后的答谢。

（3）一组模拟时，其他组观摩并指出问题。

（4）老师进行点评。

4．实训提示

（1）应聘者应注意自己的穿着和仪态。

（2）应聘者应事先准备好面试考官可能要提的问题。

（3）面试官简单了解招聘岗位所需要的素质和能力，并准备好面试问题。

5．实训检测

学生、老师可以根据表 8-1 的内容对实训成果进行评分。

表 8-1　实训成果检测表

考核内容		分值	自评分	老师评分	实得分
求职准备	着装礼仪	15			
	简历、证件的准备	15			
面试前	礼貌敲门	10			
面试中	坐姿端正	10			
	眼神交流	10			
	保持微笑	10			
	注意聆听	10			
	交谈文雅	10			
面试后	礼貌致谢	10			

项目九

婚丧寿庆礼仪

学习目标

- 掌握婚礼礼仪的相关知识，能够按照礼仪规范策划、参加各种婚礼
- 掌握祝寿礼仪的相关知识，能够按照礼仪规范策划、参加寿宴活动
- 掌握丧葬礼仪的相关知识，能够按照礼仪规范策划、参加丧葬活动

引　子

中国是礼仪之邦，传统社会里对“礼”有很多的规定，出行有出行的礼；坐有坐的礼仪；举办婚礼、丧礼，为老人祝寿等，都有一套非常完整的规定。前面介绍了出行礼仪、座次礼仪、日常交往礼仪等礼仪规范，本项目将重点介绍婚丧寿庆礼仪。

案例导入——婚礼上的意外

结婚是件非常喜庆热闹的事情。结婚当天，很多亲朋好友会来参加婚礼，个别关系好的朋友还会闹洞房以增添热闹的氛围。然而不管是喝喜酒还是闹洞房都应讲究适度，否则新婚大喜就会变成悲剧了。

在村民刘某与徐某的婚礼上。晚上 8 时多，十多名好友在喝过喜酒后，乘着酒兴来到新郎新娘的新房内闹洞房。“啃苹果”“交杯酒”等节目一个接一个，闹得新郎新娘疲惫不堪，一直闹到了晚上 11 时。这时，一位小青年一不小心将新娘绊倒在地，四五名小伙子趁机压了上去，直到新娘痛苦地大叫，众人才起身。刚被扶起来的新娘突然两眼一黑晕了过去。众人这才慌了神，急忙将新娘送到附近的医院。经医院连夜拍片诊断，发现新娘有压迫性软组织损伤且左胸两根肋骨骨折，需住院治疗。

同样的，在某些地方也发生过婚礼喜事变悲剧的事情。青年王某在参加同学婚宴时酒醉趴在桌上，被送到新郎家中休息，其后被发现死亡。法医经过尸体检验，确认王某系醉酒后口中残留呕吐物阻塞呼吸道导致窒息死亡。

问题：

请结合案例说明参加他人婚礼应注意哪些礼节。

任务一　婚礼礼仪

婚姻是人生中的一件大事，人们特别重视这一礼仪。在现代，更多的新人结婚时倾向于举行隆重的仪式，并设宴款待前来祝贺的朋友。为了把婚宴办得喜庆和热闹，无论是婚礼举办方还是婚礼参加方都应该遵循一定的礼仪规范。

一、婚前准备

婚前准备大致可包含商定婚期、发送请柬、布置新房和婚礼服饰准备四个方面。

（一）商定婚期

现在婚期往往由双方共同确定。婚期的选择一般有以下几种情形：

① 选在节假日，如“五一”“十一”“元旦”，既喜庆，也方便亲朋好友抽出时间参加婚礼。

② 选公历和农历都逢双的日子，意在成双成对。

③ 取谐音图吉利，选“6 月 6 日”（六六大顺）、“8 月 8 日”（发发）、“9 月 9 日”（天长地久）、“5 月 20 日”（我爱妻）等。

（二）发送请柬

把结婚的时间、地点和形式通知亲友，是婚礼前的重要工作之一。告之婚期的方法主要有以下三种：一是电话告知。这种方法便捷，但显得不够慎重，而且有的被邀请对象无法通过电话联系。二是登门邀请。这种方式对远道的亲朋不适用。三是送发请柬，礼节周到而庄重，是最适宜的办法。对近处的亲友，新郎、新娘可登门宴请并呈上请柬。对于远方的亲友，请柬提前用挂号信等方式发送出去，确保被邀请人能在婚礼前收到。

请柬的内容一般包括邀请的对象、婚礼举行的时间、地点和形式等。

（三）布置新房

新房可以布置出各样的情调，但是一定要充满喜庆气氛。门窗家具上要贴上红色“双喜”字，正门上要贴婚联。婚床的铺设、婚被的缝合，均是请贤能的已婚已育妇女帮忙，缝被一般用红色线。

（四）婚礼服饰准备

婚礼服饰因各地风俗不同而有所差别。通常情况下，新娘需为婚宴准备两套衣服：一套婚纱和一套中式的旗袍或格格装。新郎服饰要与新娘搭配，一般也准备两套。

在婚礼当天的早上，新娘应在自己的家里或酒店换上婚纱，等待新郎接亲的到来。这身婚纱，一般从接亲开始穿到婚礼仪式的结束。婚礼仪式结束后，新娘到酒店的化妆间去换已经准备好的中式服装，然后给来宾敬酒，一直到婚宴结束。

二、婚礼仪式流程礼仪

婚礼仪式的流程没有统一的规定，可繁可简，通常由婚礼主持人事先与相关的主要当事人商定。婚礼仪式一般有如下几项程序：

① 嘉宾到齐后，婚礼司仪宣布结婚典礼开始。

② 奏《结婚进行曲》，新郎新娘在鞭炮乐曲声中步入宴会厅。

③ 司仪介绍新郎、新娘的情况和相识过程。

④ 证婚人为新郎新娘颁发结婚证书并作证婚讲话。

⑤ 贵宾或新郎、新娘双方领导上台简短致贺词。

⑥ 父母双方讲话。

⑦ 举行鞠躬仪式。首先向父母及尊长鞠躬；然后向来宾鞠躬；最后夫妻互相行鞠躬礼。

⑧ 新郎、新娘交换信物。

⑨ 开香槟酒、切结婚蛋糕、喝交杯酒。

⑩ 新婚夫妇讲话。主要说感谢来宾之词。

⑪ 宴会开始。新郎新娘从主桌开始，逐席向来宾敬酒一轮。

宴会之后，可进行小型的娱乐活动以助兴，有的地方还请亲友参观新房或“闹洞房”。

三、新郎、新娘礼仪

结婚正日是女方被娶到男方举行典礼的那一天，这一天非常热闹。新郎当天首要的事是到新娘家迎娶新娘。新郎应做到准时、守约。女方也要宽容谅解，不要一味强调迎亲仪式的隆重。这一天，新郎新娘在接待亲友宾客时要特别注意以下几点：

（1）礼貌。结婚当日，许多亲友前来道贺，街坊邻里前来观瞻，来人多而杂。作为主角的新郎新娘不论与谁接触都要面带笑容，彬彬有礼；对人都要亲切招呼，不可疏漏，更不可傲慢无礼或冷淡别人，客人临走，要热情礼貌送别。

（2）耐心。大喜之日，也是大忙之时。遇事不能急躁，也不能埋怨，新郎新娘互相体贴，不可赌气或发脾气。

（3）大方。新郎新娘在婚礼上要大方、自然。对于闹新房时客人的说笑不要露出嫌烦之色，以免使亲友扫兴。

（4）周到。对于携带小孩前来祝贺的宾客，新郎新娘不要因为紧张忙碌而忽略了对孩子的热情关照，如可抓一些糖果给小孩。对于请来的厨师、司机等人最好也要当面致谢，甚至在吃饭的时候去敬杯酒。

知识链接

回　门

按照我国婚俗习惯，结婚三天，新娘便要偕同新郎一起回娘家，也称“回门”。这是一种必不可少的礼节。

新娘家老人心里非常重视三天回门，因此新郎事先无论是从思想上还是在礼品上都要有所准备，争取给岳父岳母留下好印象。

礼品事先备齐，应准备新娘家老人喜欢的礼品，礼品一般有四件。

回到娘家，新郎新娘首先要问候老人。这时，新郎就应改口，跟新娘一样称岳父母为爸爸妈妈，要叫得自然、亲切。对待亲友和邻居也应表现出亲切热忱，彬彬有礼，见人先打招呼，以礼相待。

就餐时，新娘要陪着新郎，一一向父母、亲友和邻里敬酒，感谢大家对自己新婚的祝福。饭后，不要急于回家，应再陪父母聊一会儿，听听他们的教诲，然后再告辞。应主动邀请二位老人和兄弟姐妹到自己家里做客，也可邀请亲友、邻里。

四、宾客参加婚礼的礼仪

被邀请出席婚礼和宴会的朋友应注意以下礼仪，以免影响婚礼的喜庆气氛。

（一）服饰整洁

参加婚礼者应适当注重自己的仪表，就服饰而言，最好着较为正式的礼服。女性一般不穿全身大红的衣裙，以免与新娘服饰相同；男宾最好着西装，显得大方得体。值得注意的是：礼服的颜色最好避开黑色，防止让对方联想到丧礼，以破坏喜庆的气氛。

（二）巧送礼物

参加婚礼一般要带点礼，可送礼金，也可送礼物。礼金用红纸包好，写好送礼人姓名及祝贺之词。礼金包多少没有具体标准，一般来说，确定礼金数量时应考虑以下三个方面：① 要根据自己的经济实力、双方关系的亲密程度来确定，既不要太少，也不要“打肿脸充胖子”装大款。② 礼金的数字最好是双数，意思是大吉大利、好事成双，但要跳过 4 这个数字，以 2，5，6，8 等数最受欢迎。当然，666、888 之类的更好。③ 假如你打算带家属去喝喜酒，记得多添点礼金，以免给别人留下小气、吝啬的印象。若要送礼物，要注意礼物的选择要恰当，要讲究美观、实用，一般以家庭陈设、床上用品、餐具茶具、厨房用品等礼品为典型，也可事先征求新婚夫妇的意见再采办。

送礼金或礼物要选择时机，一般在出席婚礼前送上，假如选错时机可能会让他人觉得不懂礼节。结婚礼物过期不补。

（三）言行得体

参加婚宴要遵守以下礼仪：

① 进入宴席，要按照主人的引导就座，如果没有人引导，可以和熟悉的亲友坐在一起，但不要主动坐到“新人桌”或“父母桌”。

② 席间取菜、吃食要讲究礼貌，不能失态，喝酒应适量，以免酒后狂言失礼。

③ 新郎和新娘到各席敬酒时，大家起立举杯和新人轻轻碰杯，再道“恭喜”。

④ 席间与熟人谈笑时也要注意分寸，言行举止要符合婚庆礼仪，不能因为气氛热烈而忘形失态，这是非常不礼貌的行为。

⑤ 带小孩的父母应关照好孩子，不要让孩子哭闹，不要打碎杯盘碗，婚礼上忌讳有人打碎东西。

⑥ 临行前对新郎新娘热情派发的喜糖应欣然接受，不应坚拒。

（四）闹洞房要有度

在闹洞房时，可适当地打趣、开玩笑，但不要信口开河，乱说“荤话”，或有意使新娘难堪。凡事过犹不及，“闹洞房”也是一个道理，千万不要无限度地借机宣泄自己的情绪，使得新郎新娘感到厌烦。

任务二　祝寿礼仪

在日常生活中，中老年人最注重的就是60大寿、80大寿和90大寿，生日的隆重程度也依顺序相应扩大。通常，寿礼都是由子女和其他晚辈亲友出面筹划并操办的，不能由寿星自己出面操办。给老年人举办寿宴要特别注重一些礼仪规范。

一、祝寿准备

祝寿的准备工作主要包括发送请柬、准备食物和布置寿堂。

（一）发送请柬

现代做寿，一般由做寿者家属发大红请柬，通知寿期，请亲朋好友届时来吃寿酒。请柬最迟在寿礼前半月发出，也有的不发请柬，直接口头邀请，直系亲属一般不发请柬。

（二）准备食物

祝寿的食物包括招待宾朋的菜肴、酒水，给老人做寿的寿面、寿桃和寿糕等。寿面多为挂面做成，叫长寿面；寿桃是用精致白面粉做成的，蒸熟后涂上红绿食色；寿糕是用白面和红枣蒸制的多层枣馍，城镇多买生日蛋糕代替。

（三）布置寿堂

若寿宴设在宾馆或酒店，举行寿宴的厅堂自然成了寿堂。在大餐厅的正面墙壁上，挂上大红的“寿”字，两边是寿联，有时还摆上案桌，供上寿烛和寿香。寿堂中间则摆上数桌或数十桌酒席。

若寿宴设在家中，客厅就是祝寿时的寿堂。一般在寿堂的正面墙壁上挂一个很大的寿字或百寿图，或中堂图画，男寿星多为南极仙翁，女寿星多为瑶池王母。中堂两边为“福如东海长流水，寿比南山不老松”等祝福语句的对联。墙下放礼桌，桌上陈寿桃、寿糕、寿酒等，两边摆放两支红蜡烛。

二、祝寿仪式礼仪

如果寿宴在饭店、酒楼举行，做寿者家属会聘请专业主持人主持。入口处有一位或两位寿星的子孙辈代表寿星迎接客人，接受礼品。一般情况下，完整的仪式程序包括以下几项：

① 宣布某人多少岁寿庆仪式开始。

② 请寿星就位。在祝寿典礼开始之时，首先要请寿星出堂，最好是由儿孙辈中的最小者或儿孙辈中最受寿星钟爱者在旁边搀扶着，坐于寿堂正中的椅子上。

③ 奏乐，同唱《祝你生日快乐》歌。

④ 寿星的子孙们给寿星献花，行鞠躬礼。

⑤ 如果来宾中有比较重要的人物，而大家又不太熟悉的话，主持人则向大家进行介绍。如果到场的来宾送来的贺词、贺信、寿联等比较多，可以选择其中有代表性者由司仪当场宣读。

⑥ 主持人简要介绍寿星的经历以及对社会、家庭的贡献，表示对来宾的感谢。

⑦ 向寿星献祝寿辞，顺序一般是：先是寿星晚辈，后是有关亲戚，最后是朋友、同事等。祝寿辞都不长，为了慎重，一般都事先写好。有的地方在祝寿时，晚辈要行三鞠躬礼，其余的可以灵活掌握，可以是一鞠躬。

⑧ 寿星的晚辈代表答谢讲话。旧时在这种场合，寿星本人不作正式的答谢，这种做法叫“避寿”，表示自己不愿意有劳大家前来为自己祝寿，以示谦虚。现在也有的寿星致答词，谈些平生感受，并向大家表示谢意。

⑨ 歌手唱歌，或推荐来宾演唱至席散。有的寿典还安排别的仪式，如寿星点蜡烛、吹蜡烛等。

三、参加祝寿的礼仪

在为老人祝寿时，主要是为了让老人开心，所以参加祝寿的人员要注意以下礼仪：

1. 家庭成员到齐

为老人祝寿时，家庭所有成员必须全部参加。平时年轻人工作忙，很难服侍在老人身边，趁祝寿的机会，回家为老人庆贺，定会使老人心花怒放。

2. 准备寿礼

参加个人祝寿活动，都要携带些礼品。礼品以实用、有一定价值的东西为宜，如衣服、鞋帽、手杖，寿面、寿桃或生日蛋糕，还有写有祝寿字句的寿幛、寿联、寿屏和寿匾等。需要注意的是寿礼不能送钟，因为“送钟”与“送终”谐音。

3. 着装适宜

参加寿礼活动的服饰宜选择色调明快的衣服，不要穿全黑或全白的服饰。

4. 言行得体

参加老人的祝寿活动，要以祝贺、颂扬为主，如“福同海阔，寿与天齐”“福如东海长流水，寿比南山不老松”“松鹤延年、高风亮节”等。宴饮要节制，不能酗酒，以防失态失礼。带小孩的人要注意关照，不要让小孩乱动乱跑，以免打碎杯、碗，也不要让小孩啼哭，因为这些都被民间视为不吉利。

任务三　丧葬礼仪

在民间，对丧葬称“白喜事”，含有“悲喜交加”的意思。按照我国古代“生有所养，死有所葬”的原则，人们历来严格按照相关的礼仪规范操办丧事。

一、报丧

停柩一段时间之后，诸事准备就绪，逝者的亲属和子孙就要选择日子报丧。报丧的方法有这样几种：

一是亲身前往口头报丧。这时，神情要沉痛，举止要庄重。

二是写报丧信，信中要写明逝者与报丧人的关系，逝者的病因、逝世的日期与追悼会的地点时间。信中不能附带谈其他事，也不要写问候语与祝颂词。

三是拟制张贴、刊登讣告，不具体通知个人。拟制的讣告应包括以下五方面的内容：

① 在开头一行中间写“讣告”两字，或者在讣告前冠以逝者的姓名，如“×××讣告”。

② 写明逝者姓名、身份、因何逝世、逝世日期、地点和终年岁数。有的也写为“享年”，即享受过多少有生之年，一般用于长辈或受人尊重的老者。

③ 简介逝者生平。

④ 通知吊唁、追悼会召开的时间、地点。

⑤ 署明发讣告的团体或个人的名称，以及发讣告的年月日。

写讣告要注意以下几点：① 起草前，对去世者逝世原因、时间、地点、终年岁数、简单经历、举行追悼仪式的时间地点要有准确了解，以免讣告中出现差错。② 讣告的用语要简练、庄重、沉痛、严肃。特别是简介逝者生平时要简明扼要，突出主要经历。③ 书写讣告的纸必须用白色或黄色、墨料多用黑色，忌用红色。④ 讣告应在丧事举办之前较早张贴或发出。

【讣告举例】

讣　告

先母×××于公元××××年××月××日××市病故，享年九十岁。兹定于××月××日×午×时，在××殡仪馆举行追悼会。谨此讣告。

×××哀告

××××年××月××日

二、开追悼会

追悼会是悼念逝者最隆重的仪式。追悼会有的在遗体所在地开，有的在殡仪馆或火葬场开。会前应做好充分的准备工作。事先布置好会场。一般在追悼会中央放遗体和遗像，遗体旁安放主要亲属赠送的花圈。会场中央上方悬挂横幅，用白纸黑字书写“××追悼会”字样。由事先委托的逝者亲友在会场门口代表家属迎候亲友来人，发放黄花、白花或黑纱。准备工作做好后，到约定时间正式举行追悼会。追悼会的程序如下：

① 宣布追悼会开始，奏哀乐、鸣炮。

② 主持人就位。

③ 全场肃立，向逝者默哀，放哀乐，向逝者三鞠躬。

④ 由治丧委员会[①]代表或主要领导致悼词。

⑤ 来宾作哀词或发言。

⑥ 逝者亲属代表致答谢词。

⑦ 众人绕遗体一周向死者告别。

⑧ 看望亲属，深表安慰。

⑨ 哀乐声中出丧（运送灵柩到安葬或寄放的地点）。

三、吊唁

丧事是人们历来非常重视的大事，因此，关心亲友间的丧事是很重要的一份人情。死者家属总是欢迎尽量多的人前来吊唁，所以，接到丧报的亲友如没有特殊情况，都应前往吊丧。

（一）吊唁的方式

一般而言吊唁的方式有以下三种：① 参加死者的追悼会，这是最好、最简单的吊丧方式。② 发送唁函或唁电。如亲友有事无法前往，或因路途遥远于追悼会前无法赶到的，应立即对死者的家属发送唁函或唁电，告知出席的打算，到达的大致时间。唁函中，一般要表示听到噩耗时的悲痛心情，追念自己与死者的友谊，列举死者生前的功绩与美德，最后，向遗属表示慰问。语言要精练，不要篇幅过长。如要请人代办花圈等事宜，亦应在其中写明。③ 到死者家中慰抚死者家属。这种方式一般用于知道消息较晚，或因出差等原因错过了追悼会的。以这种方式吊唁应遵循以下礼仪：首先，慰问死者亲属节哀顺变、保重身体，有时还要给予必要的资助。然后，在死者遗像前肃立默哀 1～2 分钟。吊唁者感情要真挚，服饰要朴素，言谈举止要得体。

① 治丧委员会是主持和安排高层领导人丧后有关事宜的组织机构。

（二）吊唁的注意事项

一般来说，参加吊唁活动的亲友、同事、邻里、单位代表等人要注意以下一些礼仪：

（1）注意服饰

参加丧礼时，要注意服装礼仪。穿着以素净、庄重为原则。色彩宜深沉淡雅，切忌穿红着绿、花花哨哨，否则会被认为是对逝者的不敬，是严重的失礼行为。与逝者有亲属关系的人，衣袖上要戴上黑纱，与逝者属朋友关系的人，可在胸前佩上白花。

（2）备送奠礼

比较常用的送奠礼的方式有送花圈、钱和挽联。花圈去专店购买后，要写好缎带或在白纸上题上词。送钱是对逝者家属处理丧葬事务的一种经济帮助。钱一般用白纸信封装，多少视情况而定，封面写“奠仪”和送礼者的姓名和单位。有时可送上一些白布挽联，挽联的内容大多由自己书写，用词必须仔细斟酌。

（3）言行要礼貌

在丧事期间，要主动帮逝者家属做些力所能及的事，关心安慰逝者亲属。同时，个人还要注意自己的言行举止。特别在追悼会上，情绪要悲伤，走路要慢行，说话莫高声。追悼会开始后，要按规定位置站立，奏哀乐时不要东张西望，默哀时要低头静默。另外，还要尊重逝者家属的安排和遵守会场秩序，切不可见了熟人便三五成群，谈笑风生，更不能中途退场，因为这是对逝者的不敬。

案例分析

被邀请出席婚礼和宴会的朋友应注意以下礼仪，以免影响婚礼的喜庆气氛：① 席间取菜、吃食要讲究礼貌，不能失态，喝酒应适量，以免发生意外事故。② 闹洞房时，可适当地打趣、开玩笑，但不要无限度地借机宣泄自己的情绪，以免给新郎新娘造成不必要的伤害。

项目总结

本项目主要介绍了婚礼礼仪、祝寿礼仪和丧葬礼仪。

婚礼礼仪主要介绍了婚前准备、婚礼仪式流程礼仪、新郎新娘礼仪和参加婚礼的礼仪。其中，参加婚礼礼仪是应重点掌握的知识点。宾客参加婚礼时应注意以下几点：服装整洁、礼物适当、言行得体、闹洞房适度。

祝寿礼仪主要介绍了祝寿准备、祝寿仪式礼仪和参加祝寿的礼仪。祝寿的准备事项和祝寿仪式礼仪因各地风俗不同而不同。宾客参加寿宴应准备寿礼，着装适宜，不穿黑色或白色服饰，言行得体，多说祝贺语。

丧葬礼仪主要介绍了丧葬的成因和丧葬的程序。其中，丧葬的程序是重点，包括停灵、报丧、开追悼会和吊唁。

课后习题

一、填空题

1．告之婚期的方法主要有__________、__________、__________三种。

2．按照我国的婚俗习惯，结婚__________天，新婚夫妇要一起回娘家，也称“回门”。

3．通常，寿礼都是由__________筹划并操办的。

4．丧葬的程序依次为__________、__________、__________和__________。

二、不定项选择题

1．宾客参加婚礼时，关于着装问题下面说法正确的有（　　）。

A．穿大红的衣服　　B．服饰整洁

C．避免与新娘服饰相同　　D．随意穿着

2．寿礼活动的服饰宜选择（　　）。

A．色调明快的衣服　　B．黑色的衣服

C．白色的衣服　　D．随意穿着

3．丧葬礼仪是从逝者死亡开始的，下列关于丧葬礼仪的基本程序，排序正确的是（　　）。

① 弥留之际，通知不在身边的亲友，迅速赶到死者身边。

② 家属通宵守护在灵旁。

③ 送花圈、花篮、挽联、挽幛。

④ 家属把死讯用多种方式通知亲属、单位、死者生前朋友及相关人员。

A．①②③④　　B．①②④③

C．①④②③　　D．①④③②

4．下列关于追悼会的程序，排列顺序正确的是（　　）。

① 大厅内正面挂死者遗像，挽上黑纱结成的花带。会场置上鲜花、花圈、挽联等。

② 主要领导致悼词。

③ 默哀、鞠躬。

④ 奏哀乐。

⑤ 逝者亲属代表致答谢词。

A．①④③②⑤　　B．①③④②⑤

C．①③④⑤②　　D．①④②⑤③

实训题

实训：谈谈本地的结婚礼俗

1. 实训目标

通过实训使学生了解不同地方的婚俗风情。

2. 实训内容

请学生们谈一谈本地的结婚习俗，并提出自己对这些习俗的看法。

3. 实训步骤

（1）老师引出讨论的话题。

（2）全班学生各抒己见进行讨论，老师指导学生对他人的观点进行评价。

（3）课堂讨论结束后，由老师进行点评。

4. 实训检测

老师可以根据表 9-1 的内容对实训成果进行评价。

表 9-1　实训成果检测表

评价标准	评价等级	备注
优秀	非常积极地参与课程讨论，主动思考，能够通过不同的方式掌握到不同地区的婚俗	
良好	较积极地参与课程讨论，在老师的启发下，能够自觉地思考相关问题，并发表自己的见解	
合格	能够参与课程讨论，在老师指导下能够进行补充知识的学习	

参考文献

［1］金正昆．社交礼仪教程［M］．北京：中国人民大学出版社，2007 年．

［2］金正昆．涉外礼仪教程［M］．北京：中国人民大学出版社，2006 年．

［3］卢新华，康娜．社交礼仪［M］．北京：北京大学出版社，2012 年．

［4］董乃群，刘庆军．社交礼仪实训教程［M］．北京：清华大学出版社，北京交通大学出版社，2012 年．

［5］李建峰，董媛．社交礼仪实务［M］．北京：北京理工大学出版社，2010 年．

［6］林友华．社交礼仪［M］．北京：高等教育出版社，2003 年．

［7］赵红立，蒋冬云．现代礼仪［M］．北京：中国纺织出版社，2004 年．

［8］金正昆．职场礼仪［M］．北京：中国人民大学出版社，2004 年．

［9］朱燕．现代礼仪学［M］．北京：清华大学出版社，2006 年．

［10］胡成富．社交礼仪［M］．北京：中国财政经济出版社，2005 年．

［11］陈建军．社交礼仪［M］．北京：中国农业出版社，2000 年．

［12］李荣建．社交礼仪［M］．北京：清华大学出版社，2007 年．

［13］吕留伟．实用礼仪大全［M］．北京：中国纺织出版社，2010 年．

［14］张兰平，罗元．商务礼仪实训指导［M］．北京：化学工业出版社，2007 年．

［15］刘平．现代礼仪［M］．北京：中国海洋大学出版社，2004 年．